Gedanken eines stoischen Piraten

Grundlagen und Prinzipien für ein glücklicheres und erfolgreicheres Leben

von Mathias
«der stoische Pirat»
Müller

IMPRESSUM
Alle Angaben in diesem Buch wurden vom Autor nach bestem Wissen und Gewissen erstellt und von ihm und dem Verlag mit Sorgfalt geprüft. Inhaltliche Fehler sind dennoch nicht auszuschliessen. Daher erfolgen alle Angaben ohne Gewähr. Weder Autor noch Verlag übernehmen Verantwortung für etwaige Unstimmigkeiten.

Alle Rechte vorbehalten, einschliesslich derjenigen des auszugsweisen Abdrucks und der elektronischen Wiedergabe.

© 2023 Weber Verlag AG, 3645 Thun/Gwatt

Idee und Texte Mathias Müller, CH-2534 Orvin
Leitung/Konzept Mathias Müller, Podcast: Der stoische Pirat, www.muellermathias.ch
Fotograf Portraits Mathias Müller Mathias Müller/Stefan Marthaler

Weber Verlag AG
Gestaltung Cover Sonja Berger
Gestaltung Manuela Krebs
Satz Celine Lanz, Cornelia Wyssen
Lektorat Ursula Bonetti
Korrektorat Ursula Bonetti, Eymattstrasse 26, 3297 Leuzingen

Der Weber Verlag wird vom Bundesamt für Kultur mit einem Strukturbeitrag für die Jahre 2021–2024 unterstützt.

ISBN 978-3-03818-452-2

www.weberverlag.ch

Gedanken eines stoischen Piraten

Grundlagen und Prinzipien für ein glücklicheres und erfolgreicheres Leben

WEBERVERLAG.CH

Inhalt

Kapitel 1
Wer wollen Sie sein? 7

Kapitel 2
Von mentalen Fesseln 17

Kapitel 3
Sieben Eigenschaften erfolgloser Menschen 23

Kapitel 4
Fünf Dinge, die Sie auf keinen Fall tun dürfen, um zufriedener
und erfolgreicher zu werden 31

Kapitel 5
Den Fluch der «hedonistischen Tretmühle» loswerden 43

Kapitel 6
Drei einfache Strategien der Stoiker zum Glücklichsein 53

Kapitel 7
Über Erwartungen und Enttäuschungen 63

Kapitel 8
Der Spotlight-Effekt 73

Kapitel 9
Keine Angst haben sich lächerlich zu machen.
Die Lehren eines sterbenden Mannes 81

Kapitel 10
Erkennen was in Ihrer Macht steht 87

Kapitel 11
Dankbarkeit als Schlüssel zum Erfolg 95

Kapitel 12
Die Bedeutung der Willenskraft   105

Kapitel 13
Das Umsetzen von Vorsätzen   117

Kapitel 14
Die Kunst sich kritisieren zu lassen   127

Kapitel 15
Die Kunst Kritik zu geben   137

Kapitel 16
Umgang mit Mitmenschen   147

Kapitel 17
Wie man sich auf das Unerwartete vorbereitet.
Seneca's Rat zum Umgang mit Schicksalsschlägen.   155

Kapitel 18
Erfolgreich sein dank einem Mindset wie ein Profi   163

Kapitel 19 / Interview
«Ein moderner Pirat ist bereit, den Status quo herauszufordern.»   175

Dank   182

Quellenangaben   184

Autorenportrait   192

Kapitel 1

Wer wollen Sie sein?

*Alice: «Würdest du mir bitte sagen,
welchen Weg ich von hier aus gehen soll?»
Die Grinsekatze: «Das hängt sehr davon ab,
wohin du gehen willst.»*
Aus «Alice im Wunderland»

Unzufriedenheit hat in der Regel mit unerfüllten Erwartungen zu tun. Es frustriert uns, wenn das erhoffte Ergebnis nicht eintrifft. Je höher die Erwartungshaltung, desto grösser die Enttäuschung, wenn das entsprechende Resultat ausbleibt.

Nun gibt es zwei Strategien, um dieser Problematik zu begegnen und die Enttäuschungen so gering wie möglich zu halten: Wir können einerseits unser Erwartungsmanagement so steuern, dass wir eine möglichst geringe Erwartungshaltung haben. MJ, die Freundin von Spiderman, drückte diese Einstellung im Film «Spiderman – No way home» wie folgt aus: *«Wenn du Enttäuschungen erwartest, kannst du nie wirklich enttäuscht werden.»* Andererseits können wir durch unser Zutun versuchen, eine so hohe Wahrscheinlichkeit wie möglich für die Erreichung des angestrebten Resultates zu erhalten.

Welche Strategie wir anwenden hängt in wesentlichem Masse davon ab, wie gross unser Einflussbereich ist. Es gibt Dinge, die vollumfänglich in unserer Kontrolle liegen, auf andere Sachen hingegen haben wir keinen oder nur geringen Einfluss.
 Wenn ich einen Film im Kino anschauen gehe, dann kann ich den Film nicht beeinflussen. In einem solchen Fall lohnt es sich, eine nicht allzu grosse Erwartungshaltung zu haben. Nicht selten werden teure Filmproduktionen monumental angekündigt. Die hervorragend gemachten Trailer versprechen ein echtes Kinospektakel. In jeder Zeitung, in den Sozialen Medien, im Fernsehen, überall wird der Film thematisiert. Der Spannungsbogen bei den Kinogängern wird derart aufgebaut, dass die meisten Menschen den Film sofort bei Veröffentlichung sehen wollen. Und dann: Die grosse Enttäuschung. Ausser einigen spektakulären Actionszenen bietet der Film gar nichts. Die Geschichte ist in sich nicht

schlüssig, die Darsteller glänzen durch ihr Aussehen, nicht aber durch ihre schauspielerische Leistung und der Soundtrack ist zwar pompös lässt aber jegliche Melodie vermissen Nach dem Film gehe ich frustriert nach Hause und ärgere mich dafür Geld ausgegeben zu haben. Hingegen passiert es mir regelmässig, dass ich einen Film ohne grosses Vorwissen und somit ohne besondere Erwartungshaltung anschaue und dann positiv überrascht werde. Obwohl der Film kein Jahrhundertwerk ist, bleibt er mir in guter Erinnerung, nur weil ich eine neutrale oder eher negative Erwartungshaltung hatte.

Bei Dingen, die in meiner Macht liegen, sieht es etwas anders aus. Hier ist es bedeutend schwieriger die Erwartungshaltung zu beeinflussen. Wenn ich einen athletischen Körper haben möchte, dann liegt dies zu einem grossen Teil in meiner Macht, ob ich einen solchen Körper haben werde oder nicht. Bei Dingen, die ich nicht kontrollieren kann, wünsche ich mir, dass diese entsprechend meiner Erwartung eintreffen, bei Dingen jedoch, die in meiner Macht liegen, muss ich selbst aktiv werden, ich muss das entsprechende tun, um das angestrebte Resultat zu erreichen.

Natürlich kann ich die Erwartungshaltung auch für Dinge herunterschrauben, die in meiner Macht liegen, indem ich mir einrede, dass ich eh nie einen athletischen Körper haben werde, dass ich eh nie einen Marathon laufen werde, dass ich eh nie eine Million mit meinem eigenen Geschäft verdienen werde, dass ich eh nie meinen Traumpartner finden werde, usw. Diese pessimistische Strategie hat aber einen recht hohen Preis. Indem ich mir nämlich eintrichtere, was ich alles nicht kann, was alles ausserhalb meiner Reichweite liegt, und dass all jene, die etwas erreicht haben, einfach Glückspilze sind, bewerte ich mich selbst als unglücklichen Versager. Dass dies zu einem geringen Selbstwert führt, ist selbsterklärend. Die erste und wichtigste Person, die an mich glauben muss, bin ich selbst.

Wenn wir etwas erreichen wollen, das in unserer Macht liegt, dann müssen wir aufhören zu wünschen und anfangen zu tun. Wünschen tut man Dinge, die ausserhalb unserer Einflusssphäre liegen. Wünschen tun Kinder an Weihnachten oder an Geburtstagen. Ein Kind wünscht sich eine Eisenbahn, einen Eishockeystock, eine Playstation oder ein Smartphone, weil es selbst nicht in der Lage ist, sich diese Dinge zu beschaffen. Menschen beten für Frieden auf Erden, für die rasche Genesung von erkrankten Freunden, für die Verschonung vor Naturkatastrophen usw., also für Dinge, die nicht in unserer Macht liegen.

Wenn wir etwas erreichen wollen, dass in unserer Macht liegt, dann müssen wir uns eine «No excuses»-Mentalität aneignen.

Wir müssen aufhören uns mit Ausreden zu belügen. Natürlich gibt es ganz viele Dinge, die wir nur in einem gewissen Masse selbst kontrollieren können und natürlich hängt das Resultat auch von diesen nicht kontrollierbaren Faktoren ab. Das bedeutet, man braucht auch das notwendige Glück. Je mehr ich aber selber zum Erreichen des angestrebten Zieles beitrage, desto weniger abhängig werde ich vom Zufall. Ich muss mir aber immer bewusst sein, dass der Faktor Zufall eine Rolle auf meinem Weg zur Erreichung des angestrebten Ergebnisses spielt.

Nehmen wir als Beispiel die Eishockey-WM der Männer 2020 in der Schweiz, die wegen Covid-19 abgesagt werden musste. Die qualifizierten Athleten hatten fast ihr ganzes Leben lang auf diesen Moment hingearbeitet, alles richtig gemacht und trotzdem wurde ihnen dieser Karrierehöhepunkt verwehrt.

Solche unerwarteten Ereignisse können auch in unserem privaten Leben eintreffen und unsere vorläufige Zielerreichung zunichtemachen oder zumindest erschweren. Wichtig ist, dass wir uns immer sagen können, dass wir alles in unserer Macht stehende getan haben, um die besten Voraussetzungen zu schaffen, das anvisierte Ergebnis zu erreichen.

Wenn man uns fragt, was wir wollen, dann kommen uns viele Dinge in den Sinn. Wir möchten viel Geld und ein athletisches Aussehen, wir wollen Karriere machen, wir wollen ein grosses Haus und ein schönes Auto, wir wollen anerkannt und beliebt sein, wir wollen erfolgreiche Kinder, gute Ehepartner und gute Freunde haben usw.

In der Regel ist es aber kein echtes Wollen, sondern lediglich ein Wünschen. Bei genauerer Betrachtung merkt man, dass die meisten Menschen gar keinen besonderen Effort leisten, um das zu erreichen, was sie angeblich wollen. Es verhält sich bei vielen Erwachsenen wie bei Kindern, die an den Weihnachtsmann glauben. Man hofft, dass auf wundersame Weise das eintrifft, was man sich wünscht.

Ich hatte einmal eine Diskussion mit 17- bis 19-jährigen Eishockeyspielern. Ich fragte diese, was ihr Ziel für die kommende Meisterschaft sei. Unisono antworteten mir die Spieler, dass sie den Meistertitel holen möchten. Ich fragte sie dann, ob sie dies wirklich wollen, oder ob sie sich das nur wünschten. Man versicherte mir, dass dies kein Wunschdenken sei, sondern das erklärte Ziel. Was sie bereit seien dafür zu tun, wollte ich nun wissen. Man versicherte mir grossmündig, dass man 100 % dafür geben würde.

Dann fragte ich die Spieler, ob es als Athlet besser sei Wasser, statt Alkohol oder Süssgetränke zu konsumieren, ob es hilft, wenn man mindestens acht Stunden pro Nacht schläft, ob es die Leistung steigert, wenn man Fastfood konsumiert, ob es gut sei, wenn man in den Ausgang geht, ob es hilft, wenn man Mentaltraining macht, ob es sinnvoll sei die Spiele zu analysieren, usw.. Natürlich wusste jeder jeweils die richtige Antwort. Nun wollte ich von ihnen wissen, ob sie tatsächlich bereit seien, auf all die Bequemlichkeiten zu verzichten und sich den Verlockungen zu verwehren, um ihr Ziel zu erreichen. Ich wollte von ihnen wissen, wie viel Unannehmlichkeiten und Verzicht sie bereit wären in Kauf zu nehmen, wie stark sie bereit wären zur Erreichung des Zieles zu leiden.

Wollen heisst, die notwendigen Opfer zur Erreichung des Ziels zu erbringen. Ansonsten bleibt es Wunschdenken. Nun waren die Antworten plötzlich etwas differenzierter. Nach einer guten, recht philosophischen Diskussion einigten wir uns darauf, dass die Erreichung eines Platzes in der vorderen Tabellenhälfte ein realistisches Ziel sei, für das alle bereit waren die notwendigen Opfer zu erbringen. Die Mannschaft übertraf ihre Zielsetzung.

Es bringt nichts, wenn wir uns Ziele setzen, für die wir nicht bereit sind, das Notwendige zu tun. Meist passiert dann gerade das Gegenteil. In voller Euphorie planen wir innert einem halben Jahr zehn Kilogramm abzunehmen. Weil wir uns nicht zuerst gründlich überlegt haben, welche Opfer, welche Schmerzen wir bereit sind in Kauf zu nehmen, um dieses ambitionierte Ziel zu erreichen, brechen wir nach einem Monat unser Vorhaben bereits wieder ab, weil es schlichtweg zu hart war. Aufgrund unseres Scheiterns sind wir frustriert und unseren Frust versuchen wir mit Essen und Trinken zu beruhigen. Resultat: Statt zehn Kilo leichter, sind wir nach sechs Monaten fünf Kilogramm schwerer.

Wir müssen uns also immer zuerst überlegen, was wir wirklich wollen und wie viele Opfer wir bereit sind dafür zu erbringen. Je weniger ich im Grunde genommen ein Ziel erreichen will, desto härter erscheint mir der Weg zum Ziel. Für jemanden der gezwungen wird einen 100-km-Lauf zu absolvieren, ist dies eine unglaubliche Qual. Jemand hingegen, der unbedingt einen 100 Km Lauf machen will, ist bereit die Schmerzen und Qualen wegzustecken. Für ihn ist das Gefühl bei Zielankunft mehr wert als die Leiden des vorangegangenen monatelangen Trainings und des Laufes.

Muhammad Ali hat es wie folgt ausgedrückt: *«Ich hasste jede Minute des Trainings, aber ich sagte: Gib nicht auf. Leide jetzt und lebe den Rest deines Lebens als Champion.»*

Bevor wir uns also auf den Weg des persönlichen Erfolges begeben können, müssen wir zuerst wissen, was wir wirklich wollen. Dies wiederum hängt davon ab, wer wir sein möchten. Ich glaube, dass sich Erfolg und Identität nicht voneinander trennen lassen. Wie kann man also wissen, was man erreichen will, wenn man nicht weiss, wer man sein will?

Haben Sie sich schon mal die Frage gestellt, wer Sie eigentlich als Mensch sein möchten? Nicht was sie haben wollen, sondern wer Sie sein möchten.

Viele Menschen sind so sehr damit beschäftigt so zu sein, wie es die Gesellschaft und der Zeitgeist vorgeben, dass sie nicht darüber nachdenken, wer sie eigentlich sein wollen. Die Einschätzung darüber, wer wir sind, machen wir, indem wir versuchen, uns durch die Augen der anderen zu betrachten. Wir definieren unser Sein dadurch, wie wir glauben in der Gesellschaft wahrgenommen zu werden. Die sozialen Medien nutzen genau dieses Phänomen, indem sie uns die Plattform bieten uns darzustellen, und gleichzeitig die Rückmeldungen der Betrachtenden liefern.

Entsprechend den Feedbacks passen wir unser Verhalten, unsere Kleidung, unsere Kommentare und sogar unsere Art des Denkens an. In der Verhaltensforschung ist der verhaltensverändernde Effekt von Belohnung und Bestrafung schon lange bekannt.

Interessant ist auch die Tatsache, wenn man jemanden fragt: «Was bist Du?» bekommen wir eigentlich immer eine Berufsbezeichnung als Antwort. Man könnte meinen, dass wir sind, was wir arbeiten. Aber sind wir wirklich Bäcker, Kaufmann, Journalist oder Zahnarzt? Ist es nicht eher so, dass wir primär einmal ein Mensch sind, ein Mensch mit besonderen uns eigenen Charakter- und Persönlichkeitsmerkmalen. Wir sind doch nicht was wir arbeiten. Vielmehr sind wir Menschen, die einen Beruf haben und/oder die eine Ausbildung haben. Genauso müsste man sagen: *«Ich habe eine Million»* statt: *«Ich bin Millionär»* oder *«Ich bin Ehemann und Vater»* und nicht *«Ich habe eine Ehefrau und ich habe Kinder».* Schliesslich sind weder der Ehepartner noch die Kinder unser Besitztum.

Damit wir definieren können, wer wir sein wollen, müssen wir uns also zuerst von dem Konzept der Definition unserer Person über das Haben, also über Besitztümer, trennen. Denn alles was wir haben, können wir auch wieder verlieren. Was wir sein wollen, ist aber unabhängig von externen Besitztümern.

Es ist genauso falsch zu meinen, dass man sich über das Haben definieren kann, wie zu glauben, dass uns Erfolg und die Akkumulation von Besitzgütern glücklich machen. Es ist nämlich genau umgekehrt. Wenn ich weiss, wer ich sein möchte, dann fällt mir das Leben einfacher, weil das Streben nach dem Sein zu einem Kompass wird. Mein angestrebtes Sein ist mein Norden. Wenn ich weiss, wer ich wirklich sein möchte, dann bin ich bereit entsprechend zu handeln. Ein Leben, das auf das Erreichen des idealen Selbst, also dessen was man sein will, ausgerichtet ist, ist auch ein zufriedenes Leben. Wenn ich weiss wer ich als Mensch sein will, dann habe ich auch eine klare Erwartungshaltung meinen eigenen Handlungen gegenüber. Da meine Handlungen in meiner Macht liegen, kann ich mich nur enttäuschen, wenn ich mir selbst untreu werde. Ich habe also eine klare Erwartungshaltung was mein eigenes Tun anbelangt.

Wenn ich zum Beispiel ein gutes Vorbild für meine Kinder sein will, dann benehme ich mich nicht rüpelhaft gegenüber der Mutter, dann fluche ich nicht über andere Menschen, dann besaufe ich mich nicht, lasse mich physisch und geistig nicht gehen, engagiere mich für die Gesellschaft, führe einen möglichst gesunden Lebensstil usw.

Beantworten Sie sich also einmal die Frage, wer Sie wirklich sein wollen. Es ist klar, dass wir im Leben mehrere Rollen einnehmen. Priorisieren Sie diese unterschiedlichen Rollen. Dies ist von grosser Wichtigkeit, wenn die unterschiedlichen Rollen zu einem Dilemma führen. Gehen Sie zur Schulaufführung Ihres Kindes, oder zur gleichzeitig stattfindenden Sitzung der Partei? Nehmen Sie den besser bezahlten Job an und die damit verbundene häufige Reisetätigkeit in Kauf, und verzichten dafür auf das regelmässige Training, um an den Weltmeisterschaften teilzunehmen?
    Schreiben Sie am Freitagabend mindestens drei Stunden an Ihrem Roman und verzichten dafür auf den Ausgang mit Freunden?

Ich möchte noch einmal betonen, dass es um das Sein geht und nicht um das Haben. Lassen Sie mich das an einem Beispiel erklären.

Es heisst nicht, wenn ich z.B. Philosophie studiert habe, dass ich auch wirklich ein Philosoph bin. Es heisst nicht, wenn ich ein Offiziersbrevet habe, ich auch tatsächlich ein Offizier bin. Es heisst nicht, dass wenn mich das Volk zum Regierungschef gewählt hat, ich auch tatsächlich ein Staatsmann bin. Es ist nicht so, dass jemand der einen Weltmeistertitel hat, auch tatsächlich ein Champion ist. Und es ist definitiv nicht so, dass jemand, der ein Kind hat, auch tatsächlich ein Vater oder eine Mutter ist.

Eine einfache Übung um herauszufinden, wer Sie wirklich sein wollen, ist es sich vorzustellen, was Sie sich wünschen, was die Leute bei Ihrer Beerdigung über Sie sagen werden.

Über den eigenen Tod nachzudenken, ist keine sehr angenehme Übung. Der Tod hilft uns aber, die wirklich wichtigen Dinge in unserem Leben zu erkennen. Die Wahrheit ist, dass jeder sterben wird, auch Sie. Was würden Sie sich wünschen, dass man bei Ihrer Beerdigung über Sie sagt? Wäre es Ihnen lieber, wenn die Hinterbliebenen über Ihr teures Auto, Ihren Privatjet und Ihre grosse Villa sprechen würden, oder darüber, was Sie ihnen bedeutet haben, wie Sie sie inspiriert haben, wie Sie das Leben der anderen Menschen in positivem Sinne beeinflusst haben? Würden Sie wollen, dass Ihre Kinder darüber sprechen, was für ein toller und grossmütiger Vater Sie waren, oder darüber, dass sie Sie nie gesehen haben, weil Sie immer im Büro waren?

Wenn Sie eine Vorstellung davon haben, was für ein Mensch Sie sein möchten, dann vergleichen Sie nun dieses «wahre Ich» mit der Person, die Sie momentan sind. Leider sind ganz viele Menschen nicht diejenigen Menschen, die sie eigentlich sein wollen. Dies wiederum führt zu Unzufriedenheit, weil die Erwartung wiederum nicht mit der Realität übereinstimmt. Es ist mir auch klar, dass die Gesellschaft uns einen gewissen Handlungsrahmen vorgibt und wir nicht ein Leben völlig losgelöst von allen sozialen Konventionen führen können. Nichtsdestotrotz gibt es innerhalb dieses gesellschaftlichen Rahmens Handlungsfreiheiten, die man ausnützen darf und soll. Nicht selten stecken wir uns die Grenzen selbst viel zu eng. Dies weil wir uns viel zu viele Sorgen darüber machen, was andere über uns denken könnten. Von dieser Angst müssen wir uns lösen. Es ist deshalb wichtig, sich regelmässig zu fragen, ob Sie der Mensch sind, der Sie sein wollen. Wenn nicht, was hält Sie davon ab, dieser Mensch zu sein, und was können Sie tun, um dem «idealen Ich» näher zu kommen? Die Beantwortung dieser Fragen wird es Ihnen ermöglichen, der Mensch zu sein, der Sie wirklich sein wollen und sollten.

Wenn Sie versuchen zu definieren, wer Sie sein wollen, dann versuchen Sie auch gleich die Frage nach dem Warum zu beantworten.

Diese Frage ist wichtig, denn sie hilft Ihnen herauszufinden, warum Sie Ihre Träume verfolgen. Wenn eines Ihrer Ziele darin besteht, Gewicht zu verlieren, warum genau wollen Sie dann abnehmen? Wenn es Ihr Traum ist, CEO Ihres Unternehmens zu werden, warum wollen Sie das? Was bedeutet es für Sie, CEO zu werden? Wollen Sie es wegen des damit

verbundenen Status, oder weil das CEO-Gehalt es Ihnen ermöglicht, Ihrer Familie ein besseres Leben zu bieten? Ihr «Warum» ist ein tief verwurzelter Grund für Ihre Ziele.

Wenn Sie das *«Warum»* hinter Ihren Zielen, Träumen und Bestrebungen nicht kennen, minimieren Sie Ihre Chancen, Ihre Ziele zu erreichen.

Die Wahrheit ist, dass das Erreichen Ihrer Ziele nicht einfach sein wird. Sie werden mit Herausforderungen konfrontiert werden, die Ihnen das Gefühl geben, dass Sie aufgeben müssen. Ohne ein klares Bild davon, warum Sie dieses Ziel anstreben, ist es leicht, aufzugeben, wenn es schwierig wird.

Ein klares *«Warum»* gibt Ihnen jedoch einen Sinn und motiviert Sie, alles zu tun, um Ihre Ziele zu erreichen. Das Wissen um Ihr *«Warum»* hilft Ihnen auch, schwierige Entscheidungen in Bezug auf Ihre Ziele zu treffen. Ein starkes *«Warum»* gibt Ihnen die Kraft, das *«Was»* und das *«Wie»* der Verwirklichung Ihrer Träume herauszufinden.

In diesem Buch werde ich versuchen aufzuzeigen, wie man ein zufriedeneres und erfolgreicheres Leben führen kann. Die Ideen und Gedanken, die ich formuliere, sind keine Gebrauchsanleitung, sondern vielmehr Denkanstösse. Jeder Mensch ist einzigartig, jeder Mensch hat eine eigene Biografie und einen eigenen Erfahrungsschatz. Dies wiederum bedeutet, dass jeder Mensch über ganz individuelles Wissen verfügt und über eine ihm eigene Lebensweisheit. Dieses Wissen soll unbedingt in der Weiterentwicklung der eigenen Persönlichkeit mit einfliessen. Gleichzeitig sollte man aber seine eigene Perspektive erweitern, indem man die Sichtweisen und das Wissen anderer Menschen analysiert. Wenn wir uns verändern wollen, wenn wir besser werden wollen, dann braucht es einerseits kritische Selbstreflektion und andererseits die Offenheit für externe Inspiration.

Kapitel 2

Von mentalen Fesseln

«Unsere Zweifel sind Verräter und häufig die Ursache für den Verlust von Dingen, die wir gewinnen könnten, scheuten wir nicht den Versuch.»
William Shakespeare in «Mass für Mass»

Vielen Menschen geht es so, dass sie zwar wissen, wer sie sein möchten, sich aber dennoch nicht auf den Weg machen das «ideale Selbst» zu erreichen. Schuld daran kann der fehlende Glaube an sich selbst sein.

Es ist dies auch die Folge unserer Erziehung und der gesellschaftlichen Einflüsse. Während Kinder noch Träume haben, begeisterungsfähig sind, die Welt erkunden und erobern wollen, sind nicht wenige Erwachsene Insassen in einer Art selbst gefertigtem mentalen Gefängnis. Nonkonformistische Ideen werden als unrealistische Träumerei oder gar Spinnerei abgetan. Nicht nur fremden, sondern auch unseren eigenen Ideen gegenüber sind wir oftmals viel zu negativ eingestellt.

Folgende Situation haben Sie sicher auch schon erlebt: Sie sind überzeugt, dass Sie eine super Idee haben. Die Idee ist so gut, so glauben Sie zumindest, dass Sie ihre Mitarbeitenden, Ihr Team, Ihre Mannschaft oder Ihren Vorstand bestimmt dafür gewinnen können.

Voller Enthusiasmus präsentieren Sie Ihre Gedanken und dann: statt tosenden Applaus zu ernten, herrscht Stille, statt der erhofften Überzeugung lesen Sie Zweifel in den Mienen Ihrer Zuhörer. *«Das kann man nicht tun»*, *«das wurde noch nie so gemacht»* oder *«ich glaube nicht, dass das funktioniert»*, tönt es aus der Runde. Sie sind enttäuscht.

Wenn Sie aber mit sich ehrlich sind, dann müssen Sie sicher zugeben, dass Sie selbst auch schon so reagiert haben, sogar eigenen Ideen und Träumen gegenüber. Oftmals sind wir überzeugt, dass wir einer bestimmten Herausforderung nicht gewachsen sind, und deshalb, so die logische Folge, versuchen wir es gar nicht.

Immer wieder erzählen mir Leute von ihren Träumen und Wünschen.

«Wenn ich könnte, würde ich auswandern, wenn ich könnte, würde ich an die Universität gehen, wenn ich könnte, würde ich einen neuen Beruf erlernen, wenn ich könnte, würde ich abnehmen, wenn ich könnte, würde ich einen Marathon laufen, wenn ich könnte, würde ich mich selbständig machen und und und ...» Aber eben, ich kann nicht. Wieso? Woher kommt diese Überzeugung?

Weshalb sind wir sicher, dass wir etwas nicht können? Wieso glauben wir, dass wir den Misserfolg voraussagen können? Ganz einfach: Wir schliessen aus unseren Erfahrungen, welche wir in der Vergangenheit gemacht haben, auf zukünftige Resultate. Die Konsequenz daraus ist, dass wir uns gewissen Herausforderungen gar nicht erst stellen. Statt es zu versuchen, reden wir uns ein, dass es unser Schicksal sei, dass manche Träume für uns unerreichbar bleiben. Bei genauer Betrachtung sind wir somit Gefangene unserer Selbstwahrnehmung.

In diesem Zusammenhang möchte ich Ihnen eine wunderschöne Geschichte, welche dieses Phänomen exemplarisch darstellt, präsentieren. Geschrieben wurde die Fabel vom Psychotherapeuten Jorge Bucay. Sein bezauberndes und absolut empfehlenswerte Buch *«Komm, ich erzähl dir eine Geschichte»* beginnt der Argentinier mit der kurzen Erzählung über einen angeketteten Elefanten. Diese Geschichte möchte ich Ihnen nun erzählen:

«Als ich ein kleiner Junge war, war ich wollkommen vom Zirkus fasziniert, und am meisten gefielen mir die Tiere. Vor allem der Elefant hatte es mir angetan. Wie ich später erfuhr, ist er das Lieblingstier vieler Kinder.
Während der Zirkusvorstellung stellte das riesige Tier sein ungeheures Gewicht, seine eindrucksvolle Grösse und seine Kraft zur Schau. Nach der Vorstellung aber und auch in der Zeit bis kurz vor seinem Auftritt blieb der Elefant immer am Fuss an einen kleinen Pflock angekettet. Der Pflock war allerdings nichts weiter als ein winziges Stück Holz, das kaum ein paar Zentimeter tief in der Erde steckte. Und obwohl die Kette mächtig und schwer war, stand für mich ganz ausser Zweifel, dass ein Tier, das die Kraft hatte, einen Baum mitsamt der Wurzel auszureissen, sich mit Leichtigkeit von einem solchen Pflock befreien und fliehen konnte.
Dieses Rätsel beschäftigt mich bis heute. Was hält ihn zurück? Warum macht er sich nicht auf und davon?
Als Sechs- oder Siebenjähriger vertraute ich noch auf die Weisheit der Erwachsenen. Also fragte ich einen Lehrer, einen Vater oder Onkel nach dem Rätsel des Elefanten. Einer von ihnen erklärte mir,

der Elefant mache sich nicht aus dem Staub, weil der dressiert sei. Meine nächste Frage lag auf der Hand: «Und wenn er dressiert ist, warum muss er dann noch angekettet werden?» Ich erinnerte mich nicht, je eine schlüssige Antwort darauf bekommen zu haben.

Mit der Zeit vergass ich das Rätsel um den angeketteten Elefanten und erinnerte mich nur dann wieder daran, wenn ich auf andere Menschen traf, die sich dieselbe Frage irgendwann auch schon einmal gestellt hatten.

Vor einigen Jahren fand ich heraus, dass zu meinem Glück doch schon jemand weise genug gewesen war, die Antwort auf die Frage zu finden: Der Zirkuselefant flieht nicht, weil er schon seit frühester Kindheit an einen solchen Pflock gekettet ist. Ich schloss die Augen und stelle mir den wehrlosen neugeborenen Elefanten am Pflock vor. Ich war mir sicher, dass er in diesem Moment schubst, zieht und schwitzt und sich zu befreien versucht. Und trotz aller Anstrengung gelingt es ihm nicht, weil dieser Pflock zu fest in der Erde steckt. Ich stellte mir vor, dass er erschöpft einschläft und es am nächsten Tag gleich wieder probiert, und am nächsten Tag wieder, und am nächsten ... Bis eines Tages, eines für seine Zukunft verhängnisvollen Tages, das Tier seine Ohnmacht akzeptiert und sich in sein Schicksal fügt. Dieser riesige, mächtige Elefant, den wir aus dem Zirkus kennen, flieht nicht, weil der Ärmste glaubt, dass er es nicht kann. Allzu tief hat sich die Erinnerung daran, wie ohnmächtig er sich kurz nach seiner Geburt gefühlt hat, in sein Gedächtnis eingebrannt. Und das Schlimme dabei ist, dass er diese Erinnerung nie wieder ernsthaft hinterfragt hat. Nie wieder hat er versucht, seine Kraft auf die Probe zu stellen.»

Jorge Bucay kommt zum Schluss, dass es uns allen so geht wie dem Zirkuselefanten: Wir bewegen uns in der Welt, als wären wir an Hunderte von Pflöcken gekettet. Wir glauben, einen ganzen Haufen Dinge nicht zu können, nur weil wir sie ein einziges Mal – vor sehr langer Zeit – ausprobiert haben und gescheitert sind. Wir haben uns genauso verhalten wie der Elefant, und auch in unser Gedächtnis hat sich die Botschaft eingebrannt: Ich kann das nicht, und ich werde es niemals können. Mit dieser Botschaft – der Botschaft, dass wir machtlos sind – sind wir gross geworden, und seitdem haben wir niemals mehr versucht, uns von unserem Pflock loszureissen.

Manchmal, wenn wir die Fussfesseln wieder spüren und mit den Ketten klirren, gerät uns der Pflock in den Blick und wir denken: Ich kann es nicht, und werde es niemals können. In diesem Sinn sollten wir anfangen, uns selbst immer wieder zu hinterfragen, ob unser Glaube an

ein mögliches Versagen tatsächlich berechtigt ist, oder ob wir nur Gefangene einer mentalen Kette sind.

Eigentlich gibt es nur eine Möglichkeit herauszufinden, ob ich etwas kann oder nicht kann, nämlich indem ich es ausprobiere. Wenn es dann nicht funktioniert, dann muss ich es halt wieder versuchen. Vielleicht dauert es einen Moment, vielleicht muss ich einen neuen Weg zur Erreichung des Ziels einschlagen, vielleicht muss ich auch meine Voraussetzungen ändern, indem ich zum Beispiel anfange zu trainieren, in die Schule gehe, ein Erklärungs-Video auf YouTube anschaue, mich an einen Mentor oder Coach wende. Eins sollte ich aber nicht tun: Aufgeben. Bevor Sie aufgeben wollen, sagen Sie sich immer, dass der nächste Versuch vielleicht der erfolgreiche sein könnte.

In den nächsten Kapiteln werde ich Ihnen darlegen, wie man einen solchen Mindset erreicht, um sich von mentalen Fesseln zu lösen, um sich auf den Weg zu einem erfolgreichen und glücklichen Leben machen zu können.

Kapitel 3

Sieben Eigenschaften erfolgloser Menschen

«Erfinde niemals Ausreden. Deine Freunde brauchen sie nicht und deine Feinde werden sie nicht glauben.»
John Wooden, Basketball Coach

Wenn man erfolglose Menschen analysiert, dann stellt man fest, dass diese einander oft sehr ähnlich sind. Sie haben die gleichen Gewohnheiten, zeigen übereinstimmende Verhaltensweisen und haben ähnliche Charaktermerkmale. Sieben dieser Eigenschaften von erfolglosen Menschen habe ich etwas genauer betrachtet. Das Grossartige ist, dass man sich dieser Eigenschaften entledigen kann, wenn man sich deren bewusst ist.

Alle Menschen streben nach einem erfolgreichen Leben. Dabei gilt es zu betonen, dass sich meines Erachtens ein erfolgreiches Leben nicht ausschliesslich über Geld und Macht definiert. Was bringt es, wenn eine Person zwar viel Geld verdient, die Karriereleiter hochgeklettert ist oder das Prestige eines politischen Amtes hat, gleichzeitig aber unzufrieden und verbittert ist? Dies ist nicht selten der Fall. Viele Menschen opfern ihr wahres Ich, in der Hoffnung, sich dadurch bessere Chancen zu schaffen, um mehr Macht zu erhalten oder mehr Geld zu verdienen. Das führt mittelfristig zu Frustration, weil man die wahren Leidenschaften zugunsten der Aussicht auf Geld und Macht unterdrückt.

Immer wieder höre ich von Personen, die mir sagen, dass sie sich z. B. gerne politisch engagieren möchten, sich aber nicht getrauen, weil das bei ihren Vorgesetzten oder Kunden nicht gut ankommen könnte. Andere verzichten auf ein gesellschaftliches Engagement, weil die Vorgesetzte sonst den Eindruck erhalten könnte, dass man dieses Engagement wichtiger nimmt als die berufliche Tätigkeit. Und dann gibt es all jene, die einen Beruf erlernt oder ein Studium gewählt haben, weil diese ein gutes Einkommen versprechen und nicht, weil sie wirklich vom Inhalt fasziniert waren.

Wenn ich also von Erfolg spreche, dann meine ich damit nicht nur Geld und Macht. Ich meine mit Erfolg auch ein Leben führen zu können, das einem das kribbelnde Gefühl der Begeisterung für eine Sache gibt, eine Sache, für die man sich engagiert und an die man glaubt. Eine Sache, für die man am Morgen gerne aufsteht. Erfolg ist auch das Gefühl der Leidenschaft. Sich für etwas einzusetzen, in schwierigen Zeiten standhaft zu bleiben, sich zu engagieren, durchzuhalten, runterzufallen und wieder aufzustehen. Kurz ein Leben zu führen, auf das man im Rückblick stolz sein kann.

Die erfolgreiche amerikanische Autorin, Dichterin, Songwriterin, Regisseurin und Bürgerrechtsaktivistin Maya Angelou drückte es wie folgt aus: *«Erfolg ist, sich selbst zu mögen, zu mögen, was man tut, und zu mögen, wie man es tut.»* Interessant ist, dass jene Menschen, die sich nicht primär auf Geld und Macht konzentrieren, schlussendlich nicht selten mehr Geld und Einfluss haben als jene, die dies angestrebt haben.

Beobachten Sie einmal Ihr Umfeld. Haben Sie nicht auch den Eindruck, dass es nicht wenige frustrierte, unzufriedene und somit auch erfolglose Menschen gibt? Analysiert man diese erfolglosen Menschen etwas genauer, dann stellt man fest, dass sie einander oft sehr ähnlich sind. Sie teilen sich Gewohnheiten, zeigen übereinstimmende Verhaltensweisen und haben sehr ähnliche Charaktereigenschaften.

Wir alle haben Gewohnheiten, Marotten und Charaktereigenschaften, die uns einzigartig und menschlich machen. Einige haben wir uns mit zunehmendem Alter angewöhnt, während andere uns seit unserer Kindheit begleiten. Ob positiv oder negativ, diese Gewohnheiten haben einen tiefgreifenden Einfluss auf unser Verhalten und auch darauf, wie wir von anderen Menschen wahrgenommen werden. Dies wiederum beeinflusst unsere Zufriedenheit und auch unseren Erfolg.

Auch ist es so, dass wir alle nicht davor gefeit sind, ab und zu negative Verhaltensweisen zu zeigen. Damit wir aber ein erfolgreiches Leben führen können, müssen wir uns dieser schlechten Eigenschaften bewusst werden. Dies bedingt die Fähigkeit, und vor allem den Willen, zu einer kritischen Selbstbetrachtung.

Die sieben typischen Eigenschaften von erfolglosen Menschen

1. Erfolglose Menschen sind neidisch

Neid richtet sich tendenziell gegen diejenigen, mit denen wir uns vergleichen, mit denen wir uns in Konkurrenz fühlen. Der britische Philosoph und Mathematiker Bertrand Russell schrieb: *«Bettler beneiden keine Millionäre, aber sie beneiden andere Bettler, die erfolgreicher sind als sie.»*

Neid war noch nie ein grösseres Problem als heute. Unser Zeitalter der Egalität ermutigt uns, uns mit allen und jedem zu vergleichen. Das Internet und die sozialen Medien machen es uns einfach diese Vergleiche anzustellen und schüren so die Flammen unseres Neids. Indem wir das Materielle und das Sichtbare gegenüber dem Spirituellen und Unsichtbaren betonen, hat unsere Kultur des Konsumdenkens die einzige Gegenkraft ausgehöhlt, die in der Lage ist, diese Flammen einzudämmen.

Der Schmerz des Neides wird weniger durch das Verlangen nach den Vorzügen oder Fähigkeiten anderer verursacht, sondern durch das Gefühl der eigenen Minderwertigkeit.

Der Neid verhindert es, unser volles Potenzial auszuschöpfen. Statt die erfolgreichere Person zu unserem Vorbild zu machen und zu versuchen von ihr zu lernen, konzentrieren wir uns darauf zu rechtfertigen, wieso wir selbst nicht so erfolgreich sind. Man behauptet, dass die Person einfach Glück hatte, dass sie nur aufgrund von Beziehungen erfolgreich ist, aber sicher nicht primär wegen ihrer Leistungen. Noch schlimmer ist es, dass die Neider den Wunsch hegen, dass die als erfolgreich wahrgenommenen Personen in der Zukunft auf die Nase fallen.

Neid ist nicht selten die Ursache für psychische Probleme wie Depressionen, Angstzuständen und Schlaflosigkeit. Neid kann aber auch zu körperlichen Gesundheitsproblemen wie Infektionen, Herz-Kreislauf-Erkrankungen, Magengeschwüre und Krebs führen. Wir werden, im wahrsten Sinne des Wortes, von unserem Neid aufgefressen.

Um diese unnötige Belastung der Psyche zu vermeiden, ist es am besten, sich auf jene Dinge und Fähigkeiten zu konzentrieren, in denen wir gut sind. Überlegen Sie sich wo ihre Stärken sind und wie Sie diese auf Ihrem Karriereweg optimal nutzen können.

Die wichtigste Erkenntnis im Zusammenhang mit Neid ist, dass erfolglose Menschen andere Menschen als Konkurrenz betrachten. Ganz im Gegenteil dazu die erfolgreichen Menschen. Diese freuen sich nicht nur an den Erfolgen anderer, sie nutzen diese Erfolge als persönliche Inspiration. Analysieren Sie, warum und wie andere Menschen erfolgreich sind, und nutzen Sie diese Erkenntnisse, um daraus zu lernen und Konsequenzen für sich selbst abzuleiten.

2. Erfolglose Menschen haben Angst vor Veränderung

Erfolglose Menschen scheinen Veränderungen gegenüber abgeneigt zu sein. Bereits kleine Abweichungen von der Norm verursachen bei erfolglosen Menschen grossen Stress. Diese Engstirnigkeit könnte aus einer schlechten Erfahrung, aus Angst vor dem Unbekannten oder einem Gefühl der eingebildeten Überlegenheit – *«das haben wir schon immer so gemacht»* – herrühren.

Grundsätzlich hat es immer mit der Angst vor dem Verlassen der Komfortzone und dem Riskieren des Status Quo zu tun. Wer aber in seiner Komfortzone bleibt, kann sich nicht weiterentwickeln. Wer seine Grenzen nicht testet, kann gar nicht wissen, wo seine Grenzen sind. Das Problem ist, dass dieses Verharren in der Komfortzone nicht nur Stillstand, sondern Rückschritt bedeutet, weil sich andere Menschen und Organisationen um uns herum weiterentwickeln.

Wenn Ihnen Veränderung schwerfällt, dann fangen Sie klein an, indem Sie kleine neue Dinge ausprobieren. Lernen Sie zu akzeptieren, dass Veränderungen ständig stattfinden, und dass das Lernen von Dingen, die Sie nicht kennen, Ihren Wert als Mensch nicht mindert, sondern diesen im Gegenteil erhöhen wird.

3. Erfolglose Menschen haben ihre Emotionen nicht im Griff

Es ist ganz einfach: Wer erfolgreich sein will, der muss lernen seine Emotionen im Griff zu haben, ansonsten haben die Emotionen ihn im Griff.

Emotionen machen uns menschlich, ohne Emotionen könnten wir wohl kaum existieren. Emotionen sind also normal. Während wir zwar nicht steuern können welche Emotionen wir fühlen, können wir aber kontrollieren, wie wir mit diesen Emotionen umgehen. Dazu müssen wir uns aber zuerst selbst beobachten und uns kritische Gedanken über unsere Reaktionen auf unsere Gefühle machen. Diese Selbstbetrachtung ist der erste Schritt dazu seine Emotionen in den Griff zu bekommen.

Wie viel Energie wird durch unnötige Wutausbrüche, Rache- oder Trotzreaktionen vergeudet? Was bringt es, wenn ich einen Mitarbeiter anschreie, wenn er einen Fehler gemacht hat? Der Fehler wird durch die Schelte nicht behoben, dafür habe ich das Selbstwertgefühl des Mitarbeiters und die zwischenmenschliche Beziehung zwischen uns langfristig beschädigt. Was bringt es, wenn ich nach einem begangenen Fehler voller Wut z. B. mein Mobiltelefon gegen die Wand werfe, ich mich auf dem Sportplatz wegen einer Provokation zu einem Foul hinreissen lasse oder ich mich aufgrund einer, als ungerecht, empfundenen Kritik volllaufen lasse?

Erfolglose Menschen sehen sich als Zentrum der Welt. Ihre Gefühle sind wichtiger als jene der andern. Wenn sie, aus welchem Grund auch immer, wütend, betrübt, genervt oder frustriert sind, dann ist es für sie selbstverständlich, dass die anderen Mitmenschen diese Gefühlslage auch spüren sollen.

Fakt ist, dass alle Menschen gute und schlechte Zeiten durchleben und wir definitiv nicht das Zentrum der Menschheit sind und die Welt um uns herum nicht anhält, nur weil unser Ego angekratzt ist, wir nicht gut geschlafen haben, oder wir sonst aus irgendeinem Grund nicht gut aufgelegt sind.

Also, sich zusammenreissen, sich selbstreflektieren und lernen mit seinen Emotionen umzugehen.

Das heisst nicht, dass man keine Vulnerabilität zeigen darf. Es ist nicht so, dass das Zeigen von Gefühlen gleichzusetzen ist mit Schwäche. Es kommt dabei auf den Grund, den sogenannten Trigger an, der die Gefühle auslöst. Eines ist dabei sicher: Wir dürfen uns nicht durch alles und jeden triggern lassen!

4. Erfolglose Menschen sind nicht nett

Ich bin fest davon überzeugt, dass ein Schlüssel des Geheimnisses, um in allen Bereichen des Lebens Erfolg zu haben, jener ist, andere Menschen gut und anständig zu behandeln und nicht darin, zu versuchen, alles zu bekommen, was man will.

Nichts was wir im Leben erreicht haben, haben wir allein geschafft. Ganz viele Menschen haben uns auf unserem Weg geholfen. Auch das Glück und der Zufall spielen eine nicht unwesentliche Rolle. Dieses Bewusstsein sollte in uns Dankbarkeit und Bescheidenheit erwecken. Genau dieses Bewusstsein fehlt aber erfolglosen Menschen.

Gehen Sie mit einem Geist der Dankbarkeit, der Wertschätzung und des Staunens durch die Welt. Dankbarkeit und Anstand sind meines Erachtens wesentliche Faktoren, um im Leben erfolgreich zu sein. Erfolgreiche Menschen behandeln alle Menschen mit Respekt. Sie sind anständig zu allen, nicht nur zu jenen, die ihnen eventuell auf ihrem Karriereweg helfen könnten. Erfolgreiche Menschen sind dankbar für die Leistungen all jener, die dazu beitragen, dass wir ein gutes Leben führen können.

5. Erfolglose Menschen haben Ausreden

Erfolglose Menschen sind Meister im Ausreden finden. Wenn erfolglose Menschen nicht bekommen, was sie wollen, dann machen sie Schuldzuweisungen. Sie weigern sich, die Verantwortung für ihre Fehler oder die Tatsache, dass sie ihre eigenen Entscheidungen getroffen haben, zu übernehmen. Ihren mangelnden Erfolg schieben sie auf Dinge, die ausserhalb ihrer Kontrolle liegen.

Erfolglose Menschen haben eine Opfermentalität, bei der jedes Problem oder Versagen jemandem oder etwas anderem zugeschrieben wird. Erfolglose Menschen geben anderen Menschen, den Umständen, der Regierung, den Lehrern, den Trainern usw. die Schuld dafür, dass es ihnen im Leben nicht besser geht.

Erfolgreiche Menschen tun das nicht. Erfolgreiche Menschen haben eine «No Excuses!»-Mentalität. Sie stehen zu ihren Fehlern und übernehmen die Verantwortung für ihr Handeln. Sie wissen, dass sie mitunter auch scheitern werden, und sie nehmen dieses Risiko bewusst in Kauf, weil sie wissen, dass sie daraus lernen und sie es beim nächsten Mal besser machen werden.

6. Erfolglose Menschen tratschen

Ein amerikanisches Sprichwort besagt: *«Kluge Köpfe sprechen über Ideen, mittelmässige über Vorgänge und schwache über Menschen.»* In jeder Firma, jeder Organisation und in jedem Verein gibt es die

Schwätzer. Jene, die über andere Menschen herziehen, jene die Gerüchte in Umlauf bringen, jene, die sich beschweren, aber keine konstruktiven Lösungen bereithalten. Wenn eine Person tratscht, dann signalisiert sie anderen, dass man ihr nicht trauen kann. Tratschen ruiniert die Integrität und, was noch schlimmer ist, offenbart die Unsicherheit der tratschenden Person.

Im Unterschied dazu konzentrieren sich erfolgreiche Menschen statt auf das Tratschen, auf das Tun. Statt sich zu beschweren, machen sie Lösungsvorschläge, statt über andere herzuziehen, packen sie an und versuchen Dinge zu optimieren.

7. Erfolglose Menschen umgeben sich mit Versagern

Sich mit Menschen zu umgeben, die höhere Ansprüche haben als man selbst, ist der wohl einfachste Weg, sich dauerhaft zu verändern. Menschen, die Zeit miteinander verbringen beeinflussen sich gegenseitig. Innerhalb der Familie hat man vergleichbare Ansichten, man spricht und handelt ähnlich, enge Freunde, oder auch Mitarbeiter übernehmen gegenseitig ihre Gewohnheiten und Verhaltensweisen.

So sehr wir auch glauben möchten, dass wir eigenständige unabhängige Individuen sind, die klug genug sind, um sich nicht durch andere beeinflussen zu lassen, haben in Wahrheit die Menschen um uns herum einen direkten und starken Einfluss darauf, wie wir denken und handeln. Die Freunde und Kollegen, mit denen wir uns umgeben, können uns dazu ermutigen, unser bestes Selbst zu sein, oder sie können unsere schlimmsten Verhaltensweisen hervorbringen.

Überlegen Sie sich also gut, mit wem Sie Zeit verbringen wollen. Mit jenen negativen Kleingeistern, die über andere tratschen und verbittert durch das Leben gehen oder mit jenen, die Ideen haben, sich weiterentwickeln wollen, einen offenen Geist haben und grundsätzlich Freude ausstrahlen?

Es ist Ihnen allein überlassen, wie Sie Erfolg definieren. Stellen Sie sich aber einmal diese Frage. Was ist Erfolg für Sie? Wenn Sie eine Antwort haben, dann überlegen Sie sich, wie Sie diesen Erfolg erreichen können. Ich bin überzeugt, unabhängig von Ihrer Definition des Erfolges, das Vermeiden der oben genannten sieben Eigenschaften erfolgloser Menschen, wird Ihnen auf Ihrem Weg helfen.

Kapitel 4

Fünf Dinge, die Sie auf keinen Fall tun dürfen, um zufriedener und erfolgreicher zu werden

*«Erfolg ist nicht der Schlüssel zum Glück.
Glücklich sein ist der Schlüssel zum Erfolg.»*
Albert Schweitzer

In unserer Gesellschaft ist der Glaube daran, dass Glück das Ergebnis von Erfolg ist, weit verbreitet. Der Schlüssel zum Erfolg wiederum sei harte Arbeit. Wenn wir also hart genug arbeiten, so sind wir überzeugt, werden wir erfolgreich sein, und wenn wir dann erfolgreich sind, dann werden wir auch automatisch glücklich sein.

Dieses Glaubensmuster bildet die Grundlage für den wichtigsten Motivator in unserer Gesellschaft: Dem Streben nach Erfolg in der Hoffnung Glück und Zufriedenheit zu finden.

Wir strengen uns an das Umsatzziel zu erreichen, um eine Gehaltserhöhung oder einen Bonus als Belohnung zu erhalten, weil wir überzeugt sind, dass wir nach Erhalt der Belohnung glücklicher sein werden. Wir tun alles in unserer Macht Stehende, um die Karriereleiter hinaufzusteigen, um einen höheren Grad zu erreichen, um in ein prestigeträchtiges Amt gewählt zu werden, weil wir glauben, dass wir in der Folge mit Glück und Zufriedenheit belohnt werden. Erst der Erfolg, dann das Glück, so die Devise.

Das einzige Problem aber ist, dass diese Formel nicht stimmt. Wenn Erfolg glücklich machen würde, dann müsste jeder Angestellte, der befördert wird, jeder Arbeitssuchende, der eine Zusage erhält, und jeder, der jemals ein Ziel erreicht hat, glücklich sein. Dem ist aber nicht so.

Wir empfinden nach einem Erfolg zwar kurzfristig einen Glücksschub, dieser hält aber bei weitem nicht so lange an und ist meist weniger intensiv, als wir uns das vorgestellt haben. Die meisten von uns haben diese Erfahrung in ihrem Leben schon gemacht.

Man erklärt dieses Phänomen mit dem Begriff der «hedonistischen Tretmühle» oder der «hedonistischen Anpassung» (siehe Kapitel 5). Gemäss dieser Theorie kehren wir Menschen immer wieder zu unserem Grundniveau der Zufriedenheit zurück, unabhängig davon, ob wir ein Ziel erreicht haben oder eine Niederlage erlitten haben. Eigentlich kann man sagen, dass mit jedem Erfolg, mit jedem Sieg unsere Erfolgsziele immer etwas weiter hinausgeschoben werden, so dass das Glück zunehmend in weite Ferne rückt.

Wir wissen nun also, dass Erfolg uns nicht nachhaltig zu glücklicheren Menschen werden lässt. Was jetzt aber noch wichtiger ist als diese Erkenntnis, ist die Tatsache, dass es gerade umgekehrt ist. Weitreichende Forschung auf dem Gebiet der positiven Psychologie und der Neurowissenschaften konnten nämlich eindeutig beweisen, dass die Beziehung zwischen Erfolg und Glück genau andersherum funktioniert.

Glück ist gemäss heutigen psychologischen Erkenntnissen nicht das Resultat, sondern die Vorstufe zum Erfolg. Zufriedenheit, Glücksgefühl und Optimismus fördern Leistung und Erfolg. Kurz: Wer glücklich ist, ist erfolgreich.

Aus dieser Erkenntnis können wir ableiten, dass wir als Individuum, aber auch unsere Teammitglieder und Mitarbeitenden möglichst zufrieden und glücklich sein sollten, um erfolgreich zu sein.

Nun ist es aber auch so, dass nicht alle Menschen das gleiche Potenzial haben, um glücklich zu sein. Gemäss dem weltberühmten Psychologen Martin Seligmann, dem Godfather der positiven Psychologie, spielt der Charakter eines Menschen die absolut wichtigste Rolle dabei, ob jemand eher optimistisch ist oder nicht.

Nichtsdestotrotz können wir Massnahmen ergreifen, damit wir unabhängig von unserem Charakter und unserer Persönlichkeit etwas zufriedener und somit auch erfolgreicher werden.

Fünf wissenschaftlich belegte Möglichkeiten, um glücklicher zu werden

1. Körperliche Bewegung

In einer Studie aus dem Jahre 2000, welche Shawn Achor in seinem Buch «The Happiness Advantage» zitiert, konnte Erstaunliches nachgewiesen werden.

Drei Gruppen depressiver Patienten wurden unterschiedlichen Bewältigungsstrategien zugewiesen – eine Gruppe nahm Antidepressiva ein, eine Gruppe trieb dreimal wöchentlich 45 Minuten lang Sport, und eine Gruppe machte eine Kombination aus beidem.

Nach vier Monaten zeigten alle drei Gruppen ähnliche Verbesserungen ihres Glücksgefühls. Allein die Tatsache, dass sich Bewegung als ebenso hilfreich erwies wie Antidepressiva, ist bemerkenswert, aber die Story ist hier noch nicht zu Ende. Die Gruppen wurden dann sechs Monate später nämlich noch einmal untersucht. Von denjenigen, die nur die Medikamente eingenommen hatten, waren 38 Prozent wieder in eine Depression abgerutscht. Denjenigen in der Kombinationsgruppe erging es mit einer Rückfallquote von 31 Prozent etwas besser. Die grösste Überraschung kam jedoch von der Sportgruppe: Ihre Rückfallquote lag bei nur 9 Prozent!

Kurz gesagt, körperliche Aktivität ist nicht nur ein unglaublich starker Stimmungsheber, sondern auch ein nachhaltiger.
   Man muss nicht depressiv sein, um von körperlicher Bewegung zu profitieren. Bewegung hilft bei der Entspannung, steigert die Gehirnleistung und verbessert das Selbstbild und somit das Selbstwertgefühl.

Eine Studie die 2012 im Journal of Health Psychology publiziert wurde ergab, dass Menschen, die Sport treiben, sich in ihrem Körper wohler fühlen, also zufriedener sind, auch wenn sie keine körperlichen Veränderungen aufgrund sportlicher Tätigkeit feststellen konnten. Auch wenn die Menschen keine Resultate sehen, z. B. nicht abgenommen haben, sind sie trotzdem zufriedener.

In der Studie wurden Körpergewicht, Körperform und Körperbild bei 16 Männern und 18 Frauen vor und nach jeweils 6 × 40 Minuten Sport und 6 × 40 Minuten Lesen untersucht.

Unter beiden Bedingungen veränderten sich Körpergewicht und -form nicht. Verschiedene Aspekte des eigenen Körperbildes, des Body Image, verbesserten sich jedoch nach dem Training im Vergleich zu vorher signifikant. Das heisst, die Menschen, welche Sport treiben, haben ein positiveres Selbstbild und sind somit zufriedener. Und wie wir es bereits wissen, somit auch erfolgreicher.

Also bewegen Sie sich regelmässig! Gehen Sie ins Fitnessstudio, Spazieren Sie, gehen Sie Radfahren oder Joggen. Auch wenn Sie kein Gewicht verlieren oder sie nicht einen sichtbar grösseren Bizeps davon bekommen, zufriedener werden Sie alleweil.

Für Führungskräfte heisst dies, dass wir einerseits selbst körperlich tätig sein sollten, und andererseits unseren Mitarbeitenden die Zeit zur körperlichen Bewegung zugestehen sollten. Wieso nicht von allen Mitarbeitenden z.B. 4 Stunden pro Woche körperliche Aktivität während der Arbeitszeit einfordern?

Ich bin überzeugt, dass zufriedene und gesunde Mitarbeitende in 38 Stunden mehr leisten als frustrierte und unfitte Mitarbeitende während 42 Stunden.

2. Mehr Schlaf

Es ist wohl allen bekannt, dass Schlaf uns hilft uns zu erholen und zu regenerieren. Wer gut geschlafen hat, kann sich besser konzentrieren, ist produktiver und effizienter. Untersuchungen haben nun auch gezeigt, dass Schlaf auch wichtig für unser Glücksgefühl ist.

In ihrem Buch «NurtureShock» erklären die Autoren Po Bronson und Ashley Merryman, wie Schlaf die Positivität beeinflusst:

Negative Reize werden von der Amygdala verarbeitet; positive oder neutrale Erinnerungen werden vom Hippocampus verarbeitet. Schlafentzug trifft den Hippocampus härter als die Amygdala. Das Ergebnis ist, dass Menschen mit Schlafentzug angenehme Erinnerungen nicht abrufen können, während sie sich an düstere Erinnerungen problemlos erinnern. Dies erklärt dann auch, warum wir eher schlecht gelaunt und reizbarer sind, wenn wir übermüdet sind.
    In einem Experiment des englischen Neurowissenschaftler Matthew Walker versuchten College-Studenten unter Schlafentzug, sich eine Liste von Wörtern zu merken. Sie konnten sich an 81% der Wörter mit

einer negativen Konnotation, wie «Krebs», «Krankheit», «Tod» etc. erinnern, aber sie konnten sich nur an 31 % der Wörter mit einer positiven oder neutralen Konnotation erinnern, wie z. B. «Sonnenschein» oder «Korb».

In einer weiteren Studie zusammen mit Ninad Gujar testete Walker welchen Einfluss Schlaf auf die Fähigkeit hat, die Emotionen anderer Menschen zu deuten. Die Versuchsteilnehmenden mussten auf einen Computerbildschirm blicken, auf dem ein Gesicht zu sehen war, das einen ängstlichen, traurigen, wütenden oder glücklichen Gesichtsausdruck in verschiedenen Intensitäten zeigte.

Die Aufgabe bestand nun darin, die Intensität jeder Darstellung des Gesichts zu bewerten, z. B. von «neutral» bis «extrem wütend», «ängstlich», «glücklich», «traurig» usw. Der Test wurde zweimal gemacht. Einmal am Mittag und einmal am Abend. Eine Gruppe wurde angehalten am Nachmittag ein 90minütiges Nickerchen zu machen, die andere Gruppe musste ganz normal weiterarbeiten. Die ausgeruhte Gruppe bewertete die erkannten Emotionen beim zweiten Test am Abend klar positiver als die andere Gruppe.

Je müder ein Mensch ist, desto negativer beurteilen wir die Stimmungslage anderer Menschen. Das wiederum bedeutet, dass müde Menschen schlechter sind bei der Pflege zwischenmenschlicher Beziehungen, man kommuniziert und kooperiert negativer als in ausgeruhtem Zustand, weil wir die anderen Menschen als negativer wahrnehmen.

Weiter konnte auch festgestellt werden, dass diejenige Gruppe, welche einen Mittagsschlaf machen konnte, generell am Abend eine positivere Stimmung hatte als am Mittag, bei der Gruppe, welche ohne Pause normal ihrer Arbeit nachgegangen war, hatte sich die Stimmung gegenüber dem Mittag signifikant verschlechtert. Je mehr wir also schlafen, desto weniger empfindlich für negative Emotionen sind wir.

Vor allem Führungskräfte sollten sich dies zu Herzen nehmen. Es ist kein Gütesiegel, wenn man vom morgen früh bis in die Nacht hinein arbeitet, ausser sie wollen ihrer Unternehmung schaden, denn zu wenig Schlaf ist schädlich für den Erfolg.

Mit diesem Wissen sollten wir auch z. B. Mitarbeiter- oder Kundengespräche und Sitzungen eher am Vormittag durchführen bzw. so planen, dass wir vermeiden können, dass wir oder auch die Teilnehmenden übermüdet sind.

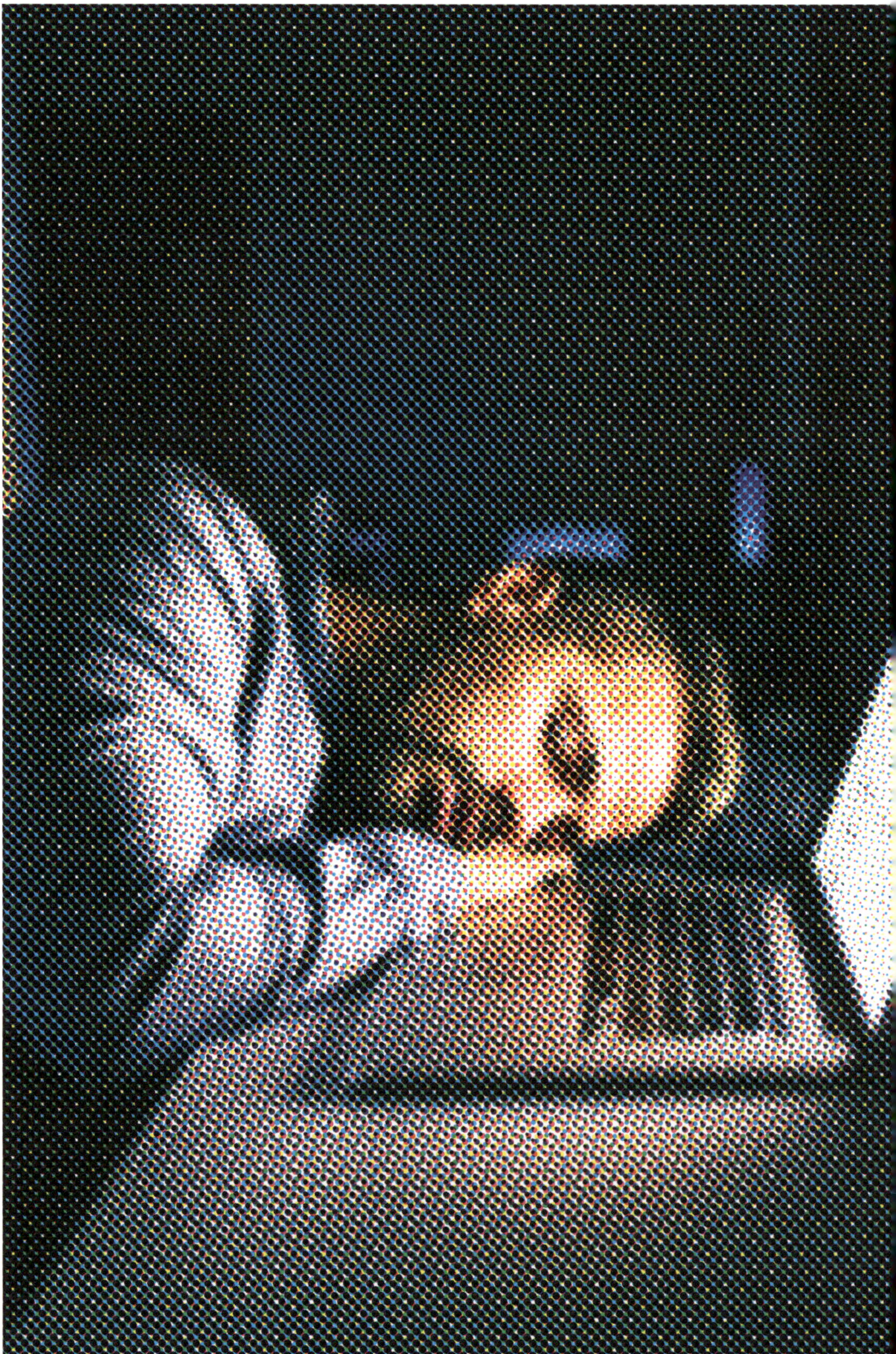

In diesem Zusammenhang spielt auch das Homeoffice eine wichtige Rolle. Homeoffice erlaubt es den Menschen, mehr zu schlafen, weil sie einerseits den zeitraubenden und ermüdenden Weg zur und von der Arbeit sparen können, anderseits ist es bedeutend einfacher zu Hause einen Powernap zu machen als irgend in einem Grossraumbüro.

3. Verbringen Sie mehr Zeit mit Freunden/Familie

Bonnie Ware, eine australische Palliativpflegerin, die Sterbende in ihren letzten Tagen begleitete, hat in ihrem Buch «The Top Five Regrets of the Dying» eindrücklich beschrieben, was sterbende Menschen rückblickend am meisten bereuen. Die meisten Menschen bereuen gemäss Ware, zu wenig Zeit mit Freunden und Familie verbracht zu haben.

Auch die Forschung belegt, dass soziale Kontakte für unsere Zufriedenheit von enormer Bedeutung sind, dies gilt auch für introvertierte Menschen. Mehrere Studien haben ergeben, dass die Zeit, die wir mit Freunden und Familie verbringen, einen grossen Einfluss darauf hat, wie glücklich wir uns fühlen.

Harvard-Professor und Glücksexperte Daniel Gilbert erklärt diesen Umstand wie folgt: *«Wir sind glücklich, wenn wir eine Familie haben, wir sind glücklich, wenn wir Freunde haben, und fast alle anderen Dinge, von denen wir glauben, dass sie uns glücklich machen, sind in Wirklichkeit nur Hilfsmittel, um mehr Familie und Freunde zu bekommen».*

Wieso kaufen sich viele Menschen Luxusartikel? Weil sie damit ihren Status anheben wollen und ein hoher Status attraktiver macht und zu vermeintlich mehr Freunden führt. Manch einer kauft einen schönen Sportwagen, nicht weil er Fan des Sportwagens ist, sondern weil er sich erhofft, eine Partnerin zu finden.

Im Jahr 1938 begannen Wissenschaftler damit, die Gesundheit und das Wohlergehen von 268 Harvard-Studenten zu verfolgen, die Studie dauert bis heute an. Die Forschung bezog damals ausschliesslich Männer ein, da Frauen in Harvard nicht zugelassen waren. Präsident John F. Kennedy war übrigens einer der ursprünglichen Teilnehmer. Die Studie wurde über die Jahre ausgeweitet. Heute sind 1300 Nachkommen der ursprünglichen Teilnehmer daran beteiligt. Die Forschenden haben grosse Mengen an Daten zu der körperlichen und psychischen Gesundheit der Probanden zusammengetragen. Darüber hinaus wurde auch das allgemeine Leben der Probanden betrachtet, einschliesslich von Erfolgen und Misserfolgen in puncto Berufslaufbahn und Eheschliessung. Die Wichtigste Erkenntnis dieser Studie ist, dass Menschen, die gute soziale Beziehungen pflegen gesünder sind, länger leben und generell erfolgreicher sind als jene Menschen, die sich für einen einsameren Weg entschieden haben.

«Einsamkeit tötet. Sie ist so wirkungsvoll wie das Rauchen oder der Alkoholismus», so der Studienleiter, Robert Waldinger, Psychiater am Massachusetts General Hospital und Professor für Psychiatrie an der Harvard Medical School. *«Gute Beziehungen schützen nicht nur unseren Körper, sie schützen auch unser Gehirn»*, so Prof. Waldinger weiter. Gleichzeitig betont Waldinger, dass diese guten Beziehungen nicht unbedingt immer ohne Reibungen sein müssen. *«Manche unserer achtzigjährigen Paare konnten tagein tagaus miteinander zanken, doch solange sie das Gefühl hatten, dass sie sich in schweren Zeiten wirklich aufeinander verlassen konnten, wurden diese Streitereien nicht übelgenommen»*, so Waldinger.

Unser Glücksgefühl wird nicht nur dadurch beeinflusst, dass wir ein gut funktionierendes soziales Netz, eine harmonische Familie und gute Freunde haben, sondern vor allem auch dadurch, dass wir das Gefühl haben, anderen helfen, dienen oder zur Seite stehen zu können. Wir sind glücklicher, wenn wir wissen, dass wir gebraucht werden, wenn wir für andere Menschen von Nutzen sind.

In Unternehmen sollten diese Aspekte ebenfalls mit einbezogen werden. Einerseits muss den Mitarbeitenden genügend Raum für deren Familie und Freunde gelassen werden. Andererseits müssen sich Führungskräfte bewusst sein, dass ihre Mitarbeitenden ein Leben neben der Arbeit haben und sie nicht frei über die Zeit von ihren Unterstellten verfügen können. Es ist meiner Ansicht nach wichtig, dass Vorgesetzte sich für das Familienleben ihrer Unterstellten interessieren. Nur wenn ich als Chef weiss, wie es meinen Mitarbeitenden geht, wie deren Gefühlslage ist, kann ich diese erfolgreich einsetzen.

Wenn ein Teammitglied Familien-Probleme bewältigen muss, kann ich von diesem in Gottesnamen nicht die gleiche Leistung erwarten, wie wenn bei der Person alles im Lot wäre. Es ist meine Pflicht als Chef, diese Person entsprechend ihren momentanen Kapazitäten einzusetzen, sie – wenn diese es wünscht – zu unterstützen und zu beraten oder sogar Zeit zu geben, dass sie sich der Probleme annehmen kann. Für den Erfolg der Unternehmung ist es förderlicher, wenn sich die Person vorerst um ihre Probleme kümmert, statt halbbatzige oder gar schlechte

Arbeit in der Firma zu leisten. Kommt hinzu, dass ein solch emphatischer Approach durch die Mitarbeitenden sehr geschätzt und mittelfristig definitiv honoriert wird.

4. Ehrenamtliche Tätigkeit

In einer Studie, die 2021 im «Journal of Happiness Studies» veröffentlicht wurde, untersuchten Forscher die Daten von fast 70 000 Personen aus Grossbritannien. Die Teilnehmer beantworteten Fragen zu ihren freiwilligen Tätigkeiten und ihrer psychischen Gesundheit, einschliesslich ihres Leidensdrucks und ihres Funktionierens im täglichen Leben. Die Befragungen fanden alle zwei Jahre von 1996 bis 2014 statt.

Im Vergleich zu Menschen, die sich nicht ehrenamtlich engagierten, waren Menschen, die Freiwilligenarbeit leisteten, zufriedener und schätzten ihren allgemeinen Gesundheitszustand als besser ein. Ausserdem stellten die Forscher fest, dass Menschen, die sich häufig ehrenamtlich engagieren, auch persönlich einen grösseren Nutzen daraus zogen: So berichteten diejenigen, die sich mindestens einmal im Monat freiwillig engagierten, über eine bessere psychische Gesundheit als jene, die selten oder gar nie freiwillig tätig waren.

Es stellt sich nun die Frage, warum die Freiwilligenarbeit gut für die psychische Gesundheit ist.

Nach Ansicht von Ricky Lawton, stellvertretender Direktor bei Simetrica Research Consultancy und Hauptautor der Studie, ist wahrscheinlich eine Kombination von Faktoren dafür verantwortlich. Erstens scheint Freiwilligenarbeit intrinsisch lohnend zu sein – wenn wir anderen helfen, erleben wir in der Regel das, was in der Wissenschaft als *«warm-glow giving»* bekannt ist, die emotionale Belohnung des Gebens an andere. Zweitens trägt die Freiwilligentätigkeit wahrscheinlich dazu bei, das Gefühl der sozialen Verbundenheit zu stärken. Insbesondere für ältere Erwachsene kann die Freiwilligenarbeit eine Möglichkeit sein, auch nach dem Eintritt in den Ruhestand mit anderen in Kontakt zu bleiben und sich selbst als nützlich zu empfinden. Und schliesslich kann Freiwilligenarbeit eine Möglichkeit sein, fachliche Fähigkeiten und Führungsqualitäten zu erwerben, was besonders für junge Erwachsene wichtig ist. In der aktuellen Studie fanden die Forscher heraus, dass Teilnehmer im Alter von 16 bis 24 Jahren und 55 bis 74 Jahren besonders häufig von der Freiwilligenarbeit profitieren, weil sie dabei soziale Kontakte knüpfen und eben neue Fähigkeiten erwerben können.

In einer weiteren Studie über freiwilliges Engagement in Deutschland wurde untersucht, wie es sich auf die Freiwilligen auswirkt, wenn ihnen die Möglichkeit genommen wird, anderen zu helfen: Kurz nach dem Fall der Berliner Mauer, aber noch vor der deutschen Wiedervereinigung, wurde die erste Welle von Daten des GSOEP (German Socio-Economic Panel) in Ostdeutschland erhoben. Freiwilliges Engagement war damals noch weit verbreitet.

Nach der Wiedervereinigung brach ein grosser Teil der Strukturen des freiwilligen Engagements (z. B. firmeneigene Sportvereine) in Ostdeutschland zusammen und die Menschen verloren ihre Möglichkeiten, sich freiwillig zu engagieren. Ein Vergleich der Veränderung des subjektiven Wohlbefindens dieser Personen mit dem der Kontrollgruppe, deren Freiwilligenstatus sich nicht verändert hatte, stützt die Hypothese, dass Freiwilligentätigkeit zu einer höheren Lebenszufriedenheit führt.
In diesem Sinne fordere ich Sie auf, sich ehrenamtlich zu engagieren. Freiwilligenarbeit ist nicht einfach selbstlose Zeitverschwendung. Es hilft Ihnen neue Fähigkeiten zu erlangen, glücklicher und somit auch erfolgreicher zu werden.

Als Vorgesetzte sollten wir Menschen in unsere Teams holen, die ehrenamtlich tätig sind, auch sollten wir unsere Mitarbeitenden motivieren oder gar Zeit einräumen, damit sie sich in einem Verein, für einen guten Zweck, in der Feuerwehr, der Armee oder in der Politik engagieren können.

5. Üben Sie sich in Dankbarkeit

Dankbarkeit steht in engem Zusammenhang mit positiven Gefühlen und guten Erfahrungen, und der Grund dafür liegt auf der Hand. Wenn wir dankbar sind, erinnern wir uns an positive Ereignisse und Erfahrungen in unserem Leben. Dies wiederum hat einen direkten positiven Einfluss auf unsere momentane Gefühlslage.

Die Auswirkungen von Dankbarkeit auf die Gesundheit sind wissenschaftlich belegt. Das bekannteste Beispiel ist die diesbezügliche Untersuchung von Robert Emmons von der University of California-Davis und Michael McCullough von der University of Miami.

Die beiden Psychologen haben herausgefunden, dass Menschen sich körperlich und geistig besser fühlen, wenn sie sich die positiven erfreulichen Aspekte ihres Lebens bewusst machen. 192 Versuchsteilnehmende wurden aufgefordert jeweils am Ende des Tages, auf einer Skala anzugeben wie gut, sie sich fühlten. Eine der Gruppen wurde die folgende zusätzliche Aufgabe gestellt:

«Es gibt viele Dinge in unserem Leben, grosse und kleine, für die wir dankbar sein können. Denken Sie an die vergangene Woche zurück und schreiben Sie auf den folgenden Zeilen bis zu fünf Dinge in Ihrem Leben auf, für die Sie dankbar sind.» Dadurch wurde diese Gruppe dazu gebracht, an positive Dinge zu denken. Die anderen beiden Gruppen erhielten andere Aufgaben, die nichts mit Dankbarkeit oder positiven Gedanken zu tun hatten. Am Ende fühlten sich die Teilnehmer, die zu einer dankbaren Haltung «gezwungen» wurden, insgesamt wohler in ihrem Leben, blickten optimistischer in die Zukunft und fühlten sich um 10% glücklicher als die Menschen in den anderen Gruppen.

Im «Journal of Happiness Studies» wurde eine Studie veröffentlicht, in der anhand von Dankesbriefen untersucht wurde, wie sich Dankbarkeit auf unser Glücksempfinden auswirken kann: Zu den Teilnehmern gehörten 219 Männer und Frauen, die über einen Zeitraum von drei Wochen drei Dankesbriefe schrieben. Die Ergebnisse zeigten, dass das Schreiben von Dankbarkeitsbriefen das Glücksempfinden und die Lebenszufriedenheit der Teilnehmer signifikant erhöhte und gleichzeitig depressive Symptome verringerte.

Es gibt viele Möglichkeiten, sich in Dankbarkeit zu üben, angefangen beim Führen eines Dankbarkeits-Journals, in welches wir bewusst die Dinge notieren, für die wir dankbar sind. Wobei es sich empfiehlt zu erläutern, weshalb wir genau dankbar sind.
  Man kann sich aber auch mit dem Partner oder einem Freund regelmässig über jene Dinge austauschen, über die wir dankbar sind, oder schreiben Sie doch in den nächsten drei Wochen drei Dankbarkeitsbriefe an drei verschiedenen Personen. Wenn Sie zu schüchtern sind, dann können Sie dies auch anonym tun.

Zeigen Sie auch als Führungskraft Dankbarkeit gegenüber ihren Mitarbeitenden. Nicht nur am Ende des Jahres, sondern wenn immer sich eine Möglichkeit dazu bietet.

Kapitel 10 ist ganz dem Thema «Dankbarkeit» gewidmet.

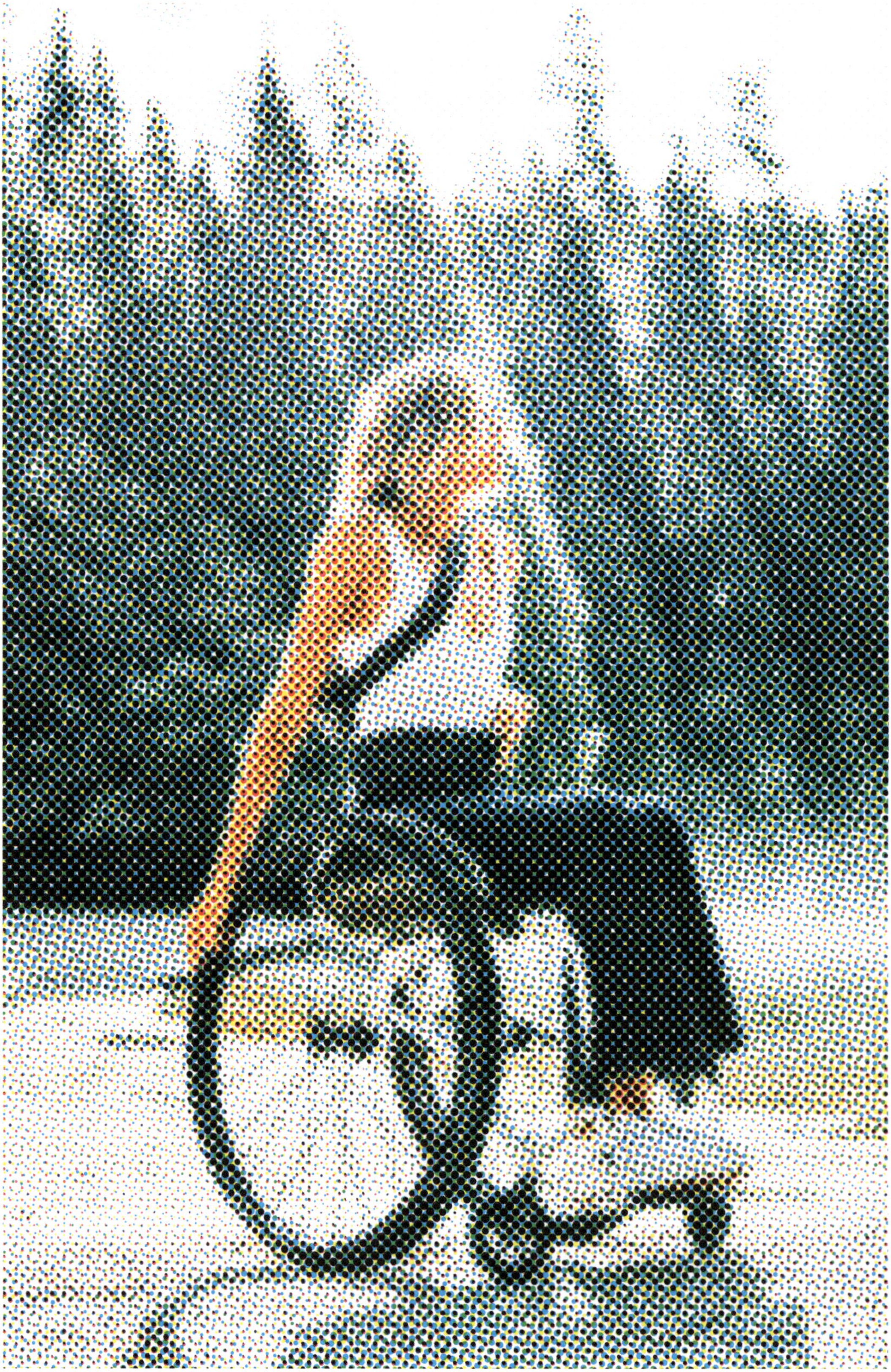

Kapitel 5

Den Fluch der «hedonistischen Tretmühle» loswerden

«Verderbe nicht, was du hast, indem du begehrst, was du nicht hast; sondern denke daran, dass das, was du jetzt hast, einst zu den Dingen gehörte, auf die du nur gehofft hast.»
Epikur

Können Sie sich an das letzte Mal erinnern, als Sie davon geträumt haben, ein neues Auto zu kaufen, eine Beförderung bei der Arbeit zu bekommen, in ein schöneres Haus zu ziehen oder einen Partner zu finden, mit dem Sie das Leben teilen können? Erinnern Sie sich daran, wie Sie sich vorgestellt haben, wie glücklich Sie wären, wenn Sie mit dem Cabriolet durch die Stadt fahren würden, wenn Sie den neuen Berufstitel auf der Visitenkarte sehen würden, wenn Sie am Sonntagmorgen im Traumhaus ihren Cappuccino in der modernen Küche zubereiten würden oder wie glücklich Sie wären, wenn Sie Hand in Hand mit ihrem Traumpartner über den Strand spazieren würden?

Als dann einer dieser Wünsche in Erfüllung ging, dann mussten Sie festgestellt, dass der «Glücksschub» nicht so lange anhielt oder nicht so intensiv war, wie Sie es sich vorgestellt hatten. Die meisten von uns haben diesen Zyklus durchlaufen. Man erklärt dieses Phänomen mit dem Begriff der «hedonistischen Tretmühle» oder der «hedonistischen Anpassung».

Gemäss dieser Theorie kehren wir Menschen immer wieder zu unserem Grundniveau des Glücks zurück, unabhängig davon, was mit uns geschieht.

Die Menschen suchen nach dem Glück. Das war schon immer so. Praktisch jede Zeitperiode hatte ihre eigenen Rezepturen für das Erreichen des ultimativen Glücks. Aus heutiger Sicht mögen uns einige dieser Ideen als bizarr erscheinen. Es reicht ein Blick auf alle die verschiedenen Aphrodisiakum, die es seit der Antike bis in die heutige Gegenwart gibt. Menschen glaubten seit jeher an die Zauberkraft, von irgendwelchen Kräutern, Blumen oder besonderen Speisen. Casanova schlürfte Austern, um seinen sexuellen Trieb zu stärken, im asiatischen Raum glaubt man an die Potenzsteigerung durch den Verzehr von Tiger-Penis oder durch die Einnahme von Pulver, welches aus dem Horn des Nashorns gemacht wird. Aber auch der Granatapfel, die Chilischote, Schokolade, die Tomate oder sogar die grünen M&M's sollen den Sexualtrieb steigern.

Jennifer Michael Hecht beschreibt in ihrem Buch *«The Happiness Myth»* eine besonders erwähnenswerte Technik zum Steigern des Wohlbefindens und der Zufriedenheit. Das sogenannte *«Fletcherizing»*, welches sich im ausgehenden 19. Jahrhundert grosser Beliebtheit erfreute. Inspiriert durch den englischen Premierminister Gladstone, verbreitete der Amerikaner Horace Fletcher die Theorie, wonach wir jedes Stück Nahrung mindestens 32-mal kauen sollten. Das Essen sollte durch das Kauen im Mund pulverisiert werden. Fletcher vertrat die Meinung, dass durch diese Technik die Menschen gesünder, glücklicher und entspannter würden. Der kräftige, grossgewachsene und stets gut aufgestellte Fletcher gewann zahlreiche Anhänger. Zu den *«Kauern»* gehörten auch prominente Zeitgenossen wie Upton Sinclair, Arthur Conan Doyle, Franz Kafka, oder John D. Rockefeller. Der Glaube, dass wir unser Essen oftmals kauen sollten, hält sich auch heute noch in der Gesellschaft. Die Forschung legt zwar nahe, dass wir durch langsameres Essen unseren Appetit und somit auch die Gewichtszunahme besser kontrollieren können. Die Anzahl der Kaubewegungen hat aber keinen direkten Einfluss auf unsere Gesundheit oder unserer Zufriedenheit.

Einige der heutigen «Glücksmoden» könnten den Menschen in hundert Jahren ebenso seltsam vorkommen, wie uns das *«Fletcherizing»* heute. Wie werden zukünftige Generationen über jene Menschen denken, die gegenwärtig Tausende von Franken für Aromatherapien, Feng Shui (die chinesische Praxis der Anordnung von Gegenständen in unseren Räumen, um Zufriedenheit zu erreichen), oder stimmungsbeeinflussende Kristalle ausgeben?

Eines haben all diese Modererscheinungen gemeinsam. Sie spiegeln einen Glaubenssatz, der in der Populärpsychologie fest verankert ist. Nämlich, dass unser Glück hauptsächlich durch externe Umstände beeinflusst wird. Um Glück zu erlangen, so die weitverbreitete Meinung, müssen wir einfach die richtige *«Formel»* finden. Diese Formel existiert, so der Glaube, hauptsächlich ausserhalb von uns. Meistens besteht diese Formel aus viel Geld, einem prächtigen Haus, einem tollen Job und vielen angenehmen Ereignissen in unserem Leben.

Doch stimmt diese Annahme auch tatsächlich? Ist unsere Zufriedenheit vor allem abhängig von äusseren Einflüssen oder könnte es sein, dass Martha Washington, die Frau des ersten amerikanischen Präsidenten, etwa recht hatte, als sie vor über 200 Jahren sagte: *«Der grösste Teil unseres Glücks oder Unglücks hängt von unseren Veranlagungen ab, nicht von den Umständen»*?

Tatsächlich haben Psychologen in den letzten Jahrzehnten begonnen die *«Binsenweisheit»*, dass unser Glück hauptsächlich eine Folge dessen ist, was uns widerfährt, zu hinterfragen. Der im Jahr 2007 verstorbene berühmte Psychologe Albert Ellis kam zum Schluss, dass eine der am weitesten verbreiteten – und verhängnisvollsten – irrationalen Ideen die Vorstellung ist, dass unser Glücklich- und Unglücklichsein hauptsächlich von unseren äusseren Lebensbedingungen abhängt und nicht von unseren Interpretationen dieser Umstände. Ellis zitierte diesbezüglich gerne Shakespeares Hamlet, der sagte: *«Es gibt nichts, was gut oder schlecht ist, nur das Denken macht es so.»*

Bis heute gibt es zahlreiche Studien, die wenig Zweifel offenlassen, dass äussere Umstände nur wenig Einfluss auf unser Wohlbefinden haben. Dies gilt auch dann, wenn es um extreme Ereignisse geht, die uns widerfahren. Eine der wichtigsten Untersuchungen diesbezüglich sind die Studien von Brickman, Coates & Janoff-Bulman aus dem Jahr 1978.

In einer Studie verglichen die drei Psychologen das Glück von drei Gruppen: eine Gruppe von Lotteriegewinner, eine Gruppe von Menschen, die durch einen Unfall gelähmt wurden und einer Kontrollgruppe.

Mit den 22 Lotteriegewinnern, den 18 gelähmten Menschen und den 22 Personen aus der Kontrollgruppe führten die Forscher Interviews durch. Das Ziel war, das jetzige, das vergangene und das erwartete Glück, sowie die empfundene Freude bei alltäglichen Aktivitäten zu erheben. Dafür wurde einer 5-Punkte-Skala benützt, wobei 0 der niedrigste und 5 der höchste Wert war. Die Zeit zwischen dem Interview und dem kritischen Ereignis (Lotteriegewinn oder Unfall) betrug zwischen einem Monat und einem Jahr.

Die wichtigsten Ergebnisse dieser Studie waren:
- Lotteriegewinner bewerten das Vergnügen, das durch alltägliche Ereignisse entsteht, deutlich niedriger als die Kontrollgruppe. Das heisst, der Lotteriegewinn hat zu einer Abstumpfung geführt. Das bedeutet, dass je mehr finanzielle Mittel man zur Verfügung hat, desto weniger schätzt man die kleinen Dinge im Leben.
- Unfallopfer berichteten von einer glücklicheren Vergangenheit als die Kontrollgruppe. Dies kann als eine Art *«Nostalgie-Effekt»* gesehen werden. Das bedeutet, dass man Dinge aus der Vergangenheit positiver einschätzt, wenn man diese verloren hat.
- Unfallopfer bewerteten ihr wahrgenommenes Glücksgefühl zwar tiefer als die Lottomillionäre, aber mit 2.96 immer noch oberhalb der Mitte, sprich im positiven Bereich. Das bedeutet, dass ein solch tragisches Ereignis unser Wohlbefinden zwar negativ beeinflusst, wir Menschen aber in der Lage sind im Laufe der Zeit unser Wohlbefinden wieder nach oben zu korrigieren.

Eine Studie von Wortman und Silver aus dem Jahr 1987 fand heraus, dass Tetraplegiker ihr Wohlbefinden nicht negativer einschätzen als Kontrollpersonen. In einer Metastudie aus dem Jahre 1992 fand Ty ebenfalls keinen Unterschied in der wahrgenommenen Lebensqualität oder der psychiatrischen Symptomatik bei jungen Patienten, die Gliedmassen durch Krebs verloren hatten, im Vergleich zu denen, die sie nicht verloren hatten. Zu einem gleichen Resultat kamen Patterson und seine Kollegen. Sie untersuchten 1993 die psychische Anpassungsfähigkeit von Verbrennungsopfern ein Jahr nach dem Unfall.

Auch andere Schicksalsschläge können wir Menschen überraschend gut verarbeiten. Der berühmte Psychologieprofessor Daniel Gilbert – Autor des Bestsellers *«Stumbling on Happiness»* – untersuchte den Effekt des Jobverlusts auf das Wohlempfinden. Dabei verglich er junge Professoren, denen eine Festanstellung verweigert wurde und die somit ihre Stelle verloren haben, mit Professoren, die eine Festanstellung erhalten hatten. Natürlich waren die gefeuerten Menschen anfänglich niedergeschlagen, innerhalb von rund einem Jahr waren sie aber genauso glücklich wie jene Professoren, die eine Festanstellung erhalten haben.

Es ist so, dass bestimmte Ereignisse wie Behinderung durch einen Unfall, Scheidung, oder Arbeitslosigkeit zwar einen nachhaltigen Effekt auf unser Wohlempfinden haben können, dieser Effekt aber weit geringer ist, als man dies annehmen würde. Wir Menschen sind so programmiert, dass wir uns recht gut an sich ändernde Lebensumstände anpassen können.

Interessant ist nun, dass dieser Adaptionsprozess nicht nur bei negativen Erlebnissen eintritt, sondern auch bei positiven. Die empfundene Zufriedenheit bei Lotteriegewinnern unterscheidet sich nach wenigen Monaten nicht von jenen, anderer Menschen.

Die Forschung stellt somit auch den weit verbreiteten Glauben in Frage, dass man mit Geld Glück kaufen kann. Auch dazu gibt es etliche Studien, unter anderem auch von Nobelpreis-Gewinner Daniel Kahnemann aus dem Jahr 2010, der zum Schluss kommt, dass das Einkommen bis zu einer gewissen Höhe eine wichtige Rolle für die Zufriedenheit spielt, nach Überschreiten dieser kritischen Höhe aber keinen entscheidenden Einfluss mehr auf unser «Well-Being» hat. Gemäss Kahnemann lag diese kritische Höhe in den USA im Jahre 2010 bei einem Einkommen von 75 000 Dollar.

In einer Untersuchung aus dem Jahre 2021 relativiert Matthew Killingsworth die Resultate von Kahnemann zwar. Killingsworth konnte nachweisen, dass Menschen mit mehr Geld tendenziell ihre Lebenszufriedenheit höher einschätzten. Der Wharton Professor sagt, dass gerade während der Pandemie, der finanzielle Wohlstand eine Rolle spielt. So leiden Leute mit mehr Geld bedeutend weniger unter den staatlichen Einschränkungen, als dies ärmere Menschen tun. Gleichzeitig betont Killingsworth, dass Geld nur einer von vielen Einflussfaktoren auf das persönliche Wohlbefinden sei und bei weitem nicht der wichtigste.

Einen wichtigen Einfluss auf unser Wohlbefinden hat die Art und Weise, wie wir das zur Verfügung stehende Geld nutzen. Untersuchungen haben gezeigt, dass jene Menschen, die ihr Geld freiwillig – also nicht mittels steuerlicher Zwangsabgabe – prosozial ausgeben, d. h. anderen Menschen Geschenke machen, andere Menschen einladen, eine Sache, z. B. einen Sportverein, Kultur oder eine karitative Organisation unterstützen, glücklicher sind, als jene die ihr Geld horten oder für sich selbst ausgeben.

Auch ist es für unser Wohlempfinden sinnvoller, wenn wir Geld für Erfahrungen, z. B. Reisen, Besuche von Konzerten, Sportevents oder das Erlernen von neuen Fähigkeiten ausgeben, als z. B. für ein grösseres Haus oder teurere Sneakers.

Zur Veranschaulichung der auffälligen Diskrepanz zwischen Geld und Glück hier das Resultat einer Studie aus dem Jahre 1985 von Diener, Horowitz und Emmons. Die drei Psychologen verglichen die Lebenszufriedenheit der 400 reichsten Amerikaner, mit jener der Amish aus

Pennsylvania: Obwohl das Jahresgehalt der Amish mehrere Milliarden Dollar geringer war als jenes der Vergleichsgruppe, lag die durchschnittliche Lebenszufriedenheit auf einer 7-Punkte-Skala bei beiden Gruppen bei 5.8.

Man kann also sagen, dass es für das Wohlbefinden unerlässlich ist, genug Geld zu haben, um die Grundbedürfnisse zu befriedigen und ein Sicherheitsnetz zu haben. Wenn wir mehr Geld zur Verfügung haben, als zur Befriedigung der Grundbedürfnisse nötig sind, dann kann dies durchaus unsere Zufriedenheit steigern. Es ist aber nicht das Geld, dass uns glücklich macht, sondern viel mehr, die Art und Weise wie wir dieses Geld nutzen.

Der Effekt, dass unser Glücksempfinden, unsere Zufriedenheit oder unser Wohlbefinden durch negative und positive externe Faktoren nur relativ kurzfristig beeinflusst wird, nennt man «hedonistische Adaption» oder «hedonistische Tretmühle».
   Das Problem mit dieser «hedonistischen Tretmühle» ist es, dass sie uns dazu veranlasst, nach Abklingen des kurzfristigen Glücksgefühls, nach dem nächsten Glücksgefühl zu suchen.

Wir streben nach dem Erwerb von schönen und angenehmen Dingen, weil wir glauben, dass sie uns glücklich machen. Wenn wir uns unseren Traum dann erfüllt haben, gewöhnen wir uns in kürzester Zeit daran, und dieser bereitet uns keine Freude mehr. Infolgedessen beginnen wir, etwas Neues zu suchen, und der Kreislauf wiederholt sich. Plötzlich ist nicht mehr der kürzlich erworbene BMW unser Traumwagen, sondern der Porsche. Plötzlich ist nicht mehr der Job des Abteilungsleiters, für den wir so hart gearbeitet haben, unser Traumjob, sondern jener des Bereichsleiters. Plötzlich ist die gekaufte Louis-Vuitton-Handtasche nicht mehr unsere Traumtasche, sondern jene von Lana Marks oder Hermes.

Hedonistische Anpassung erleben wir auch in unseren Beziehungen. Wir lernen den Mann oder die Frau unserer Träume kennen, und nach einem aufreibenden Werben gelingt es uns, diese Person zu heiraten. Wir beginnen in einem Zustand des Eheglücks, aber schon bald ertappen wir uns dabei, wie wir über die Schwächen unseres Ehepartners anfangen nachzudenken und nicht lange danach, wie wir darüber fantasieren, eine Beziehung mit jemand Neuem zu beginnen.

Diese «hedonistische Tretmühle» führt schlussendlich dazu, dass wir nie zufrieden sind. Dabei leben die meisten von uns eigentlich ihren

Traum. Denn all das was wir heute besitzen, haben wir uns einst gewünscht.

Wenn wir nicht arbeitslos sind, dann üben wir einen Beruf aus, für den wir uns einst beworben haben, für den wir einst eine Ausbildung gemacht haben. Also den Job, den wir einst haben wollten. Wenn Sie jemand bei der Bewerbung auf Ihren heutigen Job gefragt hätte: *«Wünschst Du Dir diesen Job zu erhalten»*, hätte Sie damals wohl kaum *«Nein»* gesagt!

Wenn Sie mit einem Partner verheiratet sind, dann sind Sie mit der Person zusammen, von der Sie einst geträumt haben, dass diese Sie heiraten würde.

Wenn Sie ein Auto haben, dann haben Sie sich genau dieses Auto vor dem Erwerb gewünscht, ansonsten hätten Sie ein anderes gekauft.

Die «hedonistische Anpassung» lässt uns vergessen, dass wir eigentlich unseren Traum leben, weil wir das Leben unserer Träume leben, sobald wir dieses Leben als selbstverständlich betrachten. Anstatt unsere Tage damit zu verbringen, unser Glück zu geniessen und zu schätzen was wir besitzen und erreicht haben, verbringen wir diese damit, neue, grössere Träume für uns zu entwickeln und zu verfolgen, dies mit dem Ergebnis, dass wir nie mit unserem Leben zufrieden sind. Der griechische Philosoph Epikur drückte es wie folgt aus: *«Verderbe nicht, was du hast, indem du begehrst, was du nicht hast; sondern denke daran, dass das, was du jetzt hast, einst zu den Dingen gehörte, auf die du nur gehofft hast.»*

Wie können wir nun aus dieser «hedonistischen Tretmühle» herauskommen? Einerseits können wir es Diogenes und den anderen Kynikern gleichtun, die gemäss dem Grundsatz: «Ich besitze nicht, damit ich nicht besessen werde» den persönlichen Besitz auf das Notwendigste reduzierten, um Glückseligkeit und grösstmögliche Unabhängigkeit zu erreichen. Wer jetzt aber nicht freiwillig auf sämtliche Besitztümer verzichten, in einem alten Fass, auf der Strasse oder unter einer Brücke leben will, der hat auch eine andere Möglichkeit, der «hedonistischen Tretmühle» zu entkommen.

Wir können lernen unsere Wünsche zu kontrollieren, indem wir schätzen, was wir bereits haben. Dies ist ein Akt, der bewusst vollzogen werden muss. Es geht also nicht darum, keine Träume mehr zu haben und uns dem Vergnügen komplett zu entsagen.

Obwohl Epikur die Menschen dazu aufrief, ihre Wünsche zu kontrollieren, war er ein Verfechter des Vergnügens. Damit man das Vergnügen aber in vollen Zügen geniessen kann, darf man dem Vergnügen nicht übermässig frönen. Wer jeden Tag sein Lieblingsessen isst, der gewöhnt sich daran und weiss es nicht mehr zu schätzen und somit ist es kein Vergnügen mehr. Epikur erkannte die Gefahr der «hedonistischen Tretmühle» und riet, dass man sich davor hüten solle, den Vergnügungen so sehr zu frönen, dass man ein Sklave von diesen werde.

Die Stoiker waren ebenfalls der Ansicht, dass wir uns erlauben sollten, Annehmlichkeiten, Luxus, Reichtum und die feineren Dinge des Lebens zu geniessen und zu schätzen. Gleichzeitig warnten sie aber davor, dass wir diese Dinge nicht mit dem Erreichen von Glück und Zufriedenheit verwechseln oder verbinden sollten. Die Grundannahme der stoischen Philosophen liegt darin, dass die Dinge an und für sich nur dann nachhaltige Freude bringen, wenn wir in der Lage sind, sowohl das zu schätzen, was wir haben, als auch ebenso glücklich zu sein, wenn uns diese Dinge abhandenkommen.

Damit die Stoiker dies tun können, übten sie sich darin, sich vorzustellen, wie es wäre, wenn uns Dinge abhandenkommen. Sie meditierten darüber, wie es wäre, wenn sie das Haus verlieren würden, wenn ihnen Besitztum gestohlen, oder sie verbannt würden. Sie stellten sich vor, wie es wäre, wenn sie die Dinge, die in ihrem Leben selbstverständlich geworden sind, wieder verlieren würden. Diese Technik wird auch «negative Visualisierung» genannt.

Auch wir können uns in *«negativer Visualisierung»* üben und dadurch zufriedener und optimistischer werden.

Stellen Sie sich mal vor, wie es wäre, wenn Sie Ihren Job, Ihren sozialen Status, Ihren Partner, Ihr Haus, Ihr Auto, Ihren Hund oder Ihr Kind verlieren würden. Wie es wäre, wenn wir im Krieg leben würden, wie es wäre, wenn wir keinen Strom, kein warmes Wasser, kein Essen usw. mehr hätten.

Obwohl diese Übung auf den ersten Blick düster und morbide erscheint, ist sie es nicht. Diese Übung hilft Ihnen die Dinge in Ihrem Leben in die richtige Perspektive zu rücken. Sie erlaubt es Ihnen zu sehen, wie viel Glück Sie wirklich haben. Die negative Visualisierung ist ein ganz einfacher Weg, um Dankbarkeit zu üben.

Ein Schritt weiter geht eine andere stoische Übung. Diejenige der «freiwilligen Unannehmlichkeit». Bei dieser Übung stellt man sich nicht nur vor, dass man etwas verloren hat, sondern man verzichtet bewusst auf eine, als selbstverständlich empfundene Annehmlichkeit unseres Lebens. Wie zum Beispiel warmes Wasser, das Auto oder das Fahrrad, das Essen, das Bett oder die warme Jacke.

Duschen Sie einmal mit kaltem Wasser, und Sie lernen das warme Wasser zu schätzen, gehen Sie einmal bei Regen zu Fuss zur Arbeit, und sie lernen Ihr Auto zu schätzen, fasten Sie einmal pro Monat und sie werden sehen, dass Ihnen das Essen am kommenden Tag viel besser schmeckt, gehen Sie bei kaltem Wetter mal ohne Jacke nach draussen, und es wird Ihnen bewusst, wie gut Sie es haben, dass Sie zu Hause noch eine Winterjacke haben.

Die letzte Übung führt nicht nur zu mehr Dankbarkeit, sie macht uns auch resilienter gegenüber unvorhergesehenen, unbequemen Ereignissen.

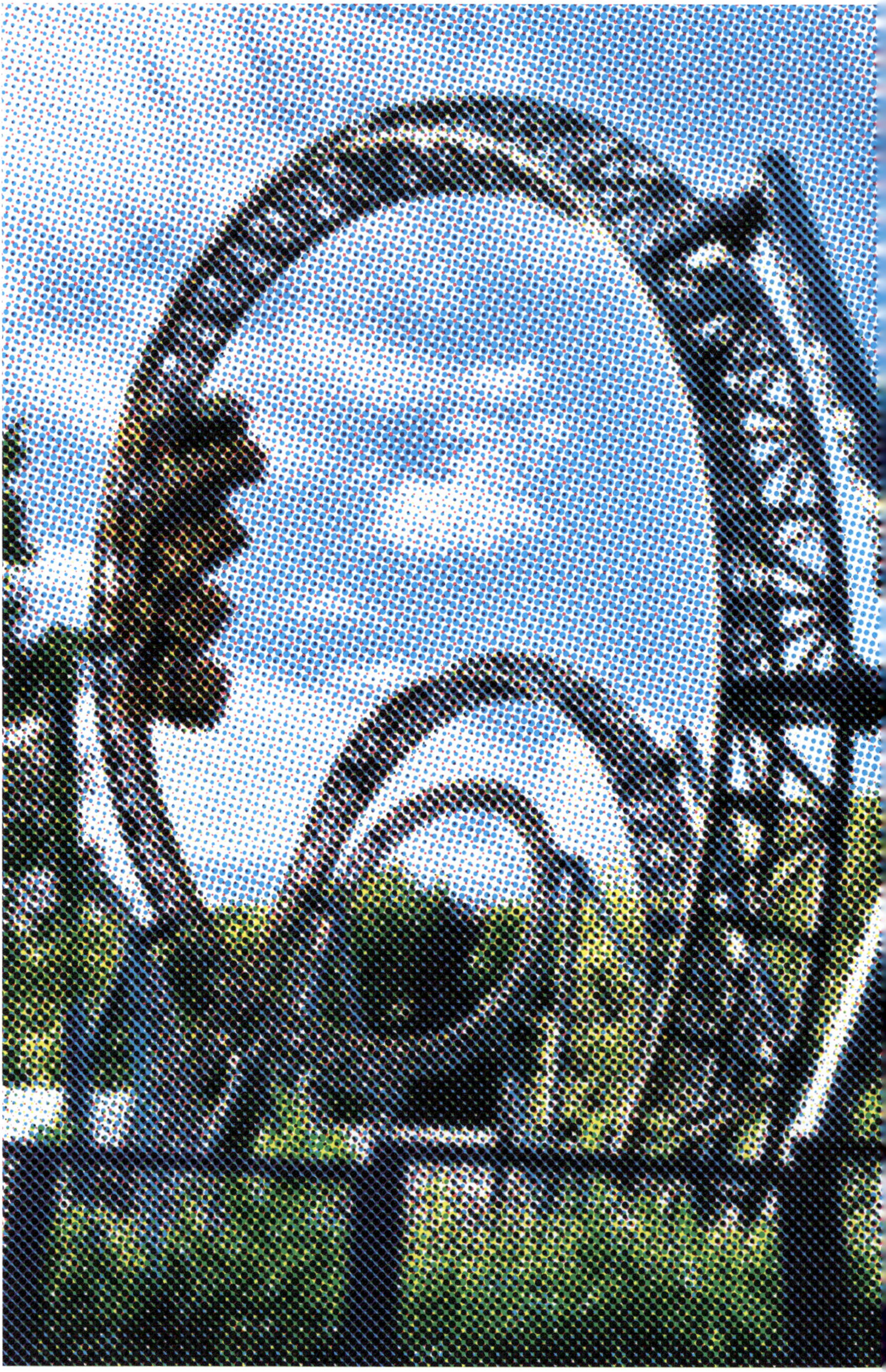

Kapitel 6

Drei einfache Strategien der Stoiker zum Glücklichsein

«Wenn Du Gott zum Schmunzeln bringen willst, dann erzähle ihm von deinen Plänen.»
Aleksander Usyk

Das Leben ist eine Art Achterbahnfahrt. Jeder Mensch erlebt Hochs und Tiefs. Es gibt Phasen, da läuft alles wie man es sich wünscht, doch plötzlich wie aus heiterem Himmel nimmt unser Lebensweg einen unerwarteten Lauf. Manchmal hat man das Gefühl der glücklosestete Mensch auf der Welt zu sein und plötzlich geht es wieder nach oben. Es gibt auch Momente da treten Glück und Elend fast gleichzeitig auf, dies sind meines Erachtens die emotional intensivsten Erlebnisse.

Egal, wie sehr wir auch planen, uns Sorgen machen und versuchen sämtliche Vorbereitungen zu treffen, um Unglücke zu verhindern, manchmal passieren sie einfach trotzdem. Kein Mensch ist fehlerfrei und kein Mensch kann das Schicksal bzw. den Faktor Zufall beeinflussen. Wohl oder übel, müssen wir lernen Rückschläge, unerwartete Situationen und unerfreuliche Überraschungen hinzunehmen und mit diesen umzugehen.

In einem Interview wurde der ukrainische Schwergewichtsboxer Aleksandr Usyk gefragt, was sein Plan für die Zukunft sei. Der Schwergewichtsweltmeister setzte sein für ihn typisches Lachen auf und meinte: *«Wenn Du Gott zum Schmunzeln bringen willst, dann erzähle ihm von deinen Plänen.»*

Unser grosses Problem ist, dass wir unsere Zufriedenheit sehr stark vom Erreichen uns gesetzter Ziele abhängig machen. Es ist richtig, dass wir die Zukunft hoffnungsvoll sehen, es ist aber gefährlich, wenn wir unser Glück fest an die Erreichung eines Zieles knüpfen. Je grösser die Erwartung, desto grösser die Enttäuschung. Der Grad der Unzufriedenheit und der Frustration hängt in einem direkten Zusammenhang mit der Erwartungshaltung. Wenn wir uns z.B. auf die Ferien am Strand freuen und es während dem ganzen Aufenthalt nur regnet, sind wir in der Regel enttäuscht, unzufrieden und verärgert.

Enttäuschung ist nichts anderes als die negative Diskrepanz zwischen dem Erhofften und dem tatsächlich Erlebten. Enttäuschung kann sich auf unser psychisches und physisches Wohlbefinden enorm nachteilig auswirken.

Ein extremes Beispiel liefert der Psychologe Viktor E. Frankl in seinem Buch «trotzdem ja zum Leben sagen» aus seiner Zeit im KZ Türkheim, einem Aussenlager von Dachau. Im Februar 1945 vertraute sich der Blockälteste, ein bekannter Komponist, Frankl heimlich an. Er erzählte ihm von einem Traum, in welchem ihm eine geheimnisvolle Stimme offenbarte, dass die Befreiung des Lagers am 30. März erfolgen werde. Der Komponist war fest von dieser Prophezeiung überzeugt. Die Hoffnung liess ihn körperlich sogar erstarken. Mit der Zeit wurde es aber immer unwahrscheinlicher, dass die Befreiung tatsächlich Ende März erfolgen würde. Am 29. März erkrankte der Komponist plötzlich an hohem Fieber. Am 30. März - also am Tage, an dem gemäss der Prophezeiung die amerikanischen Truppen das Lager hätten befreien sollen - begann der Komponist schwer zu delirieren und verlor schliesslich das Bewusstsein. Am 31. März war er tot. Er war an Fleckfieber gestorben. Der Komponist erlag schlussendlich den Folgen der Enttäuschung. Die Befreiung Türkheims durch die US Army erfolgte übrigens nur gerade 27 Tage später.

Wir müssen also einsehen, dass unser Leben nicht vollumfänglich planbar ist, und dass der Verlauf unseres Lebens von externen Faktoren und auch Zufällen abhängt. Wir müssen uns auch darüber bewusst sein, dass wir unser Glück bzw. den Wert unseres Lebens nicht vom Erreichen ferner Ziele abhängig machen dürfen.

Jetzt stellt sich die Frage, wie man sein Leben angehen soll, damit wir es als sinnvoll und glücklich empfinden? Was ist ein sinnvolles Leben? Was soll ich tun, wie soll ich mich verhalten, um mein Leben sinnvoll zu gestalten?

Der deutsche Philosoph Friedrich Kambertel schrieb dazu: *«Das Leben selbst hat einen Eigenwert. Wem es also gelingt, sein Leben um seiner selbst willen zu leben, der erfährt die wahre Lebensfreude. Einen tieferen Sinn gibt es nicht!»* In dieser fast nihilistischen Aussage schwingt eine interessante Überzeugung mit: Ein wichtiges Lebensziel ist Lebensfreude.

Diese Überzeugung ist uralt. Bereits für die antiken Philosophen bestand der Sinn des Lebens in der Hauptsache in der Erlangung der Glückseligkeit (eudaimonía) durch eine gelungene Lebensführung.

Es gibt unzählige Strategien aus dem gesamten Spektrum der Philosophie, die wir nutzen können, um unser Leben glücklicher zu gestalten. Ich beschränke mich in der Folge auf einige solcher Strategien aus dem Stoizismus.

Der Stoizismus hat seinen Ursprung rund 300 Jahre vor Christus im alten Griechenland. Der Philosoph Zeno gilt als Urvater des Stoizismus. Er lehrte in Athen in einer der Säulenhallen, einer sogenannten Stoa, von dort rührt auch der Name Stoizismus. Von den griechischen Stoikern sind kaum schriftliche Werke überliefert worden. Aus diesem Grund sind es die späteren römischen Stoiker, welche bis heute den grössten Einfluss hatten. Es sind diese Seneca, Berater des römischen Kaisers Nero, Epikur, ein ehemaliger Sklave und der römische Kaiser Mark Aurel.

Der Stoizismus erhebt weder den Anspruch, alle Antworten zu haben noch gibt er vor genau zu wissen, wie man glücklich wird. Vielmehr lehrt uns der Stoizismus, dass wir persönlich für unser Glück verantwortlich sind, und dass es an uns liegt, durch unser Handeln Glück zu schaffen.

Der Stoizismus ist eine praktische Lebenseinstellung, der uns lehrt, die Realität zu akzeptieren, sie anzunehmen und das Beste aus ihr zu machen. Er lehrt uns, Glück eher als einen Prozess zu betrachten, der mit der persönlichen Selbstverbesserung und dem Streben nach unserem höheren Selbst einhergeht.

Drei Strategien der Stoiker, um zufriedener zu sein

1. Hören Sie auf, sich über Dinge zu sorgen, die Sie nicht kontrollieren können

«Es gibt nur einen Weg zum Glück und der bedeutet, aufzuhören mit der Sorge um Dinge, die jenseits unseres Einflussvermögens liegen.»
Epikur

Der Stoizismus basiert auf der grundlegenden Idee, dass wir die Welt um uns herum nicht kontrollieren können, was aber in unserer Macht liegt ist, wie wir auf diese nicht kontrollierbaren Ereignisse, Geschehnisse und Dinge reagieren.

Unsere Unzufriedenheit hat ihren Ursprung nicht selten in äusseren Ereignissen, die wir nicht kontrollieren können. Wenn ich z. B. in einem Stau stecken bleibe oder der Zug Verspätung hat, dann liegt dies ausserhalb meiner Kontrolle. Sich nun darüber zu enervieren, ist nicht nur Zeit und Energieverschwendung, sondern auch eine Verminderung meiner eigenen Lebensqualität. Was in einer solchen Situation aber in meiner Kontrolle liegt, ist wie ich mit dieser Situation umgehe.

Am 1. März 2018 steckte ich während fast sechs Stunden auf der Autobahn zwischen Lyss und Bern in einem Stau. Wegen Schneefalls kam es zu einem Unfall mit mehreren Lastwagen. Dies brachte den ganzen Verkehr zum Stillstand. Natürlich verpasste ich an diesem Morgen sämtliche Termine, mich darüber aufzuregen und deswegen unglücklich zu sein, wäre jedoch bei genauer Betrachtung völlig absurd gewesen. Wenn, ich wütend geworden wäre, hätte ich trotzdem die Termine verpasst. Statt mich darüber aufzuregen, weshalb ich nicht früher abgefahren war oder eine andere Strecke genommen habe, fokussierte ich auf die Situation im Hier und Jetzt. Die Frage, die man sich stellen muss, ist jene danach, wie man eine unerwartete, missliche Lage so gut wie möglich nutzt und was man tun kann, um wieder aus dieser Lage herauszukommen. Was habe ich gemacht? Ich habe während zwei Stunden Telefonate erledigt und fast das ganze Buch «The consolations of Philosophy» von Alain De Botton gelesen. Im Nachhinein betrachtet war es eine sehr gute Autofahrt.

Folgend einige Quellen für Ärgernisse und Unzufriedenheit, welche wir nicht kontrollieren können:
— Unsere Genetik: Was soll ich mich darüber aufregen, wenn es Leute gibt, die von Natur aus mir gegenüber gewisse körperliche oder geistige Vorteile haben?
— Unser Körper: Natürlich kann ich gesund essen, ich kann Sport treiben und genügend schlafen. Trotzdem habe ich keine Garantie dafür, dass ich nie krank werde oder nie einen Unfall erleiden werde.
— Unser Ruf: Was immer wir machen, unsere Reputation wird durch andere Menschen gemacht. Wieso es Leute gibt, die uns sympathisch oder unsympathisch finden, uns als dumm oder intelligent, arrogant oder bescheiden, lustig oder peinlich einschätzen, liegt ausserhalb unserer Macht. Wir können zwar versuchen die anderen positiv zu beeinflussen, erzwingen können wir aber gar nichts.

– Unsere Eltern, Geschwister und Kinder: Wir können uns unsere Blutsverwandten nicht auswählen. Es sind Menschen mit einem eigenen Willen, die eigene Überlegungen machen und allenfalls Entscheide treffen, die uns nicht passen.
– Unsere Vorgesetzten: Wir können nicht kontrollieren, wie diese über uns denken oder wie diese entscheiden. Natürlich können wir versuchen, diese durch unser Verhalten und Handeln zu beeinflussen. Entscheiden tun aber schlussendlich sie und nicht wir, ob es uns nun passt oder nicht.
– Die Vergangenheit: Was immer geschehen ist, ist geschehen.
– Die Zukunft: Alles was wir tun können, ist zu versuchen in der Gegenwart günstige Voraussetzungen für die Zukunft zu schaffen.
– Das Wetter
– Die Wirtschaft
– Politik
– usw.

Seien wir ehrlich, bei genauer Betrachtung müssen wir eingestehen, dass unsere Unzufriedenheit zu einem grossen Teil dadurch verursacht wird, dass wir meinen, Dinge kontrollieren zu können, die eben gerade ausserhalb unserer Macht stehen. Natürlich können wir etliche Lebensbereiche, Menschen oder die Umwelt beeinflussen, die vollständige Kontrolle haben wir aber nie. Ein Bogenschütze kann alles perfekt machen, er kann perfekt hin stehen, er kann perfekt zielen, er kann den Bogen perfekt spannen, perfekt atmen und perfekt loslassen. Sobald der Pfeil abgeschossen ist, hat der Bogenschütze keine Kontrolle mehr über den Pfeil. Ein Windstoss reicht, und der Pfeil verfehlt sein Ziel.

Um glücklich zu sein, müssen wir also lernen zu akzeptieren, dass es ganz viele Dinge gibt, die wir einfach nicht kontrollieren können. Wieso bin ich wütend, wenn ich zum Beispiel ein Schachspiel verloren habe? Dass mein Gegner besser ist als ich, liegt ausserhalb meiner Kontrolle. Was aber in meiner Macht liegt ist, was ich nun aus dieser Niederlage mache. Wie ich das Spiel analysiere, welche Lehren ich daraus ziehe und wie ich mich auf die nächste Begegnung vorbereite. In diesem Sinne dürfen wir uns durchaus bewusst werden, dass wir eigentlich gar nie verlieren. Entweder wir gewinnen oder wir lernen. Mit dieser Einstellung fällt es uns auch leichter neue Dinge auszuprobieren.

Die Stoiker sind der Ansicht, dass die einzigen zwei Dinge, über die wir absolute Kontrolle haben, unsere Gedanken und unsere Handlungen sind. *«Einige Dinge stehen in unserer Macht, andere hingegen nicht. In unserer Macht sind Urteil, Bestrebung, Begier und Abneigung, mit einem*

Wort alles das, was Produkt unseres Willens ist. Nicht in unserer Macht sind unser Leib, Besitz, Ehre, Amt, und alles was nicht unser Werk ist.» Diese Aussage von Epikur zeigt, dass die Stoiker keine Fatalisten sind, welche das Schicksal einfach hinnehmen, sie sind aber auch nicht Menschen, welche mit dem Schicksal hadern. Die Stoiker akzeptieren die Realität und versuchen jeweils das Beste aus einer herrschenden Situation zu machen.

Der Stoiker ist sich bewusst, dass er die Welt um ihn herum nicht kontrollieren kann. Er weiss aber auch, dass er die Beurteilung der Welt und seine Reaktionen darauf bzw. seine Handlungen kontrollieren kann.

Unvermeidlich werden im Leben Dinge passieren, die wir nicht kontrollieren können, es ist schlussendlich aber unsere Wahrnehmung der Ereignisse, gefolgt von der Art und Weise, wie wir auf diese reagieren, die diese Dinge gut oder schlecht machen. Der Stoiker versucht aus jeder noch so misslichen Situation eine gute Situation zu machen. Eben ganz im Sinne von *«ich verliere nie, entweder ich gewinne oder ich lerne».*

Echte Beispiele aus dem Leben sind Louis Ferrante oder Malcom X die sich beide während ihrem Gefängnisaufenthalt autodidaktisch bildeten. Der ehemalige Mafioso Ferrante ist heute ein erfolgreicher Autor, Filmemacher und gefragter Referent. Malcolm X legte im Gefängnis den Grundstein für sein Engagement in der Bürgerrechtsbewegung.

Wir müssen also lernen, zwischen dem zu unterscheiden was wir kontrollieren können und was nicht. Unsere Entscheidungen, unsere Urteile und unsere Emotionen sollten sich rein auf jene Dinge beschränken, die wir kontrollieren können.

2. Akzeptanz unseres Daseins

Eine weitere stoische Strategie ist es, uns unsere relative Unwichtigkeit bewusst zu werden. Die Welt dreht sich nicht um uns. Marcus Aurelius schreibt in seinen «Meditationen» immer wieder über die Weite des Universums und die Unendlichkeit der Zeit, um damit sein eigenes Leben in einen grösseren Zusammenhang zu stellen.

Unser Leben ist nur ein Augenblick, wenn man es in diese kosmische Perspektive stellt. Warum sollten wir angesichts unserer im Gesamtrahmen gesehenen Bedeutungslosigkeit erwarten, dass das Universum gerade uns das liefert, was wir uns wünschen? Im Gegenteil, es wäre absurd zu erwarten, dass sich das Universum oder das Schicksal nach unserem Willen richtet. Epikur drückte es wie folgt aus: *«Begehre nicht, dass die Sachen so geschehen, wie du es willst, sondern wünsche vielmehr, dass alles was geschieht, so geschehe, wie es geschieht, dann wirst du glücklich sein.»*

Nehmen wir uns also nicht zu ernst, wir sind nicht das Zentrum des Universums. Werden wir uns bewusst, dass alle Menschen mit Problemen und Schwierigkeiten zu kämpfen haben. Wir sind keine Ausnahme und wir sind in der Regel auch nicht besonders bemitleidens oder bewundernswert.

Wenn Sie vom Leben also erwarten, dass es Ihnen das liefert, was Sie sich wünschen, dann werden Sie unweigerlich enttäuscht und frustriert werden. Wenn Sie aber jedes Ereignis, jeden Schicksalsschlag akzeptieren, diesen umarmen und diesen als Teil Ihres einzigartigen Lebensweges betrachten, dann werden Sie daran wachsen. Egal was Ihnen das Leben für Herausforderungen bringt, mit dieser Einstellung werden Sie definitiv zufriedener und erfolgreicher werden.

3. Erfreuen Sie sich an dem was Sie haben

Eine der wichtigsten Lektionen im Stoizismus ist es, zu lernen, weniger zu wollen. Die meisten Menschen glauben, dass Glück durch das Erlangen von irgendetwas entsteht. Wir glauben, dass Glück darin besteht, mehr Erfolg, mehr Geld, mehr Ruhm, mehr Diplome, mehr Zeit oder mehr Besitztümern zu haben. Das Problem ist, dass es genau dieses Verlangen nach Mehr ist, was unser Leben unzufrieden machen kann. Es besteht nämlich die Gefahr, dass wir zu Sklaven unserer eigenen Wünsche werden.

Verstehen Sie mich nicht falsch. Ich plädiere hier nicht für ein asketisches, minimalistisches Leben ohne jeden Luxus und ohne Ambitionen. Es ist absolut richtig, bestimmte Dinge zu wollen, es ist auch gut Träume zu haben und Ziele zu verfolgen. Es ist meines Erachtens sogar unsere Pflicht, danach zu streben, unsere Lebensumstände zu verbessern, zu versuchen unseren Liebsten ein komfortables und möglichst sicheres Leben zu bieten und wenn immer möglich der Allgemeinheit von Nutzen zu sein, d. h. die Welt zu einem besseren Platz zu machen.

Es geht mir viel mehr darum, dass wir die richtigen Sachen begehren, dass wir uns fragen, was wir wirklich brauchen und wollen, und weshalb wir es wollen. Wollen wir es, weil es unser Leben besser macht, oder weil wir andere beeindrucken wollen?

Es geht auch darum, Wertschätzung für das zu entwickeln, was wir bereits haben. Wir müssen uns bewusst sein, dass sämtliche Dinge, die wir uns beschaffen oder erarbeitet haben auch wieder verloren gehen können. Wer sein Glück also von Besitztümern, von Ruhm und Ehre, von Titeln oder von einer Funktion abhängig macht, läuft Gefahr sehr unglücklich zu werden, wenn er diese Dinge verliert. Wer sein Glück an Dinge knüpft, die er noch nicht hat, wird ebenfalls nie glücklich werden. In diesem Sinne zieht Seneca die Schlussfolgerung, dass *«den grössten Reichtum hat, wer arm an Begierden ist.»*

Wenn wir also lernen, das zu schätzen, was wir bereits haben, dann trägt dies wesentlich zu unserer persönlichen Zufriedenheit bei. Schauen wir doch mal herum und werden uns dessen bewusst, was wir haben. Wir sind viel reicher, als wir vermuten, wir müssen diese Reichtümer aber erkennen. Nicht selten wird man sich diesen erst bewusst, wenn man sie verloren hat.

Der Psychologe Frankl schreibt in seinem Buch über seine Zeit in verschiedenen Konzentrationslagern «trotzdem Ja zum Leben sagen» über die Dankbarkeit für die kleinen Schönheiten im Leben: *«Und auch noch im Lager, bei der Arbeit, macht der eine oder andere den neben ihm schuftenden Kameraden gelegentlich einmal auf ein prächtiges Bild aufmerksam, das sich seinen Blicken bieten mag – etwa mitten im Bayerischen Wald, zwischen dessen hohen Baumstämmen vielleicht gerade die untergehende Sonne hindurch leuchtete, wie in dem bekannten Aquarell von Dürer.»*

Die Gefahr besteht, dass wir Dinge, die wir uns einst erträumt haben und nun besitzen, für selbstverständlich nehmen. Dazu gehört zum Beispiel unsere Arbeit, unser Auto, unsere körperliche Fitness, unser Haus aber auch unsere Freunde, unsere Partnerin oder Partner oder auch unsere Kinder. Wenn es uns nun gelingt, uns diese Dinge zu wünschen, die wir bereits haben, diese Dinge also nicht für selbstverständlich zu betrachten, dann ist dies ein wesentlicher Schlüssel zum Glücklichsein.

Damit sie nicht in die Falle der «Selbstverständlichkeit» tappten, brauchten die Stoiker eine Technik, die man heute als «negative Visualisierung» bezeichnet. Seneca, Epikur und Marcus Aurelius raten uns, dass wir uns regelmässig Zeit nehmen, um uns vorzustellen, wie es wäre, wenn wir die Dinge, die uns am Herzen liegen verloren hätten. Wenn wir uns vorstellen, wie es wäre, wenn uns unser Ehepartner verlässt, wir unsere Arbeit verlieren, wir plötzlich den in Aussicht gestellten Job nicht bekommen, wir wieder aus dem Nationalkader fliegen, wir unser Haus verlieren würden, plötzlich erkranken oder verunfallen würden etc. Wenn uns das gelingt, dann lernen wir den aktuellen Zustand zu schätzen.

Marcus Aurelius machte jeden Morgen eine negative Visualisierung: *«Sage zu dir in der Morgenstunde: Heute werde ich mit einem unbedachtsamen, undankbaren, unverschämten, betrügerischen, neidischen, ungeselligen Menschen zusammentreffen.»* Durch einen negativen Blick in die Zukunft, wird nicht nur die Gegenwart umso erfreulicher, sondern man beeinflusst auch die Erwartungshaltung. Wenn ich die Zukunft nur durch die rosa Brille sehe, dann laufe ich Gefahr enttäuscht zu werden, was wiederum meine Zufriedenheit beeinträchtigt. Die Stoiker waren keine Pessimisten, im Gegenteil, sie schützten sich lediglich vor den Enttäuschungen eines unrealistischen Optimismus.

Eine weitere Übung, um das wertzuschätzen, was man hat, ist es, bewusst ab und zu darauf zu verzichten. Duschen Sie zum Beispiel einmal pro Monat mit kaltem Wasser, gehen Sie zu Fuss zur Arbeit, waschen Sie die Wäsche einmal von Hand, beschränken Sie ihr Budget für eine Woche auf 50 Franken, essen Sie einmal pro Monat während einem Tag nichts, etc.

Es ist meine feste Überzeugung, dass das Gefühl der Zufriedenheit stark durch unsere Einstellung, unser Denken und unsere Wertung unseres Lebens abhängt. Es sind weniger die äusseren Umstände, welche uns glücklich oder unglücklich machen, als vielmehr unsere Bewertung dieser äusseren Umstände.

Wenn wir uns bemühen, uns auf jene Sachen zu konzentrieren, die wir kontrollieren können, unser jetziges Dasein akzeptieren, aufhören mit dem Schicksal zu hadern und versuchen das Beste aus einer Situation zu machen und anfangen das wertzuschätzen, das wir haben, statt nach dem zu begehren, was wir noch nicht besitzen, dann haben wir einen grossen Schritt in Richtung eines zufriedeneren Lebens gemacht. Und vergessen Sie nie: Zufriedenheit ist der Schlüssel zum Erfolg, nicht umgekehrt!

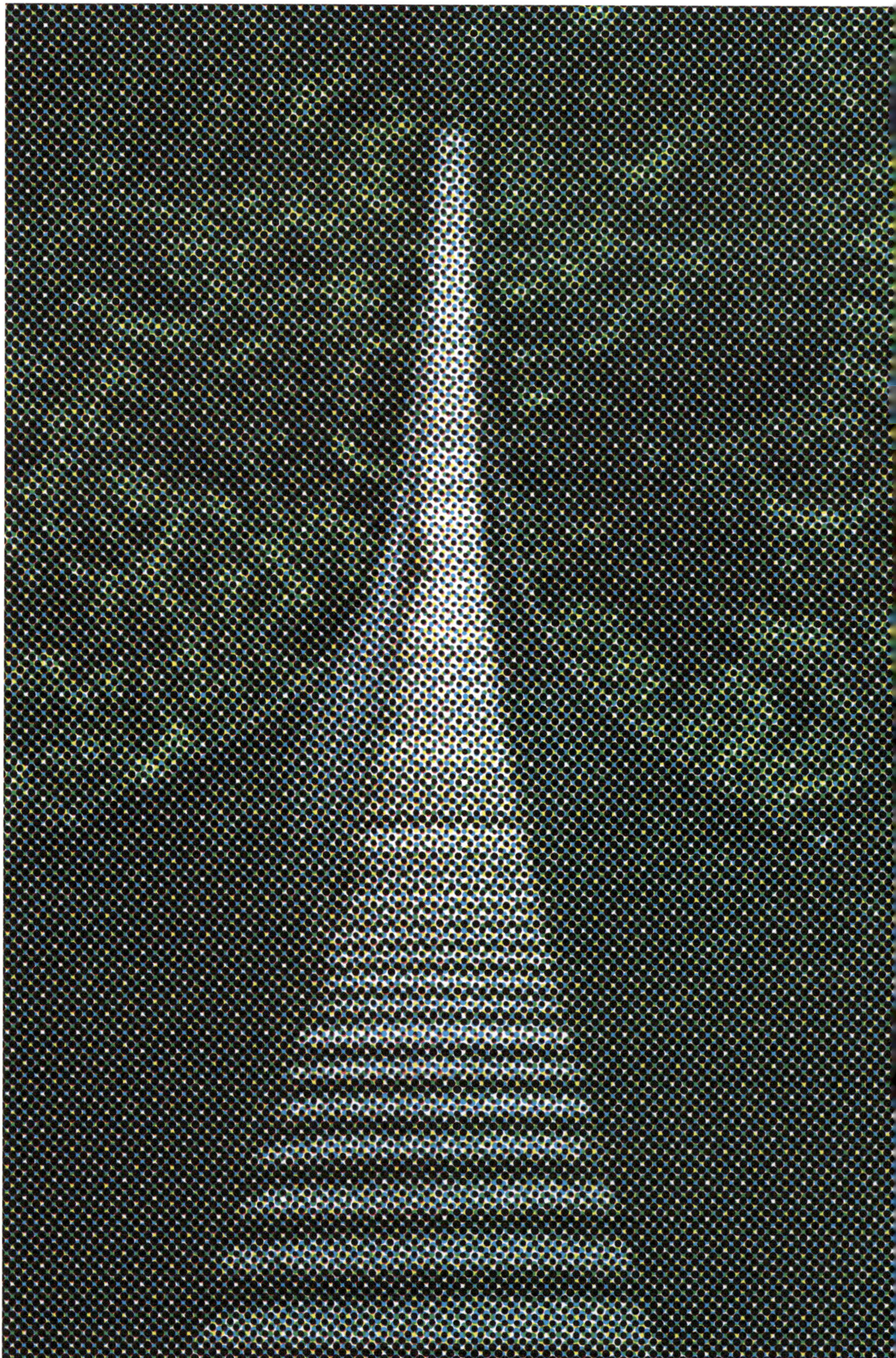

Kapitel 7

Über Erwartungen und Enttäuschungen

*«Selig ist, wer nichts erwartet,
denn er wird nie enttäuscht werden.»*
Alexander Pope

Dieses Kapitel ist grösstenteils eine Übersetzung eines Artikels der spanischen Psychologin Jennifer Delgado Suarez. Sie hat diesen Artikel auf ihrem Blog «Psychology Spot» publiziert.

«Die besten Dinge im Leben kommen unverhofft, weil es keine Erwartungen gab», dieses Zitat habe ich im Internet gefunden, und es stimmt. Unser Glücksempfinden ist in der Regel proportional zu unserem Grad der Akzeptanz des Ist-Zustandes und umgekehrt proportional zu unseren Erwartungen mit Blick auf den Soll-Zustand. Wer zu hohe Erwartungen hat und wer nicht in der Lage ist Geschehenes zu akzeptieren, wird ein sehr unzufriedenes Leben führen.

Erwartungen begleiten uns in unserem Alltag ständig. Sie verfolgen uns mit ihren Illusionen und gaukeln uns falsche Hoffnungen vor. Wenn sie nicht erfüllt werden – was oft passiert – fallen wir in ein Loch der Frustration und Enttäuschung. Aus diesem Grund ist es wichtig, die mentalen Herausforderungen, welche Erwartungen für uns darstellen können, zu verstehen und auch zu erkennen.

Was sind Erwartungen?

Erwartungen sind persönliche Überzeugungen über künftige Ereignisse, die eintreten könnten – oder auch nicht. Sie sind Annahmen über die Zukunft, Antizipationen, die auf subjektiven und objektiven Aspekten basieren. Entwickelt werden Erwartungen aus einer komplexen Kombination unserer Erfahrungen, unserer Wünsche und über unsere Kenntnisse über die Umwelt und die Menschen um uns herum. Erwartungen variieren von einer geringen Eintrittswahrscheinlichkeit bis hin zu einem fast sicheren Eintreffen.

Einige Erwartungen haben einen sozusagen unbewussten Charakter, da sie hauptsächlich durch unsere Wünsche, Illusionen und Überzeugungen kreiert werden, das heisst, wir nähren diese Erwartungen, ohne uns ihres Entstehens voll bewusst zu sein und ohne zu überprüfen, wie realistisch sie sind. Andere Erwartungen haben einen eher reflektierten oder analytischen Charakter, da ihnen ein analytischer Prozess unter Berücksichtigung verschiedener beeinflussender Faktoren vorangegangen ist. Diese Erwartungen sind realistischer, es bleiben aber nichtsdestotrotz Erwartungen.

Was sind die Aufgaben von Erwartungen?

Die Hauptfunktion von Erwartungen ist die der Handlungsvorbereitung. Wenn wir gedanklich vorwegnehmen, was passieren könnte, können wir einen Aktionsplan erstellen, damit uns das Leben nicht überrumpelt. Erwartungen helfen uns also, uns geistig auf die Zukunft vorzubereiten. In der Tat beruhen die meisten unserer Entscheidungen nicht ausschliesslich auf objektiven Fakten – obwohl wir dies gerne glauben – sondern auf den Erwartungen, die wir über die Resultate dieser Entscheidungen haben. Das bedeutet, dass jede Entscheidung in gewisser Weise ein Akt des Glaubens ist. Hinter jeder Entscheidung steckt die Zuversicht, dass unsere Erwartungen hinsichtlich der Konsequenzen unserer Wahl auch tatsächlich eintreten werden.

Dadurch werden die Erwartungen für uns zu einer Art innerem Kompass. Das Problem aber ist, dass das blosse Warten darauf, dass etwas geschieht, kaum dazu führt, dass es auch tatsächlich eintrifft. Wenn die Erwartungen also unrealistisch sind, können sie uns am Ende einen gehörigen Strich durch die Rechnung machen und statt uns bei der mentalen Vorbereitung zu unterstützen, führen sie uns letztendlich nur zur Frustration.

Unrealistische Erwartungen sind nicht selten auch die Folge von dem, was der Psychologe Jean Piaget «magisches Denken» genannt hat. Jean Piaget wies darauf hin, dass kleine Kinder Schwierigkeiten haben, zwischen der subjektiven Welt, die sie in ihrem Kopf erschaffen, und der äusseren, objektiven Welt zu unterscheiden. Piaget entdeckte, dass Kinder oft der Meinung sind, dass ihre Gedanken Dinge bewirken können. Wenn sich die Kinder zum Beispiel über ihren Bruder ärgern, denken sie vielleicht, dass er ihretwegen krank geworden ist, auch wenn das nicht der Fall ist.

Piaget nannte dieses Phänomen «magisches Denken» und vermutete, dass wir alle dieses Phänomen im Alter von etwa 7 Jahren überwinden. Tatsache ist jedoch, dass wir im Erwachsenenalter weiterhin verschiedene Formen des «magischen Denkens» praktizieren. Vielen Menschen fällt es schwer, die Vorstellung aufzugeben, dass das Erwartungsdenken etwas möglich macht, eine Idee, auf die sich auch weitverbreitete Theorien wie das berühmte «Gesetz der Anziehung» stützen.

Darüber hinaus neigen wir dazu, unsere Glückshoffnung an die Erfüllung von Erwartungen zu knüpfen. Das heisst, wir glauben, dass wir glücklich sein werden, wenn das, was wir uns wünschen in Erfüllung geht. Gleichzeitig sind wir davon überzeugt, dass wir zutiefst unglücklich sein werden, wenn unser Wunsch nicht in Erfüllung geht. Diese Art des Denkens vertagt das Glück und ordnet es einer Eintrittswahrscheinlichkeit unter.

Erwartungen sind nicht zwangsläufig schlecht, solange wir guten Grund zu der Annahme haben, dass die Erfüllung einer Erwartung uns glücklich machen wird, und wir die notwendigen Schritte unternehmen, um die bestmöglichen Voraussetzungen zu schaffen, dass diese Wünsche erfüllt werden.

Das eigentliche Problem mit vielen Erwartungen liegt darin, dass wir ohne vernünftige Anhaltspunkte darauf warten, dass etwas Positives geschieht. Wenn wir glauben, dass das blosse Hegen bestimmter Wünsche dazu führen wird, dass sie in Erfüllung gehen, schüren wir ein «magisches Denken», und bereiten die Basis für Enttäuschungen vor.

Diese Art des Denkens mag töricht erscheinen. Und das ist es auch, aber wir alle haben dieses «magische Denken» unter bestimmten Umständen schon einmal mit unrealistischen Erwartungen gefüttert. Folgend einige Beispiele:

1. Das Leben sollte fair sein

Das Leben ist nicht fair, auch den «guten Menschen» passieren schlechte Dinge. Die Hoffnung, dass wir Probleme und Schwierigkeiten loswerden können, nur weil wir «gut» sind, ist ein Beispiel für eine unrealistische Erwartung, die wir gemeinhin füttern. Und nein, «Karma» gibt es nicht! An «Karma» zu glauben, ist «magisches Denken».

Das heisst nun aber nicht, dass Sie damit aufhören sollten ein «guter» Mensch zu sein. Ein gutes und tugendhaftes Leben zu führen ist meines Erachtens der wichtigste Faktor zur Erlangung des inneren Friedens. So gesehen lohnt sich das «Gut sein» auch. Man darf aber auf keinen Fall erwarten, dass die anderen Menschen oder die Gesellschaft uns für unsere Grosszügigkeit, unsere Hilfsbereitschaft oder Solidarität belohnen. Vielleicht tut sie es, vielleicht aber auch nicht. Überlegen Sie sich dafür einmal, wie oft Sie andere Menschen für deren korrektes Benehmen oder Handeln belohnt oder verdankt haben.

2. Die Leute müssen mich verstehen

Wir alle leiden bis zu einem gewissen Grad unter dem «False Consensus Effect», einem mentalen Phänomen, demzufolge wir im Allgemeinen davon ausgehen, dass die meisten Menschen unserer Logik folgen, genauso denken wie wir und vor allem, dass wir richtig liegen. Das ist definitiv nicht immer der Fall, jeder hat seine eigene Sichtweise und diese muss nicht mit unserer übereinstimmen.

Wir können nicht von uns auf andere Menschen schliessen. Wir haben unterschiedliche Werte, unterschiedliche Erfahrungen und deshalb auch unterschiedliche Sichtweisen. Und denken Sie auch immer daran, dass es definitiv nicht nur eine Wahrheit gibt.

3. Alles wird gut werden

Das ist ein Satz, den wir uns oft einreden, um mehr Zuversicht zu gewinnen. Die Tatsache aber ist, dass unsere Pläne jederzeit über den Haufen geworfen werden können, vor allem wenn wir uns nicht an die Arbeit machen und dafür sorgen, dass sich die Dinge in die richtige Richtung bewegen. Das bedeutet, dass wir im Rahmen desjenigen, was in unserer Macht liegt, alles unternehmen, damit sich die Situation verbessert.

4. Die Leute sollen sich gut benehmen

Wir hoffen, dass die Menschen freundlich und hilfsbereit sind, aber das ist nicht immer so. Ich bin zwar auch davon überzeugt, dass die meisten Menschen grundsätzlich gut sind. Es ist aber auch eine Tatsache, dass manche Menschen uns nicht mögen und anderen sind wir schlicht und einfach egal. Wir müssen das akzeptieren. Genauso wie uns andere

Menschen unsympathisch sind, oder uns Schicksale von gewissen Menschen emotionslos lassen, sind wir anderen unsympathisch oder für sie völlig unbedeutend.

5. Ich kann ihn/sie ändern

Wir neigen dazu zu denken, dass wir die anderen ändern können. Dies ist eine häufige Erwartung in Beziehungen. Die Wahrheit aber ist, dass persönliche Veränderung von einem selbst kommen muss, aus intrinsischer Motivation. Wir können einer Person dabei allenfalls behilflich sein, sich zu verändern, wir können sie aber definitiv nicht ändern oder gar zurechtbiegen.

Was sind die Folgen von unrealistischen Erwartungen?

Erwartungen sind an sich nicht schlecht, da sie uns helfen, uns ein mögliches Bild davon zu machen, was in der Zukunft passieren könnte. Das Problem entsteht, wenn wir erwarten, dass das Leben genau nach unseren Wünschen verlaufen wird. Eine solche Haltung führt eher früher als später zu Enttäuschungen, denn wie die Schriftstellerin Margaret Mitchell sagte: *«Das Leben ist nicht verpflichtet, uns das zu geben, was wir erwarten.»*

Das Problem offenbart sich, wenn wir vergessen, dass unsere Erwartungen oft nur Wunschvorstellungen mit recht geringen Eintretenswahrscheinlichkeiten widerspiegeln. Wenn wir diese Perspektive aus den Augen verlieren, werden Erwartungen zu einem wahren Glücksverderber.

Wenn unerfüllte Erwartungen zudem damit verbunden sind, dass andere Menschen sich nicht so verhalten, wie wir es von ihnen erwartet haben, dann gesellt sich zu der Enttäuschung auch noch der Groll, der am Ende die Beziehung zu diesen Menschen zutiefst beeinträchtigt und uns dazu bringt, das Vertrauen in diese Menschen zu verlieren.

Erwartungen loszuwerden ist nicht einfach. Die gute Nachricht ist, dass es nicht notwendig ist, sie aus unserer Gedankenwelt zu verbannen, wir müssen jedoch lernen, zwischen realistischen und unrealistischen Erwartungen zu unterscheiden.

Tipps für das persönliche Erwartungsmanagement

1. Übernehmen Sie die Verantwortung für Ihre Entscheidungen

Erwartungen sind keine Fakten, sondern lediglich Möglichkeiten. Wenn wir diesen Unterschied verstehen, der nicht nur terminologisch ist, können wir die Verantwortung für unser Leben übernehmen. Das heisst, wenn Sie wollen, dass etwas passiert, müssen Sie eine proaktive Haltung einnehmen und die notwendigen Schritte zur Realisierung Ihres Wunsches unternehmen, anstatt einfach darauf zu warten, dass andere Ihre Wünsche erraten oder die Gesellschaft, der Staat, Gott oder wer auch immer dafür schaut, dass Ihre Wünsche in Erfüllung gehen.

Wenn wir weniger warten und hoffen, dafür aber mehr handeln, können wir die Kontrolle über unser Schicksal zurückgewinnen, ohne dass wir uns durch die Umstände überfordert fühlen. Warum? Handeln bedeutet, dass wir an uns glauben, dass wir Vertrauen in unser Potenzial haben. Es bedeutet auch ein grösseres Mass an Selbstkenntnis. Menschen, die nicht einfach nur dasitzen und darauf warten, dass andere ihre Erwartungen erfüllen, sondern für ihre Ziele kämpfen, nehmen in der Regel nicht die Rolle des Opfers oder Märtyrers ein, sondern übernehmen die Verantwortung dafür, dass sich die Dinge zum Guten wenden. Ein solches Verhalten stärkt das Selbstvertrauen und somit auch die Zufriedenheit.

2. Trennen Sie Ihre Wünsche von Ihren Verpflichtungen

Die meiste Zeit agieren wir auf Autopilot und übernehmen die «Herdenmentalität», d. h. wir sind bemüht, unsere Verpflichtungen zu erfüllen. Allerdings sind diese Verpflichtungen nichts anderes als die Erwartungen, die von anderen an uns gestellt werden, sei es von der Familie oder der Gesellschaft. Wir tun einfach, was die Gesellschaft von uns erwartet. Wir sind die Schafe in der Herde, die einfach nicht negativ auffallen wollen. Wir plappern der Mehrheit alles nach, benehmen uns konform und überlegen uns nicht einmal, ob es uns eigentlich passt, ob dieses Leben auch meinen Wünschen und Erwartungen entspricht.

Wenn wir unsere gesellschaftlichen Verpflichtungen nicht erfüllen, fühlen wir uns schuldig. Wenn wir sie aber erfüllen, erwarten wir eine Belohnung, und wenn diese nicht kommt, werden wir unzufrieden und sind enttäuscht. So oder so, wir verlieren immer, weil wir in einen permanenten negativen emotionalen Zustand versinken. Sich von solchen gesellschaftlichen Erwartungen zu befreien, bedeutet aber auch zu erkennen, dass wir die Erwartungen der anderen nicht zu erfüllen brauchen. Dies ist ein befreiender Prozess, durch den man mit seinen wahren Wünschen und Leidenschaften auf Tuchfühlung geht. Schlussendlich sind genau diese beiden Dinge – die persönlichen Wünsche und die eigenen Leidenschaften – die beiden grundlegenden Zutaten, um sein volles Potenzial auszuschöpfen und das zu erreichen, was man sich im Leben vorgenommen hat.

3. Die Gegenwart mehr geniessen

«Gehe nicht über die Brücke, bevor du sie erreicht hast», rät ein englisches Sprichwort. Wir müssen erkennen, dass Erwartungen geprägt sind von Erinnerungsfetzen aus der Vergangenheit, die uns zur Vorhersage dienen, und von Wünschen für die Zukunft, die allerdings nicht einmal im Ansatz die Gegenwart berücksichtigen. Die Gegenwart ist aber das Einzige, was der Mensch wirklich hat. Viel zu viele Menschen hoffen auf die Erfüllung ihrer Wünsche in der Zukunft. Das Problem aber ist, dass es die Zukunft nur in unserer Vorstellung gibt.

Erwartungen ohne entsprechende Handlungen lassen uns in die Fallgrube der Zukunft tappen. Wer nur Erwartungen hegt, ohne zu handeln, nimmt die Rolle des passiven Zuschauers ein. Statt mitten im Leben zu stehen, schaut er den anderen von der Seitenlinie aus zu und kritisiert. Statt selber zu agieren, entgleitet dieser Person die Gegenwart. Solche Menschen sind verbittert und frustriert.

Ein weiteres Problem ist, dass wir es verpassen, die Welt in ihrer Ganzheit zu erfassen, wenn wir uns nur noch auf einige persönliche Erwartungen fokussieren. Wenn wir auf etwas warten, verpassen wir möglicherweise andere Gelegenheiten, so als stünden wir auf dem Bahnsteig eines Bahnhofs und warteten auf einen Zug, der nie eintrifft, und in der Zwischenzeit lassen wir die anderen Züge wegfahren. Im Gegensatz dazu erlaubt uns eine realistische Erwartungshaltung, in der Gegenwart zu leben, die Gegenwart zu gestalten und die Chancen zu nutzen, die uns geboten werden.

4. Kontrollieren Sie den «Geist der Erwartung»

Im Buddhismus wird auf den *«Geist der Erwartung»* Bezug genommen, um diejenigen Menschen zu bezeichnen, die etwas erwarten, sich aber nicht an die Arbeit machen, um dies zu erreichen. Von diesem Standpunkt aus betrachtet, sind Erwartungen nutzlos. In der Tat sind sie sogar kontraproduktiv, denn wenn diese Erwartungen nicht erfüllt werden,

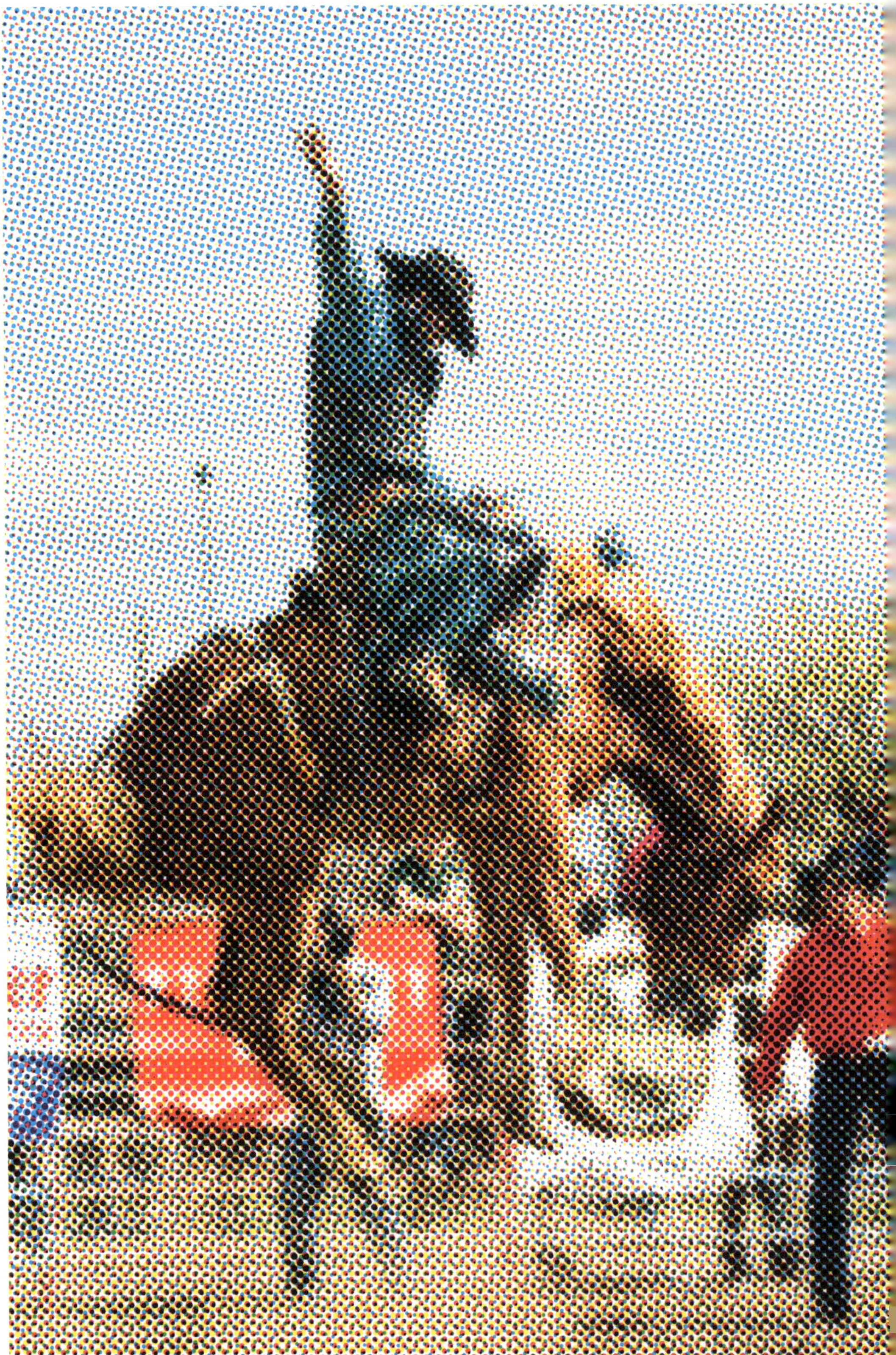

erzeugen sie nur Schmerz und Leid, Verdruss und Kummer. Die Lösung? Wir müssen den «Geist der Erwartung» kontrollieren. Das können wir, indem wir uns der Ungewissheit und dem Fluss des Lebens öffnen und so die Gegebenheiten der Gegenwart durchleben, akzeptieren und sogar umarmen, ohne ein bestimmtes Ergebnis zu erwarten.

5. Unterscheiden Sie realistische Erwartungen von unrealistischen

Erwartungen helfen uns, uns auf die Zukunft vorzubereiten, so dass wir sie zu unseren Gunsten nutzen können. Wir müssen aber lernen, realistische Erwartungen, also solche, die mit grosser Wahrscheinlichkeit Realität werden, von unrealistischen zu unterscheiden.

Wir müssen uns vor Augen halten, dass *«unrealistische Erwartungen vorgefertigte Verbitterungen sind»*, wie Steve Lynch sagte, denn es besteht eine hohe Wahrscheinlichkeit, dass sie nicht erfüllt werden. Von einem anderen Menschen zu erwarten, dass er etwas zu unseren Gunsten tut, das seinen eigenen Interessen zuwiderläuft, ist unrealistisch. Stattdessen ist es realistischer, von dieser Person zu erwarten, dass sie etwas zu unseren Gunsten tut, was auch ihren eigenen Interessen entspricht.

6. Kommunizieren Sie Ihre Erwartungen

Der Glaube, dass eine nicht geäusserte Erwartung uns die gewünschten Ergebnisse bringen wird, ist ein magischer und unrealistischer Gedanke. In Wirklichkeit ist es sehr wahrscheinlich, dass eine unausgesprochene Erwartung nicht erfüllt werden wird. Wenn wir also etwas von den anderen Menschen erwarten, sollten wir nicht davon ausgehen, dass sie unsere Gedanken lesen können. Am besten ist es, unsere Erwartungen zu kommunizieren, zu erklären, was wir wollen und sich über deren Bereitschaft zur Hilfe zu informieren.

7. Bereiten Sie einen Plan B vor

Unsere Erwartungen zu kommunizieren, reicht nicht immer aus, um sie in die Tat umzusetzen. Das Erreichen unserer Absichten wird von einer Menge Faktoren beeinflusst, die sich unserer Kontrolle entziehen, daher empfiehlt es sich, auch noch einen Plan B zu haben, wie Denis Waitley sagte: *«Hoffe auf das Beste, plane für das Schlimmste und bereite dich darauf vor, überrascht zu werden.»* Das ist die richtige Einstellung.

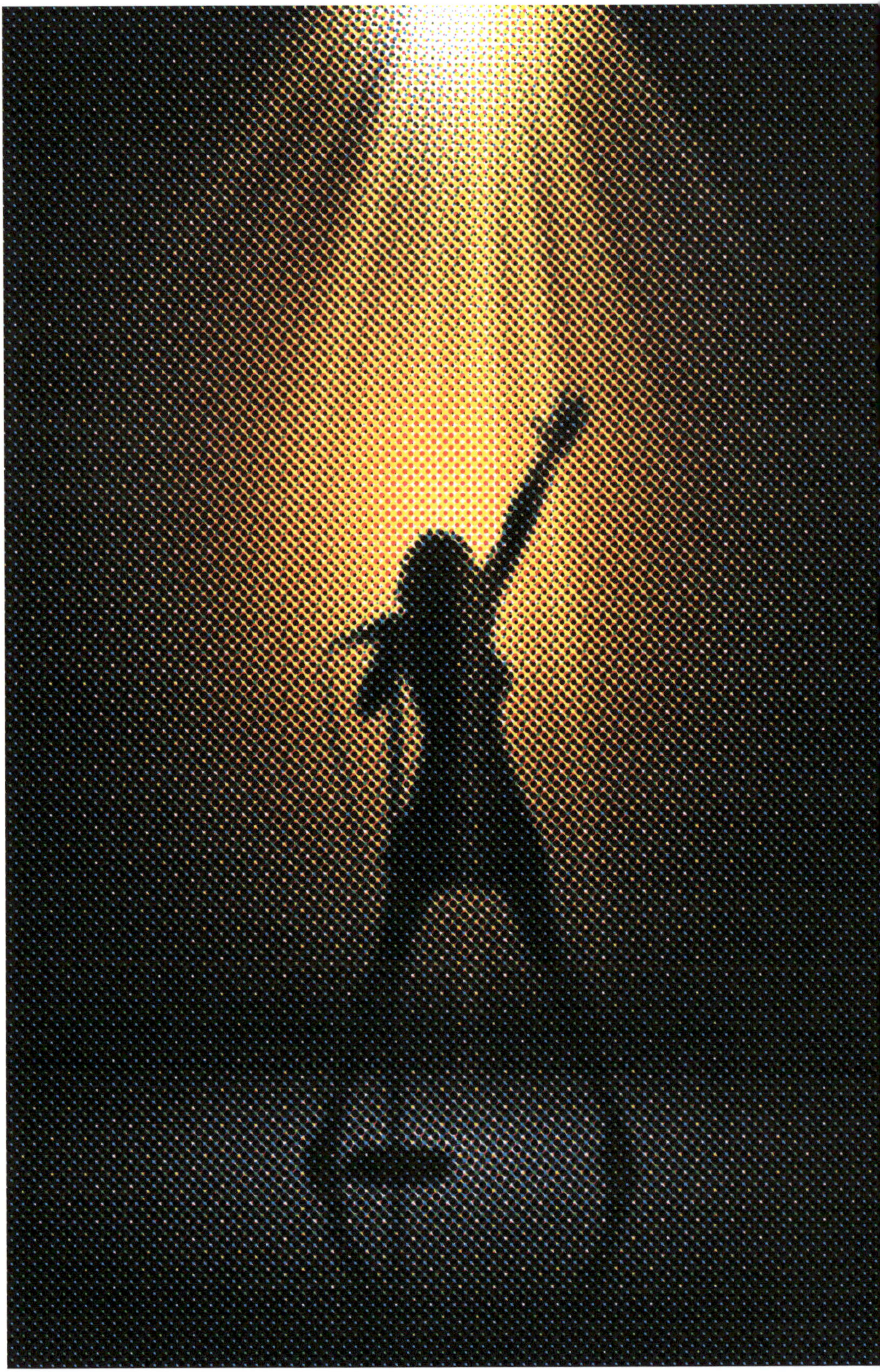

Kapitel 8
Der Spotlight-Effekt

«Sei wer Du bist und sag, was Du fühlst. Denn die, die das stört, zählen nicht und die, die zählen, stört es nicht.»
Theodor Seuss Geisel «Dr. Seuss»

Permanent jagen wir nach Anerkennung. Sei es im Beruf, beim Sport oder auf den Sozialen Medien, wir wollen gesehen, bewundert und geliebt werden. Aber hängt unser Glück tatsächlich davon ab, ob wir von möglichst vielen Menschen gemocht werden, oder machen wir uns darüber zu viele Sorgen?

Nicht selten hindert uns unser Schamgefühl daran, etwas zu tun oder zu sagen, das uns später allenfalls peinlich sein könnte. Doch ist diese Hemmung auch tatsächlich berechtigt oder hindert sie uns daran unser Potenzial auszuschöpfen?

Lassen Sie mich eine Szene schildern, die Ihnen wahrscheinlich bekannt vorkommt: Sie gehen zur Arbeit und wissen, dass Ihre Frisur schlecht aussieht. Es ist Ihnen an diesem Morgen einfach nicht gelungen, die Haare so in Ordnung zu bringen, wie Sie sich das gewünscht hätten. Während Sie an anderen Leuten vorbeigehen, spüren Sie, wie jeder Sie ansieht und Ihre komische Frisur bemerkt.

Ein anderes Beispiel könnte sein, dass Sie bei einem Meeting eine Präsentation halten. Voller Überzeugung und gekonnt präsentieren Sie den Anwesenden Ihre Überlegungen. Wenn Sie dann wieder Platz nehmen, stellen Sie fest, dass der Reissverschluss Ihrer Hose die ganze Zeit offen war.

Vielen von uns sind diese beiden Situationen peinlich und sie lösen bei uns Schamgefühl aus. Schamgefühl ist nichts Aussergewöhnliches, wir alle haben es schon erlebt. Manchmal wird es durch ungeschicktes Verhalten ausgelöst, wie etwa das Tragen eines vermeintlich unpassenden Kleidungsstücks, in anderen Fällen sorgen körperliche Merkmale, wie bei mir zum Beispiel leichtes Schielen, oder das Übertreten von moralischen Standards dafür, dass wir uns vor anderen blossgestellt fühlen.

Wir Menschen können uns nur schämen, weil wir uns selbst von aussen betrachten können, durch die Augen anderer. Es ist der Blick der anderen, so Jean-Paul Sartre, der uns bewusst macht, dass wir nicht nur Subjekte sind, sondern immer auch Objekte, Körperwesen, die den Urteilen anderer schonungslos ausgesetzt sind.

Schamgefühle entstehen vor allem dann, wenn wir das Gefühl haben gegen soziale Normen verstossen zu haben. Der genaue Auslöser für die Scham ist dabei individuell: Situationen, in denen sich die eine Person extrem schämt, können einer anderen völlig egal sein. Ob und wie stark wir uns schämen, hängt davon ab, wie wichtig und bindend wir diese Norm oder Verhaltensregel selbst einschätzen. Das bedeutet, dass unser Schamgefühl auch stark mit unseren persönlichen Wertevorstellungen zusammenhängt. Mir persönlich ist die Frisur sehr wichtig, wenn ich aus irgendwelchem Grund keine Zeit habe, die Haare korrekt zu richten, dann trage ich eine Kopfbedeckung und wenn es nur darum geht, um Mitternacht mit dem Hund nach draussen zu gehen.

Natürlich spielen auch die Wertevorstellungen der Kultur, der wir uns zugehörig fühlen und der Zeitgeist eine bedeutende Rolle. Einer der wichtigsten Schamauslöser ist, wenn Menschen denken, sie seien schwach. Was als Schwäche und Stärke definiert wird, hängt wie gesagt, vom eigenen und des beeinflussenden gesellschaftlichen Wertesystems ab.

Kurz: Wenn wir uns schämen, verstossen wir gegen unser eigenes Idealbild – und fühlen uns deshalb den kritischen Blicken anderer ausgesetzt.

Dieses Schamgefühl hindert viele Menschen daran, sich zu exponieren, etwas auszuprobieren, Fragen zu stellen oder ihre Meinung zu äussern. Fast allen von uns ist es schon so ergangen, dass wir zum Beispiel an einer politischen Versammlung, einer Vorlesung an der Universität, einem Referat oder an einem Teammeeting bei der Arbeit teilgenommen haben und uns plötzlich eine Frage, ein kritischer Gedanke oder eine Idee durch den Kopf geschossen ist. Doch statt uns zu äussern, blieben wir still. Wir befürchteten, dass sich unser kritischer Gedanke als Irrtum, unsere Frage als bereits geklärt und unsere Idee als unrealistisch herausstellen würden und wir uns deshalb vor den versammelten Menschen zum Narren machen würden.
   Auch wenn Scham ein unangenehmes Gefühl ist, so dient es dennoch dem gesellschaftlichen Zusammenleben. Denn schlussendlich sorgt Scham dafür, dass wir versuchen, möglichst nah an der Normvorstellung unserer Gesellschaft zu leben. Scham führt uns dazu, unser eigenes

Verhalten zu hinterfragen und in der Folge anzupassen. Scham wirkt also in einer Gesellschaft regulierend. Stellen wir uns vor, wie das Zusammenleben in einer Gesellschaft mit Menschen wäre, die gar kein Schamgefühl hätten.

Problematisch wird es, wenn Interessensgruppen, Meinungsbildner oder Machthabende über das Schamgefühl versuchen die Menschen zu manipulieren. Wenn zum Beispiel religiöse Organisationen eine Wertegefüge schaffen, in welchem Homosexualität als etwas Negatives und somit Beschämendes angeschaut wird, oder wenn es in einer Gesellschaft verpönt ist, über die Rassengrenzen hinweg Beziehungen zu pflegen, oder wenn versucht wird Menschen ein schlechtes Gewissen einzureden, weil sie z. B. wirtschaftlich erfolgreich sind, ein Auto haben, oder Fleisch konsumieren.

Problematisch wird es aber auch, wenn wir als Individuen unser Handeln zu stark durch die Angst vor dem Schamgefühl leiten lassen, wenn wir versuchen Schamgefühl unter allen Umständen zu verhindern und deshalb unser Handeln massiv selber einschränken.

Viele Menschen können wegen der Angst vor Scham ihr eigenes Potenzial nicht vollends ausschöpfen. Stellen Sie sich vor Abraham Lincoln, Thomas Jefferson, Nelson Mandela, Sojourner Truth oder Martin Luther King hätten sich nicht getraut ihre Meinung zu äussern, stellen Sie sich vor Rosa Parks, Marie Currie oder Amelia Earhart hätten sich davor geschämt, gegen geltende soziale Normen zu verstossen. Rosa Parks hätte nie auf den für weisse Menschen reservierten Plätzen in einem Bus in Montgomery Platz genommen, Marie Currie wäre nicht Wissenschaftlerin und Earhart nicht Pilotin geworden. Oder stellen Sie sich vor Shakespeare, Tolstoj oder Virginia Wolf hätten sich geniert ihre Schriften zu publizieren, Elvis Presley, Mahalja Jackson oder Louis Armstrong hätten sich nicht getraut aufzutreten oder Mohammad Ali, Ronda Rousey, Wayne Gretzky oder Roger Federer wären dem Sport ferngeblieben, nur weil sie sich nicht für mögliche Fehler hätten schämen wollen.

Stellen Sie sich mal vor, welches Potenzial in Ihnen steckt, das Sie nicht ausschöpfen, nur weil das Schamgefühl Sie davon abhält es zu versuchen.

Das Schlimmste ist, dass wir unsere Wirkung auf die Aussenwelt völlig überschätzen. Wir glauben, dass sämtliche Aspekte unseres Verhaltens und unseres Aussehens von allen um uns herum wahrgenommen werden. Die brutale Tatsache aber ist: Dem ist nicht so. Den meisten Menschen ist es ziemlich egal was Sie tun und wie Sie aussehen. Dieser Effekt wird in der Psychologie «Spotlight Effekt» genannt. Allein das Wissen über diesen Effekt sollte uns eigentlich helfen, uns nicht zu sehr selbst durch soziale Ängste einzuschränken.

Gemäss wissenschaftlichen Untersuchungen bemerken die meisten Menschen Unvollkommenheiten oder Fauxpas anderer Leute nämlich gar nicht und wenn doch, werden sie diese mit grösster Wahrscheinlichkeit innert Sekunden ignorieren und sogar
vergessen.

Weil wir derart viel Zeit damit verbringen, über unseren eigenen Körper, unser Aussehen, unsere Aussenwirkung und unser Verhalten nachzudenken, kommen wir zur Annahme, dass andere Menschen unserem Körper, unserem Aussehen und unserem Verhalten ebenfalls ziemlich viel Beachtung schenken. Tatsache aber ist, dass die anderen Menschen primär ebenfalls vor allem mit sich selbst beschäftigt sind.

Die bedeutendste Studie zum «Spotlight Effekt» wurde von Tom Gilovich von der Cornell University durchgeführt. Die Resultate publizierte er im Jahr 2000 im Journal of Personality and Social Psychology. Der Versuch ging wie folgt: Einzelne zufällig ausgesuchte Studenten wurden angewiesen, ein peinliches T-Shirt anzuziehen. Es handelte sich dabei um ein besonders kitschiges und auffälliges T-Shirt mit dem Sänger Barry Manilow.

Barry Manilow galt damals unter Studenten als besonders peinlich. Die Studenten mit dem Barry Manilow Shirt wurden dann beauftragt sich in einen Saal zu begeben, um dort irgendeine Aufgabe zu lösen. Das Problem war, dass die Forscher schon eine grosse Gruppe Studenten in dem Saal versammelt hatten. Die Studenten mit dem Barry Manilow T-Shirt trafen somit verspätet, für alle sichtbar in den Saal ein. Im Saal wurde ihnen durch einen anwesenden Professor zuvorderst ein Stuhl zugewiesen. Kaum hatte sich die verlegene Person hingesetzt wurde sie durch den Professor aufgefordert nach draussen zu gehen.
 Nun wurden die Probanden gebeten zu schätzen, wie viele Leute das kitschige Hemd bemerkt hatten. Die Personen, die das peinliche Kleidungsstück trugen, schätzten, dass es mindestens der Hälfte der Leute im Raum aufgefallen ist. In Tat und Wahrheit waren es gerade mal knapp 25 %, die sich daran erinnerten Barry Manilow gesehen zu haben.

In einer Situation, die so geschaffen wurde, um maximale Aufmerksamkeit zu erregen, nahm rund ein Viertel der Personen die Peinlichkeit wahr. Gilovich wiederholte das Experiment, diesmal liess er die Studenten aber ein «cooles» T-Shirt tragen, auf dem Jerry Seinfeld, Bob Marley oder Martin Luther King Jr. abgebildet waren. Auch in dieser Situation schätzten die Probanden, dass ihre Kleiderwahl bei mindestens der Hälfte der Anwesenden aufgefallen ist. Tatsächlich waren es nicht einmal 10 Prozent.

Gilovich wiederholte diese Untersuchung auch auf den belebten Strassen von New York. Obwohl die Probanden auch dort das Gefühl hatten, dass viele Augen auf sie gerichtet sind, haben die meisten Leute sie in Wirklichkeit gar nicht bemerkt.

Im Jahr 2002 führte Gilovich eine weitere Untersuchung zum «Spotlight Effect» durch. Diesmal liess er Probanden ein wettbewerbsorientiertes Videospiel spielen. Danach mussten die Spieler bewerten, wie viel Aufmerksamkeit ihre Leistung bei den Mitspielern und Gegnern erregte. Die meisten Spieler waren überzeugt, dass ihre Fehler, aber auch ihre guten Spielzüge durch die anderen bemerkt wurden. Das Resultat der Studie ergab dann aber, dass die Spieler vor allem auf ihr eigenes Abschneiden achteten, während dem sie für die anderen nur sehr wenig Aufmerksamkeit aufbrachten.

Wir müssen also nüchtern feststellen, dass wir viel weniger Aufmerksamkeit erregen, als wir vermuten. Nathan Heflick, leitender Dozent für Psychologie an der University of Lincoln in England schrieb dazu: *«Der Spotlight Effect ist das Ergebnis von Egozentrik. Wir alle sind das Zentrum unseres eigenen Universums. Das bedeutet nicht, dass wir arrogant sind oder uns selbst mehr wertschätzen als andere. Vielmehr besteht unsere gesamte Existenz aus unseren eigenen Erfahrungen und unserer eigenen Perspektive. Diese Erfahrungen nutzen wir, um die Welt um uns herum zu bewerten, einschliesslich anderer Menschen. Anderen Menschen aber fehlt nicht nur das Wissen über z. B. den Fleck, den Sie auf dem Hemd haben, sondern sie sind selber auch das Zentrum ihrer eigenen Universen und damit wiederum auf andere Dinge fokussiert!»*

Zu behaupten, dass Menschen unser Verhalten überhaupt nicht wahrnehmen, wäre auch nicht ganz korrekt. Rodolfo Mendoza-Denton, Sozialpsychologe an der University of California, Berkeley, werden wir zwar wahrgenommen, aber nur recht kurzfristig. Unser Verhalten oder unser Äusseres wird rasch wieder vergessen. *«Während wir noch daran herum studieren, sind die Leute gedanklich wahrscheinlich schon weitergezogen. No big Deal»*, so Mendoza-Denton.

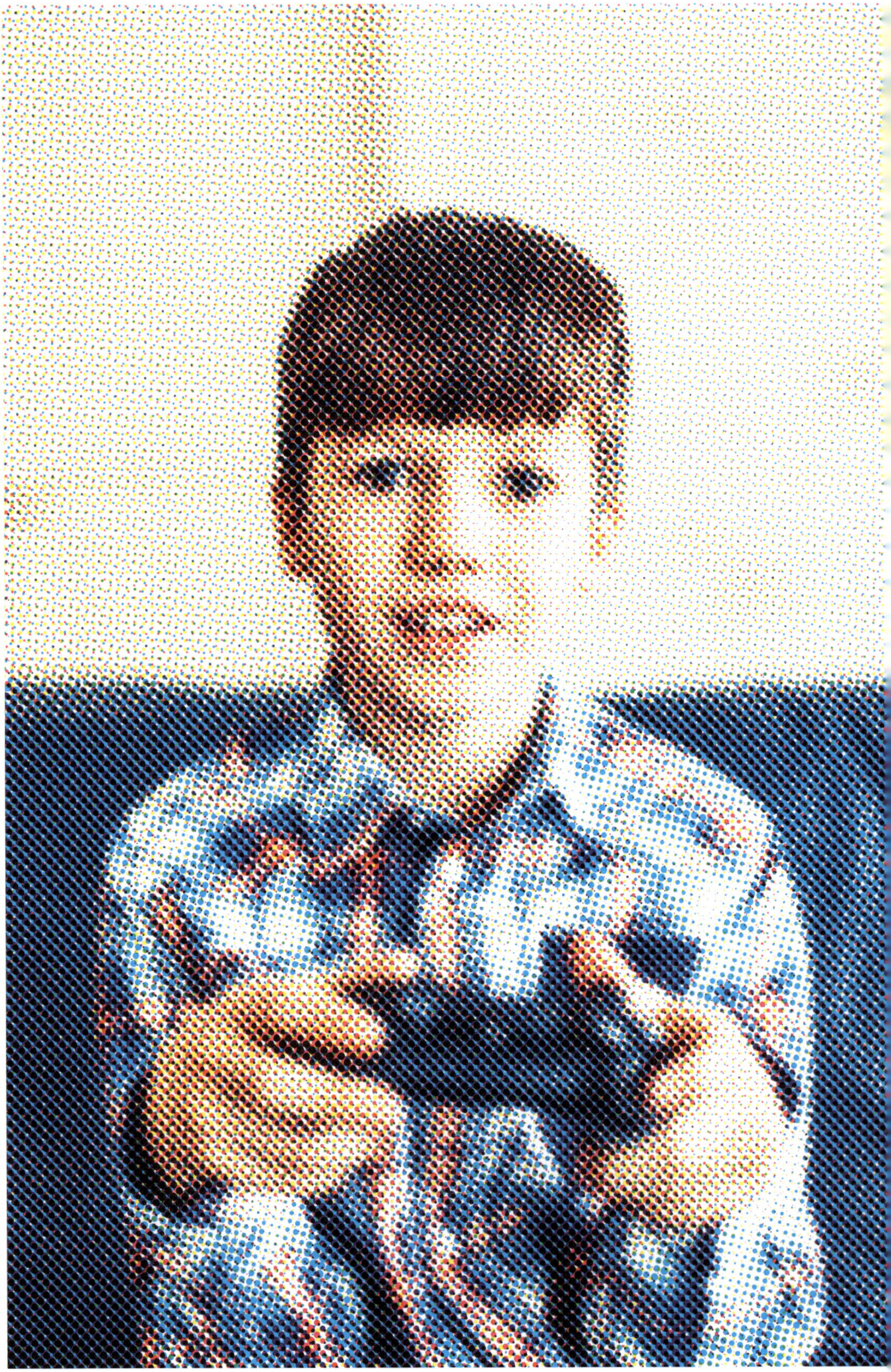

Wenn wir uns nun diesem «Spotlight-Effekt» bewusst werden, dann hilft es uns, seinen Einfluss auf uns zu minimieren. Positiv betrachtet bedeutet dies, dass wir uns viel weniger zurückhalten müssen, dass wir uns vermehrt getrauen sollten und viel weniger Angst vor Peinlichkeiten haben müssen.

Andererseits müssen wir ebenfalls anerkennen, dass wir auch viel weniger positiv auffallen, als uns das wohl lieb wäre. Wenn Sie also ein paar Kilo abgenommen haben, eine tolle neue Jacke oder Brille tragen oder die Frisur perfekt sitzt, seien Sie nicht enttäuscht, wenn Sie nur vereinzelt oder überhaupt keine Rückmeldung von anderen Menschen erhalten.

Also, denken Sie künftig daran, dass die meisten Menschen derart mit sich selber beschäftigt sind, dass sie die Fehler, Schwächen, vermeintliche Peinlichkeiten und Fauxpas von anderen gar nicht bemerken.

Nutzen Sie dieses Wissen dazu, sich vermehrt etwas zu getrauen, um so allenfalls ihr Potenzial ausschöpfen zu können. Es gibt kaum was Schlimmeres, als zurückzuschauen und sich bereuend den Vorwurf zu machen: *«Weshalb habe ich mich bloss nicht getraut ...»*

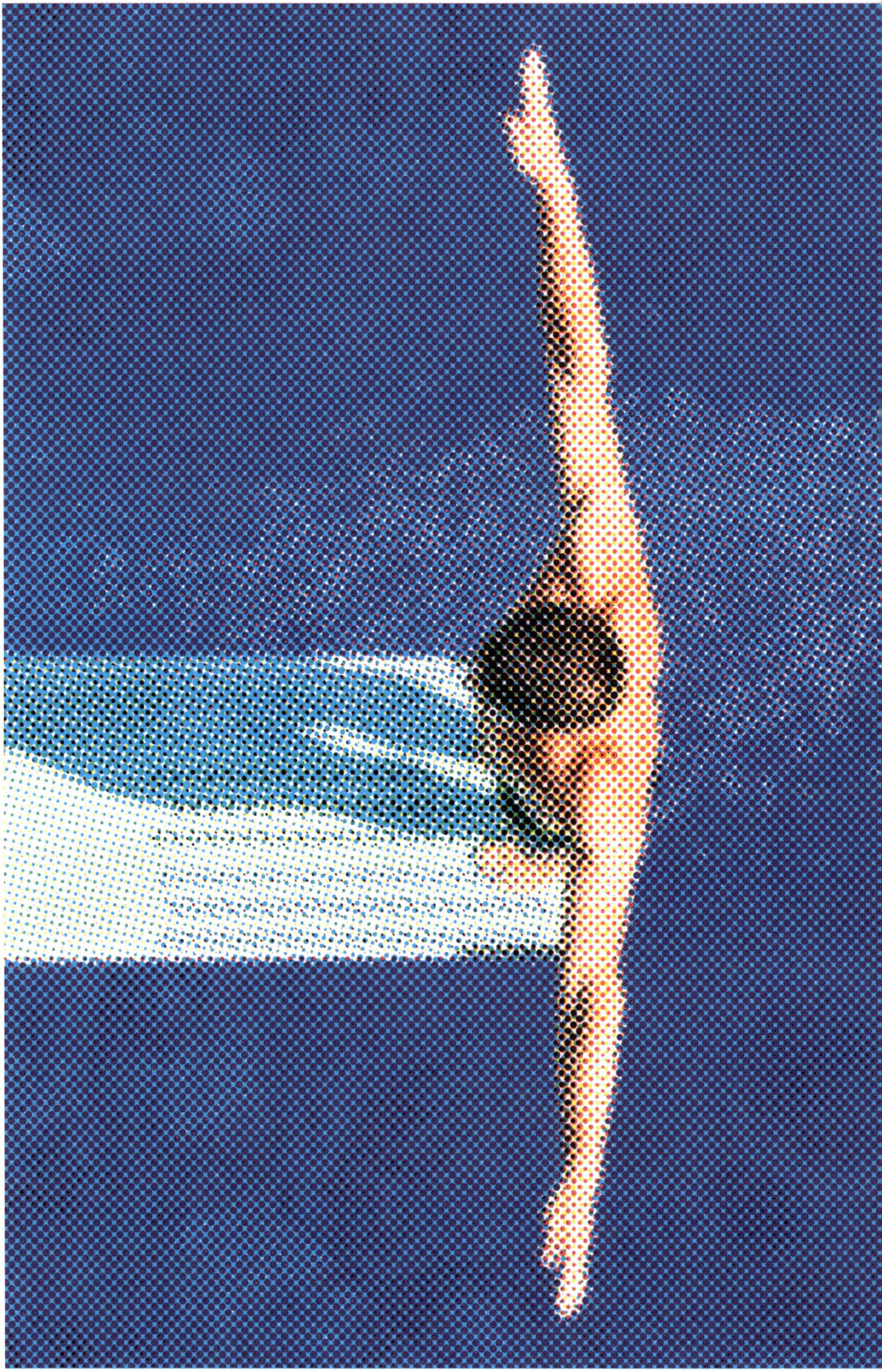

Kapitel 9

Keine Angst haben sich lächerlich zu machen. Die Lehren eines sterbenden Mannes

«Ehrlich gesagt, scheinen meine Fehler keine grosse Rolle gespielt zu haben. Sie waren dumm, nicht böse, und dumm ist Teil des Lebens.»
Peter Barton, Medienunternehmer

Peter Barton ist Milliardär. In den Achtzigerjahren hatte der erfolgreiche Unternehmer die Welt des Kabelfernsehens revolutioniert. Mit 46 Jahren beschliesst der glücklich verheiratete Vater von drei Kindern, sich aus dem Geschäftsleben zurückzuziehen. Er will sich neuen Herausforderungen stellen, neue Erfahrungen sammeln, neue Horizonte entdecken. Doch kaum beginnt für den aufgestellten und lebensbejahenden Peter der neue Lebensabschnitt, erfährt er, dass er an Magenkrebs erkrankt ist und in Kürze sterben wird.

Auf dem Weg zum Lebensende reflektiert Peter über seine Existenz. Er hält seine Gedanken in seinem Buch «Not fade away – A Short life well lived» fest. Das Buch ist eine emotionale Achterbahn für die Leser. Ab der ersten Seite freut man sich, staunt, lacht und leidet mit Peter. Ohne es zu merken, entwickelt man eine immer engere Beziehung zum Erzählenden. Peter lädt uns zu sich ein, er ist mit uns offen und ehrlich, lustig und optimistisch, tiefsinnig und verletzlich. Am Schluss, wenn Peter stirbt, hat man das Gefühl einen guten Freund verloren zu haben. Die Geschichten, die uns Peter Barton während seinem Ableben erzählt, seine Gedanken über das Leben, die er mit uns teilt, sind inspirierend und motivierend. Er ist ein vorbildlicher Mensch.

Peter beginnt sein Buch mit folgenden Worten: *«Mein Name ist Peter Barton, und das erste was ich sagen sollte ist, dass ich ein unglaublich glücklicher Mensch bin».* Peter Barton hatte ein ausserordentlich vielseitiges und aufregendes Leben. Als Musiker spielte er in den 60er-Jahren mit diversen Grössen, als Sportler war er semiprofessioneller Lacrosse-Spieler, zog als Hippie in einem VW-Bus durch die USA, verdiente Geld mit Skiakrobatik, war Studienabbrecher, diente als Wahlkampfleiter, schloss ein Studium ab und revolutionierte mit Liberty Media die Medienwelt in den Achtzigerjahren.

Die Lebenslehren des Peter Barton

1. Keine Angst haben, sich lächerlich zu machen

Wer etwas Neues ausprobiert, läuft Gefahr, dass es ihm misslingt. Nicht selten fürchten wir uns weniger vor den direkten Konsequenzen des Scheiterns als vielmehr vor den Reaktionen der Mitmenschen. Wenn uns etwas missglückt, dann sind die Schadenfreudigen, die Besserwisser und Auslacher sofort zur Stelle. Ihre Reaktion unterstreicht unser Gefühl, dass wir dämliche Versager sind. Wir schämen uns. Aber genau das sollte uns sowas von egal sein. Bei einem Skiakrobatik-Sprung-Wettbewerb versuchte Barton einen neuartigen Sprung, den er noch nie probiert hatte. *«Sicher, die Gefahr war gross, dass ich es vermasseln würde und in der Folge wie ein Idiot dastehen würde – aber was soll's. Du wirst nie etwas erreichen, wenn du Angst hast, beim Ausprobieren schlecht auszusehen»*, so Barton. Er nahm sich diese Lehre für seinen weiteren Werdegang zu Herzen.

2. Dumme und schlaue Risiken unterscheiden

Obwohl uns Peter motiviert, Risiken einzugehen, warnt er vor sogenannten dummen Risiken. Ein dummes Risiko wäre gewesen, wenn er einen Sprung versuchte hätte, den ihn persönlich in hohe Verletzungsgefahr gebracht hätte. Da die Springer aber in einem Wasserbecken landeten, war diese Gefahr eher gering. Die Gefahr, so Peter, ist stets bei der Landung. In der Luft da kann einem nichts passieren, aus diesem Grund muss man sich den Landeplatz immer gut aussuchen. Dies so Peter, ist auch bei anderen Abenteuern im Leben so. Man sollte sich immer überlegen, was ist das Schlimmstmögliche, das passieren kann und wie gross ist die Wahrscheinlichkeit, dass dies eintrifft. *«Erscheine nach aussen verwegen und verrückt, sei aber vorbereitet. Mache Deine Hausaufgaben.»*

Dumme Risiken sind jene, die unser Leben vollkommen ruinieren können. Schlaue Risiken sind jene, die uns bei einem Misserfolg zwar einen Rückschlag versetzen uns aber als Mensch sei es bei einem Erfolg, aber auch bei einem Misserfolg weiterbringen. Ein typisches Beispiel dafür ist auch die Tatsache, dass Peter kurz vor Abschluss sein Studium in internationalen Beziehungen hinschmiss. Es war ihm bewusst geworden, dass er mit diesem Studienabschluss zwar sicher einen gut bezahlten Arbeitsplatz, aber nicht einen für ihn erfüllenden Job finden würde. Wieso also weiterfahren?

Ein weiteres «schlaues» Risiko ging er ein, als er sich Jahre später, nun mit einem MBA in der Tasche aber ohne Geld, wild bei Firmen bewarb. Er suchte sich zahlreiche interessante Unternehmungen in ganz Amerika heraus, und offerierte ihnen, dass er drei Monate unentgeltlich arbeiten würde. Nach dieser gratis Probezeit könne die Firma dann entscheiden, ob man ihn behalten wolle. Einzige Bedingung: Er arbeite während diesen drei Monaten direkt für den höchsten Chef. Nur wenige Unternehmungen reagierten positiv auf dieses eher ungewöhnliche Angebot. Weil er fast kein Geld hatte und auch nichts verdiente, lebte Peter in dieser Zeit zum Teil in seinem Auto. Statt einen sicheren Job bei einer etablierten Firma anzunehmen, riskierte er drei Monate lang für nichts zu arbeiten um danach allenfalls ohne Job da zu stehen. Wie der weitere Verlauf seiner Geschichte aber zeigt, hatte sich dieses Risiko mehr als gelohnt.

3. Selbstreflektion als Schlüssel zum Geniessen des Moments

Als ambitionierter Geschäftsmann hatte Peter sein Tun in der Regel auf künftige Gewinne ausgerichtet. Er fokussierte hauptsächlich auf die Zukunft, die Gegenwart erschien ihm verschwommen, weil er stets damit beschäftigt war in Windeseile seine Ziele zu erreichen. Mit dem krebsbedingten Todesurteil wurde Peter plötzlich die Zukunft genommen. Dies führte bei Peter zur Erkenntnis, dass er in der Vergangenheit seine *«Energie dafür verwendete Erfahrungen zu sammeln, nicht aber dafür, um Sinn zu finden.»* In diesem Zusammenhang zitiert der Autor Sokrates, der gesagt hat, dass *«das ungeprüfte Leben nicht lebenswert ist».* Mit diesem Bewusstsein wurde sich Peter der Wichtigkeit der Selbstreflektion bewusst. Denn nur durch aktives Nachdenken können wir lernen, die Momente, in denen wir uns befinden auch zu wertschätzen und zu geniessen.

Peter Barton erlangt in der Folge sogar die Erkenntnis, dass auch der Krebs ihm Gutes getan hat, zum Beispiel, dass es der Krebs war, den ihn eben überhaupt zur Selbstreflektion animiert hat. Auch sein Mitgefühl verstärkte sich mit der Krankheit: *«Ich spüre eine ständig wachsende Wertschätzung gegenüber der Menschenwürde. Gezwungen zu erkennen, dass auch ich zerbrechlich bin, schaue ich nun viel genauer hin, wenn andere Menschen Schwierigkeiten haben, und ich sehe wie geduldig sie in ihrem Leiden sind, wie mutig sie mit ihren Lasten umgehen, wie unermüdlich sie ihre Lieben unterstützen. Überall, wo ich hinschaue, sehe ich Beispiele für Mut und Akzeptanz. Ich werde zunehmend stolzer, ein Mensch zu sein.»*

4. Der Schlüssel zum Glück: Die Kleinigkeiten erkennen und schätzen

Mit dem nahenden Tod vor Augen, bemerkte Peter, dass er die kindliche Begeisterung für scheinbar unbedeutende Dinge wieder finden konnte. Für Dinge, die für Erwachsene oftmals nicht nur unbedeutend, sondern sogar eine Mühseligkeit darstellen. Schlamm und Dreck, so Peter, sind für Kinder eine Art Wunder, Eis und Schnee sind pure frostige Freude, *«ein Haufen Herbstblätter ein heiliger Altar»*. Was Peter früher trivial erschien, hatte nun wieder einen tieferen Sinn. *«Ich habe das Gefühl gewonnen, dass die grossen Dinge im Leben am besten durch die kleinen Dinge verstanden werden.»*

5. Das Abenteuer, der Weg, nicht das Endziel sollen uns motivieren

Peter war bereits 31 Jahre alt, als er sein MBA in Harvard erfolgreich abgeschlossen hatte. Dies war sein erster Abschluss. Bis zu diesem Zeitpunkt hatte er nichts «Richtiges» gearbeitet und auch kein Geld gespart. Seine viel jüngeren Klassenkameraden versuchten nach dem Abschluss eine sichere Stelle bei einer führenden Bank, einem namhaften Finanzberatungsunternehmen oder einer grossen Versicherung zu ergattern. Für sie war das Wichtigste, so rasch wie möglich gut zu verdienen. Sie liessen den Inhalt der Tätigkeit ausser Acht und äugten ausschliesslich auf die winkenden Belohnungen und den Wohlstand, der die Tätigkeit versprach. Für Peter kam das nicht in Frage. *«Ich habe viele extrem intelligente Menschen gesehen, die in ihrem ganzen Leben nie wirklich etwas erschaffen haben, die der Gesellschaft nie einen Mehrwert brachten und auch kein Vermächtnis zurückgelassen haben»*, so Barton.

Peter Barton wollte eine begeisternde, eine aufregende Laufbahn. Er wollte eine Tätigkeit, bei der er gestalten konnte, die er mit Leidenschaft ausüben konnte. *«Ich wollte keinen sicheren Platz; ich wollte etwas machen, was vorher nicht da war. Ich wollte nicht administrieren und managen, ich wollte erfinden. Und wenn ich bei der Ausübung einer Tätigkeit abstürzen und verbrennen sollte, dann ist es egal. Ich wollte einen Traum verfolgen, einen grossen Traum, der es wert war, verfolgt zu werden, und der Weg hin zu Erfüllung des Traums sollte herausfordernd, aufregend und Freude bereitend sein.»*

Auch mit dieser Lebenseinstellung sollte Peter recht bekommen. So rät er denn auch: *«Wenn Du aus Spass arbeitest, wird das Geld kommen. Wenn Du aber primär wegen dem Geld arbeitest, dann ist es unwahrscheinlich, dass Du je wirklich Freude haben wirst.»*

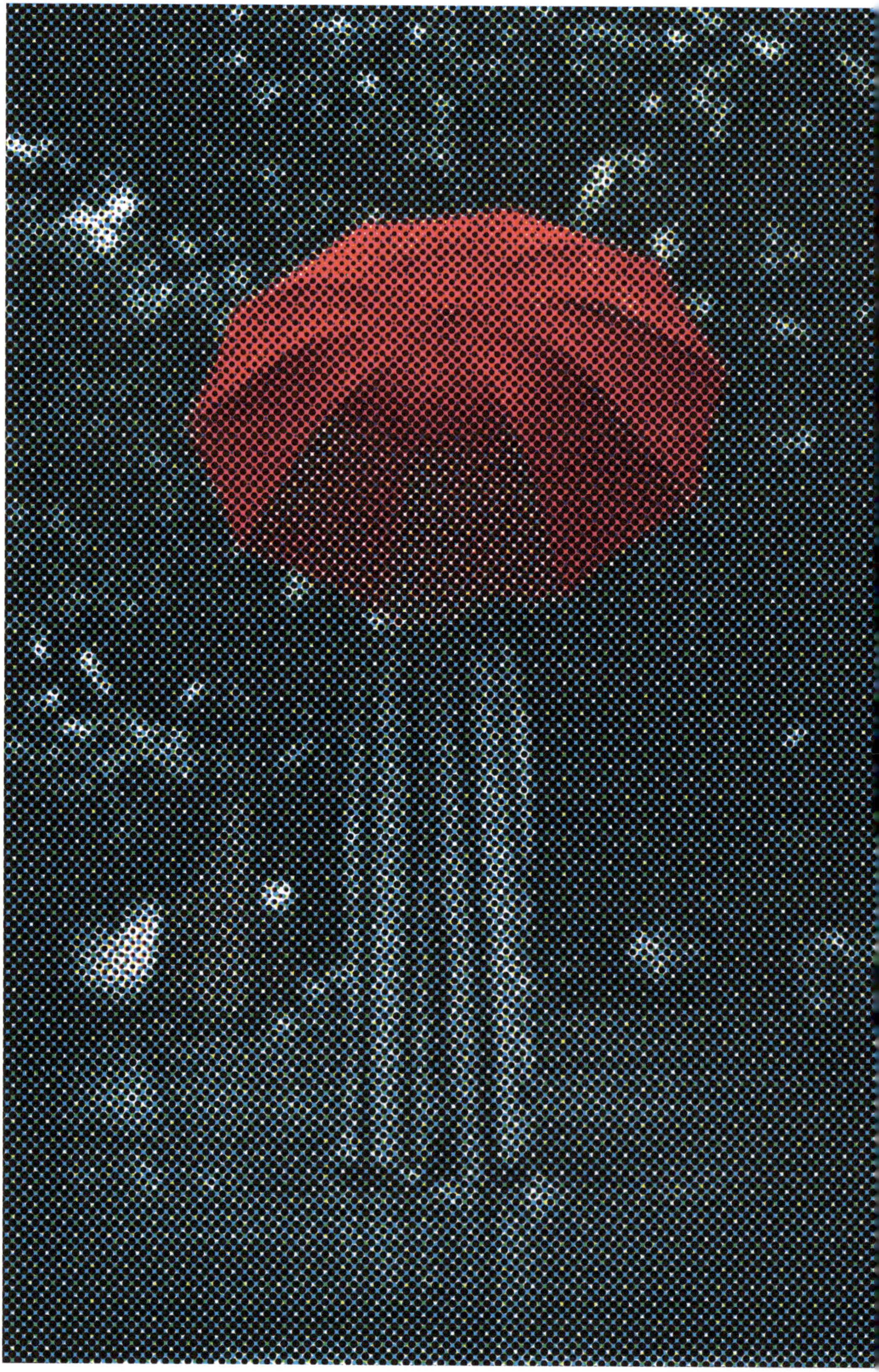

Kapitel 10

Erkennen was in Ihrer Macht steht

«Es werden eine Menge Dinge passieren, die Du nicht wirklich kontrollieren kannst, aber Du kannst kontrollieren, was Du tust, nachdem sie geschehen sind. Deshalb versuche ich, den Kopf hochzuhalten, weiterzumachen, positiv zu bleiben und einfach hart zu arbeiten.»
Lonzo Ball, Point Guard der Chicago Bulls

Immer wieder widerfahren uns Dinge, die wir uns nicht so gewünscht oder vorgestellt haben. Schmerzlich wird uns bewusst, dass wir nicht sämtliche Bereiche unseres Lebens kontrollieren können. Was aber immer in unserer Kontrolle liegt, ist die Art und Weise wie wir auf solche Ereignisse reagieren. Die Stoiker lehren uns, dass ein wichtiger Aspekt eines erfolgreichen und glücklichen Lebens genau darin besteht, die Fähigkeit zu entwickeln, zwischen jenen Dingen, die in unserer Macht liegen und jenen, die nicht in unserer Macht liegen, zu unterscheiden.

Der Stoizismus wird heute immer noch oft mit Kaltherzigkeit und dem Unterdrücken von Gefühlen gleichgesetzt. Die primäre Absicht des antiken Stoizismus war es aber, herauszufinden, wie man am besten lebt. Dazu schreibt der zeitgenössische Philosoph Lawrence Becker in seinem Buch «A new Stoicism»: *«Sein zentrales, verbindendes Anliegen ist die Frage, was man tun oder sein sollte, um gut zu leben – um zu gedeihen.»*

Das Ziel des Stoizismus ist es somit, ein glücklicheres Leben führen zu können. Obwohl der Stoizismus eine sehr alte Philosophie ist, ist diese auch heute noch aktuell und kann von allen Menschen praktiziert werden. Der Stoizismus ist im Grunde eine Philosophie zur Minimierung der negativen Emotionen und zur Maximierung der Dankbarkeit und Freude. Letztere beeinflussen wiederum unsere Zufriedenheit und haben somit einen direkten Einfluss auf unseren persönlichen Erfolg. Schlussendlich geht es beim Stoizismus darum, Freude, Erfüllung und Gelassenheit zu finden und die Gesellschaft zu einem besseren Ort für alle und sich selber zu einem besseren Menschen zu machen.

Besonders reizvoll am Stoizismus ist, dass er das ist, was Philosophieprofessor Massimo Pigliucci eine *«ökumenische Philosophie»* nennt. Die Grundsätze des Stoizismus ergänzen die vieler anderer Philosophien oder Religionen. Man kann Elemente des Stoizismus praktizieren und trotzdem dem Christentum, dem Judentum, dem Atheismus, dem Buddhismus oder sonst einer Glaubensrichtung nachgehen.

Es gibt zahlreiche stoische Prinzipien, die uns dabei helfen, ein besseres Leben führen zu können. Ich habe an anderen Stellen in diesem Buch einige dieser Prinzipien thematisiert. In diesem Kapitel befasse ich mich mit dem Prinzip der Dichotomie der Kontrolle. Oder einfacher ausgedrückt: Dem Bewusstsein darüber, dass es Dinge gibt, die unserer Macht liegen und andere nicht.

Ein wesentlicher Bestandteil des Stoizismus ist es zu erkennen über welche Dinge wir in unserem Leben Kontrolle haben und über welche nicht. Das Problem ist, dass wir nicht selten einer Illusion der Kontrolle unterliegen. Wir meinen viel mehr Kontrolle und Einfluss über unser Leben zu haben, als dem ist. Besonders bei erfolgreichen Menschen ist die Gefahr der Kontrollillusion gross. Dies, weil wir dazu neigen, dass wir unsere Erfolge als alleinige Resultate unseres eigenen Tuns wahrnehmen. Bei Misserfolgen tun wir genau das Gegenteil, wir reden uns ein, dass es Dinge waren, die ausserhalb unserer Kontrolle lagen, welche zum unerfreulichen Resultat geführt haben.

Natürlich kann es in einem gewissen Sinne für mein Selbstwertgefühl nützlich sein, wenn ich Gründe für mein Scheitern externen Umständen zuschieben kann. Es ist auch nicht grundsätzlich falsch, da tatsächlich ganz viele unkontrollierbare Faktoren einen Einfluss auf das Resultat eines Unterfangens haben. Genauso ist es richtig, wenn ich mir bei einem Erfolg darüber bewusst bin, was ich selbst zum erfreulichen Ausgang beigetragen habe und was dem Zufall zu verdanken ist. Dieses Bewusstsein hilft uns auch bei Erfolgen die Bodenhaftung zu behalten und uns nicht in unseren Lorbeeren auszuruhen.

Wenn wir aber nicht in der Lage sind zu erkennen, was in meiner Macht liegt und was nicht, dann kann diese Kontrollillusion bei Erfolgen zu einer massiven Selbstüberschätzung, bei Misserfolgen zu Frustration führen. Für ein zufriedenes und schlussendlich auch ein erfolgreiches Leben sind Selbstüberschätzung und Frustration aber wahres Gift. Wir müssen uns also immer wieder bewusst werden, was wir kontrollieren und was nicht.

Professor Massimo Pigliucci liefert in seinem Buch *«Die Weisheit der Stoiker»* eine Metapher von Cicero, die uns helfen soll, diese Sichtweise *zu veranschaulichen:* «*Stellen Sie sich einen Bogenschützen vor, der ein Ziel zu treffen versucht. Cicero erklärt, dass eine Reihe von Dingen seiner Kontrolle unterliegt: Er entscheidet selbst, wie stark er seinen Bogen spannt; er hat Material ausgewählt, das zur Entfernung und zur Art des Zieles passt; er zielt so gut, wie er kann, und bestimmt den richtigen Moment für den Abschuss. Mit anderen Worten: Er kann Einfluss nehmen bis zu jenem Augenblick, da der Pfeil den Bogen verlässt. Ob der Pfeil das Ziel trifft, ja oder nein, das hingegen steht nicht mehr in seiner Macht.*»

Für viele von uns entstehen Frustrationen dadurch, dass wir uns zu sehr auf das konzentrieren, was ausserhalb unserer Kontrolle liegt, und wir uns zu wenig auf das fokussieren, was wir tatsächlich beeinflussen können.

Ein Sportler kann sich auf einen Wettkampf vorbereiten, er kann trainieren, er kann genügend schlafen und gut essen, auf die Leistung seines Gegners, die Fähigkeit des Schiedsrichters, das Wetter, das Verhalten der Fans oder auf das Verletzungspech, hat er keinen Einfluss.

Unsere Unfähigkeit, zwischen dem, was wir kontrollieren können, und dem, was wir nicht kontrollieren können, zu unterscheiden, führt schliesslich dazu, dass wir leiden. Dies geschieht aus zwei Hauptgründen: Erstens wir vergeuden viel Energie und Zeit mit Dingen, die wir nicht ändern können, und zweitens versäumen wir es, die Verantwortung für jene Bereiche unseres Lebens zu übernehmen, die wir tatsächlich beeinflussen können.

Nehmen wir ein einfaches Beispiel: Wir werden mit Neuigkeiten aus der ganzen Welt bombardiert. Mit jeder neuen Nachricht oder Meldung scheint unsere Welt immer weiter in die Krise getrieben zu werden. Dank sozialer Medien und einem 24-Stunden-Nachrichtenzyklus kommen wir alle viel häufiger mit traumatischen Ereignissen in Kontakt, als dies noch vor Jahrzehnten der Fall gewesen ist. Diese Umstände, so zeigen wissenschaftliche Studien, fordern einen ernsthaften Tribut für unsere psychische Gesundheit.

Wenn irgendwo auf der Welt eine Naturkatastrophe passiert, wenn die Wirtschaft in eine Krise rutscht, irgendwo eine Krankheit ausbricht, in einem fremden Land eine furchtbare Präsidentin an die Macht kommt, ein Abstimmungsergebnis nicht nach meinem Gusto ausfällt oder irgendwo ein Serienmörder sein Unwesen treibt, dann ist das zwar schlimm, es liegt aber nicht in meiner Macht diese Situation zu verändern.

Der Berner Autor und Philosoph Rolf Dobeli sagt dazu im März 2011 in einem Artikel in der Zeitschrift «Schweizer Monat»: *«News sind für das, was in Ihrem Leben wirklich zählt, irrelevant. Im besten Fall sind die News unterhaltsam, aber ansonsten bleiben sie nutzlos.»*

Das Gleiche gilt bei ganz vielen alltäglichen Dingen. Wieso lassen wir uns durch das schlechte Wetter frustrieren? Wieso regen wir uns über eine Vorgesetzte auf, welche uns nicht mag, und uns deshalb nicht befördert? Wieso werden wir wütend, wenn wir im Stau stehen? Wieso nerven wir uns über das nicht nachvollziehbare Verhalten anderer Menschen usw.?

Wenn wir durch Ereignisse, die ausserhalb unserer Kontrolle liegen, frustriert werden, verschwenden wir Energie, födern negative Emotionen, werden krank und unzufrieden.

Die grundlegende Idee ist, dass wir unsere Energie darauf verwenden, uns auf die Dinge zu konzentrieren, die unter unserer vollständigen Kontrolle stehen, während wir alles andere mit einer distanzierten Gelassenheit betrachten. Es geht dabei nicht darum, dass wir aufhören, uns um Dinge zu scheren, über die wir keine Macht haben, sondern vielmehr darum, dass wir zu einem tiefen Verständnis dafür kommen, dass wir nicht garantieren können, dass diese Dinge sich so entwickeln werden, wie wir es uns wünschen.

Im Rahmen des Berner Jugendparlamentes hatte ich einmal eine interessante Diskussion mit einem sympathischen und engagierten Maturanden. Er hätte es begrüsst, wenn es ein Gesetz geben würde, welches die Namensnennung bei einer Bewerbung verbieten würde. Der junge Mann selbst hatte einen Namen, der auf eine ferne Herkunft schliessen liess. Durch das Verbot der Namensnennung, so die Meinung des Mannes, hätten alle eine bessere Bewerbungschance. Ich fragte ihn, ob die Auswahl von Mitarbeitenden auf Grund des Namens nicht idiotisch sei. Schliesslich, zähle doch die Eignung und Neigung und nicht der Name. Der junge Mann gab mir recht. Auch bejahte er meine Aussage, wonach die Auswahl auf Grund des Namens rassistisch sei. Ich fragte den Herrn nun, ob er denn wirklich für einen rassistischen Idioten arbeiten wolle. Natürlich nicht, so der junge Mann. Wieso, fragte ich ihn nun, rege er sich denn darüber auf, wenn ihm ein solch rassistischer Idiot keine Stelle anbietet und dafür einen schlechter qualifizierten Kandidaten bevorzugt? Wieso wolle er ein Gesetz machen, das einen Rassisten daran hindert, sein wahres Gesicht zu zeigen? Der junge Mann meinte darauf: *«Es stimmt, die rassistische Grundhaltung eines solchen Arbeit-*

gebers kann man auch mit einem Gesetz nicht ändern, was ich aber tun kann, ist einen Arbeitgeber finden, der meine Fähigkeiten auch verdient.»

Statt uns über Dinge aufzuregen, die ausserhalb unserer Macht liegen, und meist für uns – bei genauer Betrachtung – auch irrelevant sind, sollten wir anfangen die Verantwortung für jene Sachen zu übernehmen, die wir kontrollieren können.

Stellen Sie sich einmal die Frage, was in Ihrer Macht liegt.

Der stoische Philosoph Epikur, der ein Sklave war, sagt dazu: *«Das eine steht in unserer Macht, das andere nicht. In unserer Macht stehen: Annehmen und Auffassen, Handeln und Wollen, Begehren und Ablehnen – alles, was wir selbst in Gang setzen und zu verantworten haben. Nicht in unserer Macht stehen: unser Körper, unser Besitz, unser gesellschaftliches Ansehen, unsere Stellung – kurz: alles, was wir selbst nicht in Gang setzen und zu verantworten haben.»*

Haben Sie nicht auch das Gefühl, dass es in unserer Gesellschaft ganz viele unzufriedene Menschen gibt, die sich über alles aufregen, Menschen, die alle anderen kritisieren, Menschen, die alles besser wissen?

Es sind aber auch genau diese frustrierten Besserwisser, die es versäumen die Verantwortung für das zu übernehmen, was in ihrer Macht liegen würde.
   Genau damit müssen wir aufhören. Die Stoiker sind nicht der Meinung, dass wir emotionslos und gleichgültig durch die Welt gehen sollten. Sie sind der Meinung, dass wir dort, wo es in unserer Macht liegt, die Pflicht haben positiv zu wirken. Statt 70 Minuten pro Tag News zu konsumieren und uns über die Weltgeschehnisse aufzuregen, könnten wir diese Zeit nutzen, um in jenen Bereichen zu arbeiten, die tatsächlich in unserem Macht liegen.

Statt sich über den narzisstischen Vorgesetzten aufzuregen, könnte ich damit anfangen, mich selber zu reflektieren, statt mich über Abläufe im Verein zu ärgern, könnte ich meine eigenen Fähigkeiten ehrenamtlich zur Verfügung stellen, statt mich über Tratsch zu enervieren, könnte ich selber mit dem Tratschen aufhören, statt über mangelnde Wertschätzung zu jammern, könnte ich damit anfangen andere zu wertschätzen, statt über die unfähigen Politiker zu schimpfen, könnte ich mich bei der nächsten Gemeindewahl selber als Kandidat zur Verfügung stellen, statt mich darüber zu beklagen, dass die Gesellschaft nicht alles tut, damit ich glücklich bin, könnte ich damit anfangen die Verantwortung für meine eigenen Gefühle zu übernehmen.

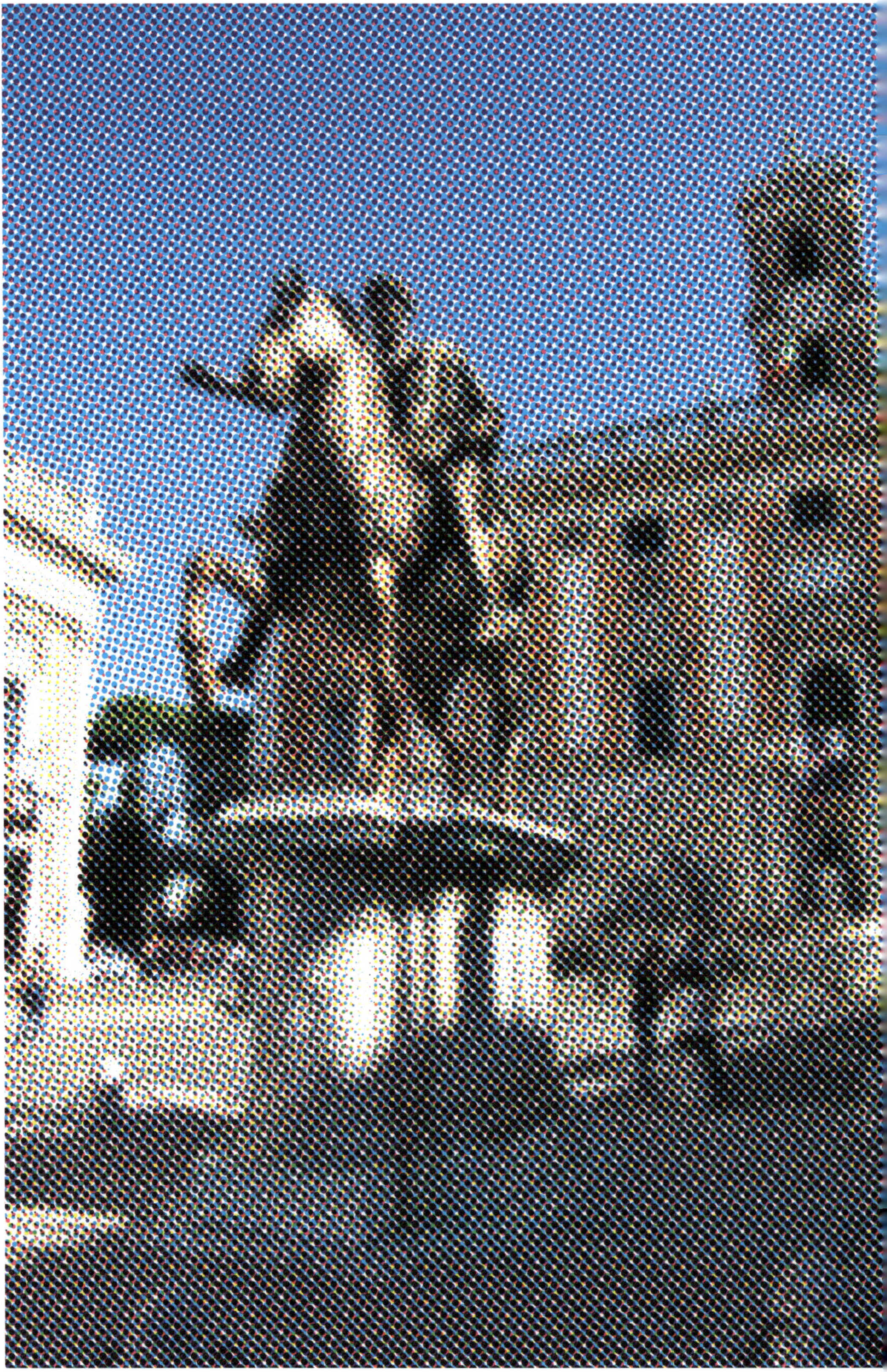

Egal was geschieht, meine Gedanken, meine Überzeugungen, meine Werte, meine Wahrnehmung und meine Handlungen unterliegen meiner Macht, ich habe die Kontrolle und somit auch die alleinige Verantwortung dafür.

Nehmen wir das Beispiel der Provokation. Eine Provokation ist erst eine solche, wenn sich jemand durch die provozierende Handlung auch tatsächlich provoziert fühlt. Wenn ich mich also provozieren lassen, bin ich zu einem grossen Teil selbst dafür verantwortlich, weil meine Gefühle in meiner Macht liegen.

Überlegen Sie sich auch einmal was mit einem Provokateur passiert, wenn sein ausgewähltes Ziel keine Reaktion zeigt. Er wird frustriert, weil er sein Ziel nicht erreicht hat, und wenn er sein Ziel nicht erreicht, dann hat er verloren. Denken Sie einmal darüber nach, wie viel Macht in der Gleichgültigkeit liegt. Der römische Kaiser und stoische Philosoph Mark Aurel sagte dazu: *«Sie haben die Macht über Ihren Geist, nicht über äussere Ereignisse. Erkennen Sie dies und Sie erhalten Kraft.»*

Die Wichtigkeit des Erkennens was in unserer Macht steht und was nicht, um ein zufriedenes und schlussendlich auch erfolgreiches Leben führen zu können, haben nicht nur die Stoiker erkannt. So findet man u.a. auch im Buddhismus, im Judentum oder im Christentum entsprechende Äusserungen.

So schrieb der jüdische Philosoph Solomon ibn Gabirol aus dem 11. Jahrhundert in seinem Buch *«Choice of Emeralds»* (Kapitel 17 Conciousness, 2. Vers): *«Und sie sagten: An der Spitze allen Verstehens – steht das Erkennen dessen, was ist und was nicht sein kann, und das Trösten über das, was nicht in unserer Macht steht zu ändern».*

Am wohl eindrücklichsten hat aber der amerikanische Theologe Reinhold Niebuhr dieses stoische Prinzip in seinem berühmten «Gelassenheitsgebet» zusammengefasst:

«Gott, gib mir die Gelassenheit, Dinge hinzunehmen,
die ich nicht ändern kann,
den Mut, Dinge zu ändern, die ich ändern kann,
und die Weisheit, das eine vom anderen zu unterscheiden.
Einen Tag nach dem anderen zu leben,
einen Moment nach dem anderen zu geniessen.»

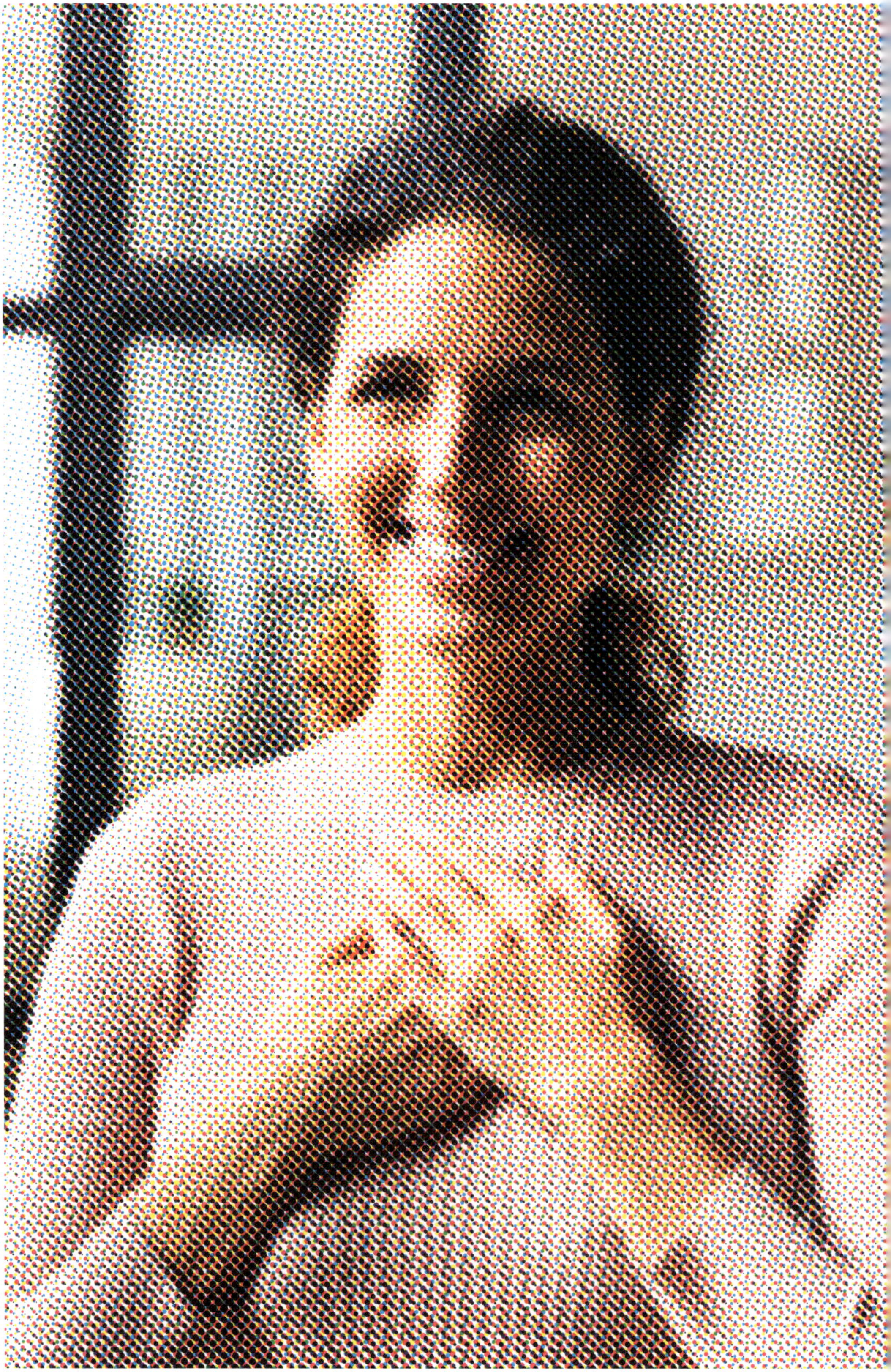

Kapitel 11

Dankbarkeit als Schlüssel zum Erfolg

«Pflegen Sie die Gewohnheit, für alles Gute, das Ihnen widerfährt, dankbar zu sein und ständig zu danken. Und weil alle Sachen zu Ihrem Fortschritt beigetragen haben, sollten Sie alle Sachen in Ihre Dankbarkeit einbeziehen.»
Ralph Emerson Waldo

Wenn es eine Sache gibt, die Sie tun sollten, um in fast allen Aspekten des Lebens erfolgreicher zu sein, dann ist es, mehr Dankbarkeit zu zeigen! Die Wirkung von Dankbarkeit ist enorm, der Aufwand, Dankbarkeit zu zeigen, ist dagegen eher gering. In diesem Kapitel präsentiere ich Ihnen einige einfache Gewohnheiten und Übungen, die dabei helfen, mehr Dankbarkeit zu zeigen und dadurch mehr Glück zu empfinden und erfolgreicher zu sein.

Im Internet verfolgte ich eine Diskussion im Zusammenhang mit der Thematik des Home-Office. Es wurden positive und negative Punkte zum Arbeiten von zu Hause aus ins Feld geführt. Als diese Diskussion, wie so oft bei Online-Debatten, etwas gar emotional wurde, schrieb eine Person: *«Stop complaining about working from home, be happy you have a job and you have a home». («Hören Sie auf, sich über die Arbeit von zu Hause aus zu beschweren, seien Sie froh, dass Sie einen Job haben, und dass Sie ein Zuhause haben»).* Es geht mir bei diesem Beispiel nicht um das Homeoffice und ob dieses nun gut oder schlecht ist, es geht mir bei diesem Beispiel darum zu zeigen, dass die Perspektive aus welcher wir eine Sache oder einer Situation betrachten, einen entscheidenden Einfluss auf die Beurteilung dieser Sache oder Situation hat.

Es ist ein bekanntes Phänomen, dass die psychologischen Auswirkungen von schlechten Erlebnissen stärker sind als jene von guten. Wenn ich von schlechten Erlebnissen spreche, dann meine ich Situationen, die in irgendeiner Art unangenehme, negative, schädliche oder unerwünschte Konsequenzen für den betroffenen Menschen haben. Die guten Erlebnisse sind solche, die angenehme, positive, nützliche oder wünschenswerte Ergebnisse für uns haben.

Die Aussage, wonach uns Schlechtes stärker beeinflusst als Gutes ist in der Sozialpsychologie unbestritten. Negative Erlebnisse und Erfahrungen haben auf praktisch alle Dimensionen unseres Daseins eine starke bzw. eine stärkere Wirkung als positive Erlebnisse. Unsere Gefühle, unsere Gedanken, und schlussendlich auch unser Verhalten werden also massgeblich durch negative Erfahrungen beeinflusst.

Sicher haben Sie sich auch schon dabei ertappt, wie Sie extrem emotional reagiert haben, als Sie durch jemanden beleidigt wurden oder wie Sie sich massiv aufgeregt haben, als ihnen ein Fehler passiert ist. Kommt hinzu, dass wir nicht nur stärker auf negative Dinge reagieren, sie ziehen uns auch noch stärker an. Warum können wir unsere Aufmerksamkeit nicht von einem Verkehrsunfall ablenken oder aufhören, Nachrichten über die neuesten Corona-Todeszahlen zu lesen? Warum bringt uns Kritik aus dem Gleichgewicht oder können wir nicht über eine kleine Brüskierung unseres besten Freundes hinwegkommen?
Der Grund dafür ist eben, dass negative Ereignisse einen grösseren Einfluss auf unser Gehirn haben als positive. Psychologen bezeichnen dies als Negativitätsverzerrung.
Dank dieser Negativitätsverzerrung neigen wir Menschen also dazu, den Dingen, die schief laufen, mehr Gewicht zu geben als den Dingen, die gut laufen – so sehr, dass ein einziges negatives Ereignis unsere Gedanken auf eine Art und Weise beeinflussen kann, die unserer Arbeit, unseren Beziehungen, unserer Gesundheit und unserem Glück schadet.

Die Negativitätsverzerrung beeinflusst auch unser Glaubenssystem und unseren Entscheidfindungsprozess. Gemäss Untersuchungen beurteilen wir schlechte News signifikant glaubwürdiger als gute Nachrichten. Gleichzeitig basieren wir unsere Entscheide vor allem auf negative Informationen. Auch haben Untersuchungen gezeigt, dass negativ behaftete Dinge viel stärker in unserem Gedächtnis haften bleiben als positive Sachen. So können sich alle Menschen, die früher als 1995 geboren sind an die Terroranschläge vom 11. September 2001 erinnern, nicht wenige haben aber Mühe sich zum Beispiel ihren eigenen Hochzeitstag zu merken.

Der weltberühmte Sozialpsychologe Roy F. Baumeister fasst die Negativitätsverzerrung wie folgt zusammen: *«Schlechte Emotionen, schlechte Eltern und schlechtes Feedback haben mehr Einfluss als gute. Schlechte Eindrücke und schlechte Stereotypen bilden sich schneller und sind resistenter gegen Widerlegung als gute».* Die meisten Untersuchungen, so Baumeister, zeigen, dass schlechte Dinge etwa zwei-, drei- oder viermal so viel Einfluss haben wie gute Dinge.

Dass wir uns stärker auf negative Dinge fokussieren, steht im Zusammenhang mit unserer Evolution. Um das Überleben sicherzustellen, mussten die Menschen sehr aufmerksam sein. Eine nicht erkannte Bedrohung hätte das sofortige Todesurteil bedeuten können.

Nun ist das Leben für den Durchschnittsmenschen auf der Welt in den letzten drei Jahrhunderten aber bedeutend besser oder mindestens weniger riskant geworden. Die wenigsten von uns müssen um das tagtägliche Überleben kämpfen. Wenn man unsere Lebenssituation rational betrachtet, so gehören wir zu den glücklichsten Menschen der Geschichte. Die Negativitätsverzerrung ist somit heute eher belastend als nützlich.

Nun stellt sich für uns die Frage, wie wir diese Fixierung unseres Gehirns auf schlechte Dinge überwinden können.

Der erste Schritt ist es, diese Negativitätsverzerrung zu verstehen und sich derer bewusst zu werden. In der Folge können wir dann unser rationales Hirn einschalten, um eben diese Negativitätsverzerrung auszuschalten. Je mehr wir unser rationales Gehirn dazu bringen können, diese Bauchreaktionen ausser Kraft zu setzen, desto gelassener, vernünftiger und glücklicher werden wir.

Es geht dabei nicht darum, die Welt durch eine rosa Brille zu sehen, alles schön zu reden und in einen übertriebenen Optimismus zu verfallen. Das Leben bringt uns sowohl gute wie schlechte Erfahrungen. Das Problem aber ist, dass wir Menschen so programmiert sind, dass wir das Schlechte überbewerten und dies auf unsere Zufriedenheit und schlussendlich auf unseren Erfolg einen negativen Einfluss hat. Und genau das gilt es zu überwinden.

Eigentlich ist es gar nicht so schwierig, dass wir unser Hirn dazu bringen können eine andere, positivere Sichtweise auf unser Leben einzunehmen und somit gleichzeitig auch ein optimistischeres, zufriedeneres und erfolgreicheres Leben zu führen.

Das Zauberwort heisst: Dankbarkeit.

Dankbarkeit ist die Wertschätzung für das, was wir haben, sei es materiell oder immateriell. Mit Dankbarkeit erkennen wir das Gute in unserem Leben an. Wenn man bewusst dankbar für etwas ist, dann erkennt man in der Regel auch an, dass die Quelle für dieses Gute zumindest teilweise ausserhalb unserer selbst liegt. Infolgedessen hilft mir Dankbarkeit auch, mich mit etwas zu verbinden, das ich als grösser einschätze als mich selbst als Individuum – sei es mit anderen Menschen, der Natur oder einer höheren Macht.

In der Forschung der positiven Psychologie wird Dankbarkeit stark und beständig mit grösserem Glück in Verbindung gebracht. Dankbarkeit hilft Menschen, mehr positive Emotionen zu empfinden, gute Erfahrungen zu geniessen, die Gesundheit zu verbessern, mit Widrigkeiten umzugehen und starke Beziehungen aufzubauen.

Zwei Psychologen, Dr. Robert A. Emmons von der University of California, und Dr. Michael E. McCullough von der University of Miami, haben zahlreiche Forschungen über Dankbarkeit durchgeführt. In einer Studie zum Beispiel wurden die Teilnehmenden angehalten, wöchentlich ein paar Sätze niederzuschreiben über Dinge, die während der Woche passiert waren. Dabei wurden sie beauftragt, sich auf spezifische Themen zu konzentrieren.

Eine Gruppe schrieb über Dinge, für die sie dankbar waren, eine zweite Gruppe schrieb über alltägliche Irritationen oder Dinge, die sie verärgert hatten, und die dritte Gruppe schrieb über Ereignisse, die sie positiv oder negativ beeinflusst haben. Nach 10 Wochen waren diejenigen, die über Dankbarkeit schrieben, optimistischer und hatten eine signifikant höhere Lebenszufriedenheit als die anderen Gruppen. Überraschenderweise trieben sie auch mehr Sport und waren gesünder als diejenigen, die sich auf die Quellen der Verärgerung konzentrierten.

Andere Untersuchungen haben sich damit beschäftigt, wie Dankbarkeit Beziehungen verbessern kann. So fand eine Studie mit Paaren heraus, dass Personen, die sich die Zeit nahmen, Dankbarkeit für ihren Partner auszudrücken, sich nicht nur positiver gegenüber der anderen Person fühlten, sondern auch die Beziehung als positiver bewerteten.

Auch im Bereich der Führung spielt Dankbarkeit vor allem im Zusammenhang mit der Motivation eine wesentliche Rolle. Führungskräfte, die sich regelmässig bei ihren Mitarbeitenden bedanken, können feststellen, dass diese Mitarbeitenden motivierter sind und bereit sind für die Unternehmung einen extra Effort zu leisten.

Ein Forschungsbeispiel dafür liefern Psychologen der Wharton School an der University of Pennsylvania. Sie teilten Spendensammler zufällig in zwei Gruppen ein. Eine Gruppe wurde sachlich beauftragt, telefonisch bei ehemaligen Studenten Spenden zu erbitten. Die zweite Gruppe erhielt neben dem Auftrag noch eine Motivationsrede von der Leiterin. Diese drückte insbesondere ihre Dankbarkeit gegenüber den Spendensammlern und ihren Bemühungen aus. Das Resultat war eindeutig. Diejenigen, welche die Dankesbotschaft erhielten, waren 50 % erfolgreicher beim Sammeln als die andere Gruppe.

Prof. Dr. Tobias Esch, Arzt, Gesundheitswissenschaftler und Autor des Buchs «Die Neurobiologie des Glücks» meinte in einem Interview auf die Frage, wie Führungskräfte gewährleisten können, dass ihre Mitarbeitenden so etwas wie Glück bei der Arbeit empfinden: *«Vor allem authentisch sein. Das heisst nicht, immer gute Laune zu haben. Trotzdem geht es darum, immer wieder auch die positiven Dinge zu betonen, sie aktiv zu benennen, Dankbarkeit und Wertschätzung auszudrücken.»*

Gemäss einer umfassenden Studie von Cameron, Mora, Leutscher und Calarco aus dem Jahre 2011 haben folgende Qualitäten bei den Führungskräften eine direkte und signifikante Wirkung auf die organisationale Effektivität: Fürsorge, Anteilnahme, Nachsicht, Inspiration, Sinngebung, Respekt, Integrität und Dankbarkeit.

Gemäss Dr. Robert Emmons gibt es nur ganz wenige Dinge, welche einen derart starken Effekt auf unser Wohlergehen haben wie die Dankbarkeit. Unzählige Studien haben belegt, dass dankbare Menschen mehr Energie haben, motivierter sind, emotional intelligenter handeln, bessere Beziehungen pflegen, bereiter sind zu vergeben, bedeutend weniger an Depressionen leiden, mutiger sind und sich weniger einsam fühlen.

In seinem Buch *«Hockey Grit»* rät Sportpsychologe Kevin L. Willis Eishockeyspielern eine Dankbarkeitshaltung anzunehmen. Er definiert diese Haltung als *«die Anerkennung und Wertschätzung der positiven Aspekte von sich selbst, anderen und der Welt um uns herum; es ist eine Feier des Lebens im Allgemeinen. Denken Sie daran, wie unglaublich glücklich Sie sich schätzen können, gesund, fit, geschickt und sportlich zu sein.»*

Willis begründet die Vorteile wir folgt: *«Also, was sind die spezifischen Vorteile des Praktizierens von Dankbarkeit? Lassen Sie mich diese aufschlüsseln. Dankbare Spieler haben weniger Schmerzen und sind im Allgemeinen gesünder und weniger anfällig für Verletzungen. Dankbarkeit verbessert die mentale Gesundheit, da sie die Häufigkeit und Intensität negativer Emotionen wie Ärger, Frustration, Eifersucht, Groll und Bedauern reduziert. Dankbarkeit reduziert nicht nur negative Emotionen, sondern stimuliert auch positive Emotionen, wie Glück, Zuversicht, Stolz und Wert-*

schätzung. Untersuchungen zeigen, dass dankbare Spieler tatsächlich auch besser schlafen, nachdem sie sich Zeit genommen haben, dankbar zu sein. Schlaf ist genauso wichtig wie Ernährung und geistige Gesundheit, also ist die Verbesserung der Qualität und Quantität des Schlafes durch Dankbarkeit in der Tat ein grossartiger Vorteil. Dankbarkeit verbessert auch das Selbstvertrauen und das Selbstwertgefühl. Wir wissen, wie entscheidend Selbstvertrauen und Selbstwertgefühl für die Entwicklung und Leistung im Sport sind. Die Forschung zeigt nun, dass der einfache Akt der Dankbarkeit beides steigern kann. Eine Haltung der Dankbarkeit erhöht auch die mentale Stärke. Wenn Sie sich die Zeit nehmen, für alles dankbar zu sein, was Sie haben, werden Sie sich Ihrer einzigartigen Segnungen bewusst und steigern den Sinn und die Leidenschaft, die Sie für das Spiel und Ihr Leben empfinden. Und das wiederum macht Sie als Mensch stärker. Mit anderen Worten: Dankbarkeit erhöht den Grit.»

Was Willis schreibt gilt natürlich nicht nur für Eishockeyspieler, sondern für alle Menschen, egal welchen Beruf sie ausüben oder in welcher Situation sie sich befinden.

Der kanadische Psychologe Jordan B. Peterson sieht in der Dankbarkeit auch ein Mittel gegen das Selbstmitleid, Neid und Missgunst. Peterson schreibt: *«Die Dankbarkeit ist auch ein guter Schutz gegen die Gefahren von Opferhaltung und Ressentiments. Ihr Kollege übertrifft Sie bei der Arbeit. Seine Frau hat jedoch eine Affäre, während Ihre Ehe stabil und glücklich ist. Fragen Sie sich, wer hat es besser? Oder der erfolgreiche CEO, den Sie bewundern, ist ein chronischer Trunkenheitsfahrer und bigotter Heuchler. Ist sein Leben dem Ihren wirklich vorzuziehen?»*

Mangelnde Dankbarkeit ist oft die Wurzel für eine Vielzahl Probleme, die wir in zwischenmenschlichen Beziehungen haben. Wenn eine Ehefrau oder ein Ehemann nie Wertschätzung für ihren/seinen Ehepartner zeigt, ist die Glut der Liebe bald erloschen. Wenn ein Chef sich nie bei seinen Angestellten für ihre Arbeit bedankt, fangen die Angestellten an, ihn und ihren Job zu verachten. Auf der anderen Seite kann nichts unsere zwischenmenschlichen Beziehungen so beflügeln wie Dankbarkeit. Ein warmes Wort der Wertschätzung kann das Eis zwischen Menschen sofort auftauen.

Wie oft danken wir unseren Partnern dafür, dass sie sich um die kleinen Dinge kümmern, die wir vergessen haben zu erledigen? Wie oft danken wir unseren Partnern und Freunden dafür, wie aufmerksam sie sind? Wann haben wir uns das letzte Mal bei unseren Mitarbeitenden bedankt, weil sie uns bei einem Projekt geholfen haben, oder bei unserem

Freund, weil er uns zugehört hat, weil er für uns da war oder weil er uns beim Umzug geholfen hat? Wir gehen oft davon aus, dass Menschen einfach irgendwie wissen, wie dankbar wir für das sind, was sie tun. Wir liegen damit aber falsch.

Ich bin überzeugt, dass dankbar zu sein, nur Vorteile bringt. Also lassen wir die Negativverzerrung hinter uns, beginnen wir uns vermehrt auf die positiven Dinge zu fokussieren und üben wir uns in Dankbarkeit.

Sechs Möglichkeiten, um regelmässig Dankbarkeit zu kultivieren.

1. Danken Sie täglich mindestens drei Personen

«Der einfachste Weg für Führungskräfte und HR-Abteilungen, um Dankbarkeit im Unternehmen zu kultivieren, ist im Übrigen, sich selbst regelmässig dankbar zu zeigen. Wie so oft ernten wir, was wir säen», schreibt Dr. Nico Rose in seinem Buch *«Arbeit besser machen»*. Was für die Unternehmung gilt, gilt auch für die Familie, den Verein, die Partei oder andere Bereiche, in denen wir zwischenmenschliche Beziehungen pflegen. Nehmen sie Dinge nicht für selbstverständlich. Überlegen Sie sich, welchen Personen Sie am Arbeitsplatz oder sonst in einem Ihrer Lebensbereiche Danke sagen könnten, und dann tun Sie es. Ich bin sicher, Sie finden jeden Tag drei Menschen.

2. Schreiben Sie einen Dankesbrief

Sie können sich selbst glücklicher machen und Ihre Beziehung zu einer anderen Person pflegen, indem Sie einen Dankesbrief schreiben, in dem Sie Ihre Freude und Wertschätzung für den Einfluss dieser Person auf Ihr Leben ausdrücken. Schicken Sie ihn ab, oder übergeben Sie ihn persönlich. Machen Sie es sich zur Gewohnheit, regelmässig, z.B. einmal pro Monat oder vier Mal pro Jahr einen Dankesbrief zu schreiben.

3. Danken Sie jemandem im Geiste

Keine Zeit zum Schreiben? Es kann helfen, einfach an jemanden zu denken, der etwas Nettes für Sie getan hat, und der Person mental zu danken.

4. Führen Sie ein Dankbarkeitstagebuch

Machen Sie es sich zur Gewohnheit, jeden Abend Gedanken über die positiven Dinge, die sie erlebt haben aufzuschreiben oder mit einem lieben Menschen zu teilen. Drei Dinge pro Tag reichen. Sie müssen auch keinen Roman verfassen, ein Satz pro positive Sache reichen. Die positiven Dinge können Kleinigkeiten sein wie ein feiner Kaffee in ihrem Lieblingsrestaurant oder auch etwas Grossartiges wie die Liebe ihrer Partnerin oder Partner oder eines Freundes. Sie können diese Übung auch jeden Abend mit Ihren Kindern oder Ihrer Partnerin machen.

Wenn Sie sich jemals besonders niedergeschlagen fühlen und eine schnelle Aufmunterung brauchen, öffnen Sie einfach das Buch, um sich daran zu erinnern, wer und was in Ihrem Leben gut ist.

5. Das Positive aufzählen

Der bekannte amerikanische Psychologe Martin Seligman veröffentlichte im Jahr 2005 zusammen mit weiteren Autoren eine Studie, in welcher sie aufzeigen konnten, dass das tägliche Aufschreiben von drei positiven Erlebnissen zu einer erhöhten Zufriedenheit bei den Menschen führt. Die Studie wurde zehn Jahre später in Japan repliziert. Auch dort konnte dieser Effekt, wenn auch nicht in gleich starkem Ausmasse, nachgewiesen werden.

Bis zum jeweiligen 14. Lebensjahr, haben wir diese Übung mit unseren drei Kindern gemacht. Spannend war, dass sie diese tägliche Übung mit grossem Eifer und Ernsthaftigkeit machten. Nie, auch unter erschwerten Umständen nicht, haben wir darauf verzichtet, die drei guten Dinge aufzuschreiben. Zudem sind die Kinder darauf bedacht, wirklich mindestens drei positive Sachen pro Tag nennen zu können. So kann es vorkommen, dass eines unserer Kinder plötzlich freiwillig etwas für die Schule vorbereitet, in einem Buch liest, das Mobiltelefon weglegt, um eine Zeichnung zu machen, sich einer sportlichen Tätigkeit widmet oder im Haushalt hilft. Wenn man sie dann fragt, wieso sie dies nun tun, dann weisen sie daraufhin, dass sie noch keine drei guten Dinge haben. Ein weiterer positiver Effekt des gemeinsamen Rekapitulierens des Tages ist, dass man eben zusammen Erlebnisse teilt, man spricht miteinander, hört einander zu. Dies wiederum hat einen Einfluss auf den Zusammenhalt innerhalb einer Gemeinschaft. Ich fühle mich einer Gemeinschaft viel stärker verbunden, wenn sich deren Mitglieder für mich interessieren, statt sich mir gegenüber gleichgültig zu zeigen.

Wie erwähnt, das tägliche aufschreiben von drei guten Dingen hat auch bei den erwachsenen Menschen einen positiven Einfluss auf die empfundene Zufriedenheit. Probieren Sie es einmal aus! Sie brauchen dazu rund 10 Minuten pro Tag.

Wie es funktioniert: Organisieren Sie sich ein kleines Büchlein, in welches Sie während mindestens zehn Tagen aufschreiben, welche drei positiven Dinge Sie in den letzten 24 Stunden erlebt haben. Es können sowohl kleine (zB: «Ein Mitarbeiter hat mir ein Stück Kuchen offeriert»), wie auch grosse Dinge («ich habe eine Arbeit gefunden») sein.

Beim Aufschreiben gehen Sie wie folgt vor:
1. Geben Sie der Sache einen Titel.
2. Versuchen Sie die Sache knapp, aber klar zu formulieren.
3. Versuchen Sie zu erklären, was diese positive Sache verursacht hat («Warum hat der Mitarbeiter mir ein Stück Kuchen mitgebracht? - Weil ich ihm letzthin einmal geholfen habe?» «Wieso habe ich beim Spiel ein Tor geschossen? - Weil ich mein Training intensiviert habe.» «Wieso habe ich heute etwas Neues gelernt? - Weil ich mir die Zeit genommen habe etwas zu lesen.» etc).

Nehmen Sie sich jede Woche eine Zeit, in der Sie sich hinsetzen und über Ihre Segnungen schreiben - und darüber nachzudenken, was gut gelaufen ist, oder wofür Sie dankbar sind. Manchmal hilft es, eine Zahl zu wählen - z.B. drei bis fünf Dinge - die Sie jede Woche aufschreiben. Seien Sie beim Schreiben konkret und denken Sie an die Empfindungen, die Sie hatten, als Ihnen etwas Gutes widerfahren ist. Im Team bei der Arbeit oder beim Sport kann man auch einmal pro Monat oder alle zwei Wochen gemeinsam die 3-5 positivsten Dinge z.B. auf ein Plakat aufschreiben. Dieses Plakat kann man in der Garderobe oder im Pausenraum aufhängen.

6. «Random Acts of Kindness»

Diese Methode beschreibt Dr. Nico Rose wie folgt: *«Ein Prinzip, das nachweislich gute Laune verbreitet, bei uns selbst wie auch bei anderen, ist das, was im Englischen «Random Acts of Kindness» genannt wird, also zufällige Akte der Freundlichkeit. Dabei geht es darum, anderen Menschen im Kleinen etwas Gutes zu tun - allerdings so, dass diese nicht erfahren, wer ihr Wohltäter war.»* Also legen sie z.B. eine Schokolade bei ihren Mitarbeitenden aufs Pult, bezahlen sie einem Fremden ein Kaffee, verschicken sie anonym eine Postkarte mit einer positiven Nachricht usw. Danach stellen sie sich die Person vor, wie die beglückte Person ob dieser Überraschung reagiert.

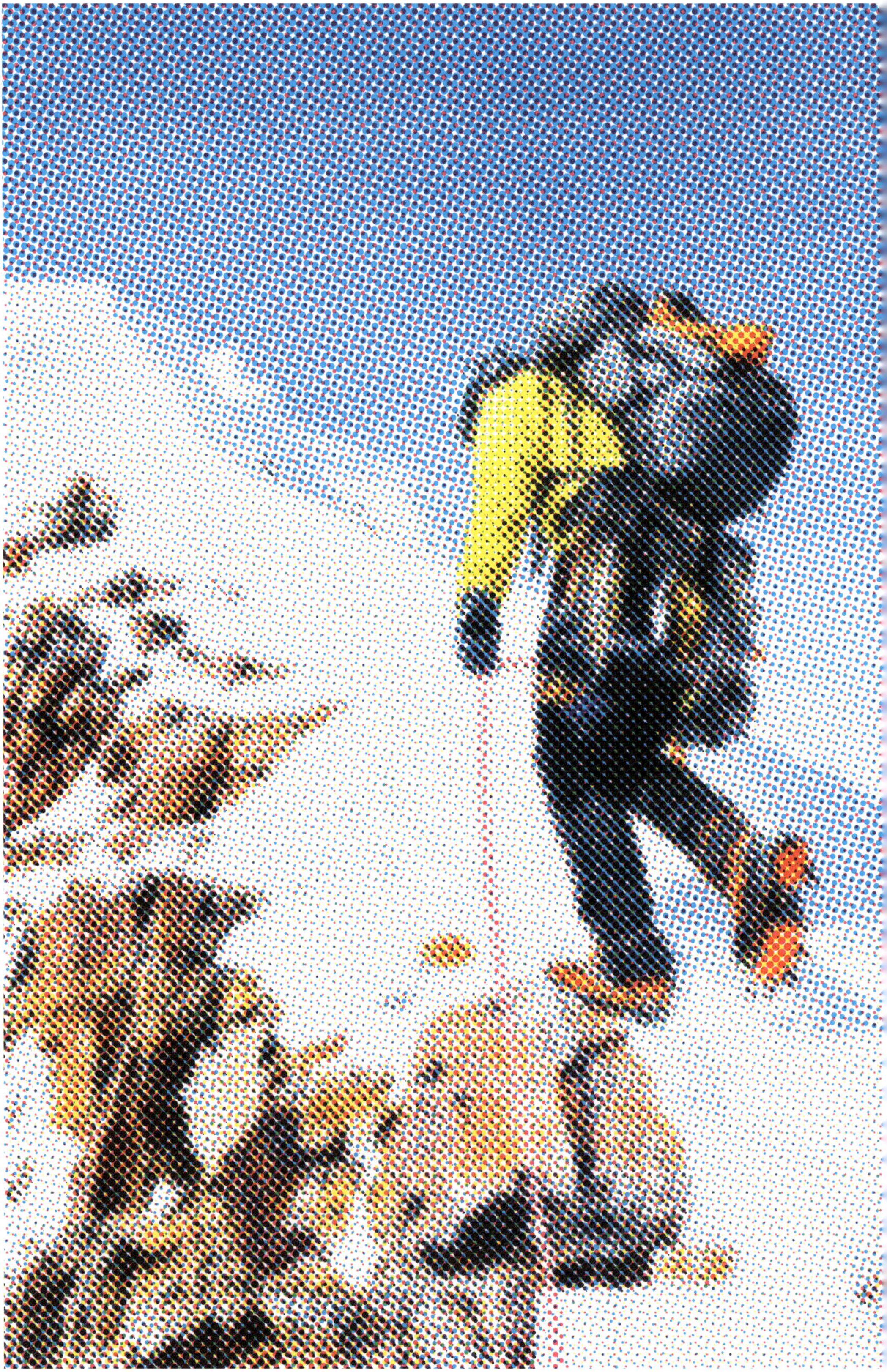

Kapitel 12

Die Bedeutung der Willenskraft

«Ich bin in der Tat ein König, denn ich weiß, wie ich mich selbst steuern kann.»
Pietro Aretino, italienischer Dichter des 16. Jahrhunderts

Wir nehmen uns immer wieder vor, uns zu verändern, besser zu werden. Vor allem zu Jahresbeginn haben gute Vorsätze Inflation. Wir wollen abnehmen, mehr Sport treiben, eine neue Sprache lernen, weniger Alkohol konsumiere usw.

In der Regel scheitern die meisten Menschen aber kläglich und alles was bleibt, war die gute Absicht. Schuld daran ist der zu geringe Leistungswille bzw. die mangelnde Selbstdisziplin. Können wir etwas dagegen unternehmen? Ja, wir können!

Was ist Leistungswille?

Niemand würde wohl bestreiten, dass Leistungswille und Selbstkontrolle wesentliche Erfolgsfaktoren sind. Bevor ich ein Ziel erreichen kann, muss ich zuerst den Willen aufbringen den Weg hin zum Ziel auch zu gehen. Nicht selten bekunden wir den Willen eine Leistung zu erbringen oder wir reden es uns zumindest ein, scheitern dann aber kläglich bei der Umsetzung.

Als Leistungswille oder Willensstärke kann die Fähigkeit bezeichnet werden, einer kurzfristigen Versuchung zugunsten eines langfristigen Zieles widerstehen zu können. Oder anders ausgedrückt: Zugunsten eines übergeordneten langfristigen Zieles, auf etwas zu verzichten, das ich im Moment zwar gerne möchte, das mich aber im Hinblick auf das langfristige Ziel zurückwirft.

Wir begegnen diesen Herausforderungen tagtäglich. Stehe ich am Morgen früher auf und gehe im Hinblick auf mein langfristiges Ziel, nämlich einen Marathon zu absolvieren, eine Runde laufen oder bleibe ich etwas länger im Bett liegen? Verzichte ich am Mittag auf das Dessert um meinem Ziel, das Idealgewicht zu erreichen einen Schritt näher zu kommen, oder gebe ich mich der süssen Versuchung hin? Bilde ich mich jeden Tag eine halbe Stunde weiter, indem ich in einem guten Buch lese, oder schaue ich lieber irgendetwas Belangloses im Fernsehen oder streune ziellos durch die Sozialen Medien?

Leistungswille als Prädiktor für ein glückliches Leben

Leistungswille spielt nicht nur eine zentrale Rolle im Zusammenhang mit der Zielerreichung. In einer im Jahre 2010 veröffentlichten Langzeit-Studie konnte nachgewiesen werden, dass Leistungswille und Selbstkontrolle zuverlässige Prädiktoren für ein zufriedenes und glückliches Leben sind.

Über 1000 Kinder wurden, während 32 Jahren begleitet und daraufhin untersucht, welchen Einfluss ihr Leistungswille als Kind auf ihr Erwachsenenleben hat. Die Resultate zeigten, dass anhand der im Kindesalter gezeigten Fähigkeit zur Selbstkontrolle Vorhersagen über den Gesundheitszustand, die finanzielle Situation, das Risiko einer Drogenabhängigkeit und allfällige Straffälligkeit im späteren Leben gemacht werden können.

Diese Untersuchung bestätigte die Resultate des berühmten *«Marshmallow Experimentes»* des in Wien geborenen Psychologen Walter Mischel. Zwischen Ende der sechziger und Anfang der siebziger Jahre nahmen 562 Jungen und Mädchen aus dem Kindergarten der kalifornischen Elitehochschule Stanford am Marshmallow-Test teil. Die Kinder wurden einzeln in einen Raum geführt, dort wurde ihnen durch einen Versuchsleiter ein Marshmallow präsentiert. Der Versuchsleiter erklärte den Kindern, dass nun ein Spiel beginnt. Mischel beschreibt das Experiment in einem Interview mit der deutschen Zeitung «DIE ZEIT» wie folgt: *«Willst du jetzt ein Marshmallow essen, oder willst du warten und als Belohnung dafür noch einen zweiten bekommen? Wer sich für das Warten entschied, musste allein in einem leeren Raum sitzen, das Marshmallow oder eine andere Süssigkeit vor sich auf dem Tisch. Daneben lag eine Glocke, mit der die Kinder ihren Betreuer herbei klingeln konnten, wenn sie es nicht mehr aushielten. Dann gab es aber keine Belohnung. Durch die Glasscheibe konnten wir beobachten, was bis dahin geschah.»* Die Forscher wollten eigentlich herausfinden, welche Ablenkungsstrategie die Kinder benutzen würden, um der Versuchung zu widerstehen. Was sie dann aber entdeckt haben ist, dass die Fähigkeit zur Selbstkontrolle ein bedeutender Schlüssel zu einem erfolgreichen Leben ist.

Jahre später zeigte sich nämlich, dass jene, die schon im Vorschulalter hatten warten können, als junge Erwachsene zielstrebiger und erfolgreicher in Schule und Ausbildung waren. Ausserdem konnten sie besser mit Rückschlägen umgehen, wurden als sozial kompetenter beurteilt und waren seltener drogenabhängig als jene, die dem Marshmallow damals nicht hatten widerstehen können. Die Ungeduldigen dagegen waren emotional instabiler und schnitten in der Schule schlechter ab, obwohl sie nicht weniger intelligent waren.

Alle Jahre wieder: Neujahrsvorsätze

Diverse Untersuchungen haben gezeigt, dass rund die Hälfte aller erwachsenen Personen alljährlich Neujahrsvorsätze macht. Zu den beliebtesten Vorsätzen gehören die Gewichtsabnahme, die Steigerung der sportlichen Aktivität, Schuldenabbau, Sparen oder das Aufhören mit dem Rauchen. Rund 50 % der guten Vorsätze stehen im Zusammenhang mit der körperlichen Fitness. Dies zeigt sich auch daran, dass im Januar mehr Fitnessabos gelöst werden, als in jedem anderen Monat im Jahr. Die Mehrheit der Personen ist überzeugt, dass sie diese Vorsätze auch tatsächlich umsetzen werden. Die Realität zeigt aber ein anderes Bild. Das Problem ist, dass 80 % der Neujahrsvorsätze schon im Februar wieder aufgegeben werden.

Der englische Professor Richard Wisemann von der University of Hertfordshire hat im Jahre 2007 über 3000 Personen bezüglich ihrer Neujahrsvorsätze befragt. Gerade mal 12 % hatten ein Jahr später ihr Ziel auch tatsächlich erreicht. Die anderen hatten ihre guten Vorsätze mehr oder weniger rasch fallengelassen. 80 % der Neujahrsvorsätze sind bereits im Februar schon wieder aufgegeben worden.

Die meisten Menschen sind davon überzeugt, dass sie über den notwendigen Leistungswillen und die gefragte Selbstdisziplin verfügen, um ihr Leben im positiven Sinne verändern zu können, um ihre Wünsche und Ziele zu erreichen. Wir sind überzeugt, dass wir öfters trainieren, besser essen, genügend Geld für die Pensionierung auf die Seite legen, eine neue Sprache erlernen usw. werden. Wenn das Vorhaben dann gescheitert ist, macht man zu Recht den fehlenden Leistungswillen verantwortlich.

Obwohl wir uns darüber im Klaren sind, dass es der mangelnde Leistungswille war, der für das nicht Erreichen unserer Ziele und das Scheitern von vorgenommenen Veränderungsversuchen verantwortlich ist, versuchen wir es doch immer wieder aufs Neue. Spätestens am Neujahrstag ist es wieder soweit. Das heisst, dass wir uns trotz der uns bekannten Schwäche weiterhin Hoffnung machen, dass wir diese Schwäche besiegen können.

Leistungswille braucht Energie

Diese Hoffnung ist durchaus berechtigt. Etliche Wissenschaftler konnten nämlich nachweisen, dass man seine Willensstärke durchaus verbessern kann. Die Wissenschaft hat aber auch herausgefunden, dass Willensstärke Grenzen hat. Der psychologische Begriff für diesen Effekt ist Ego-Depletion.

Man geht diesbezüglich davon aus, dass das Erbringen von Leistungswillen eine gewisse Energie benötigt. Wird eine Person mit verschiedenen Herausforderungen konfrontiert, welche von ihr Willensstärke verlangen, dann kann sie nur so viel Energie aufwenden, wie ihr zur Verfügung steht. Mit Leistungswillen verhält es sich somit wie mit den Muskeln. Einerseits kann ich meine Muskelstärke mit gezieltem Training über die Zeit hin verbessern, andererseits kann ich einen Muskel im Moment nur bis zu seiner Erschöpfung gebrauchen, das heisst bis ich keine Energie mehr habe.

Der wissenschaftliche Vater der Ego-Depletion ist der australische Sozialpsychologe Roy Baumeister. In einem 1998 im *«Journal of Personality and Social Psychology»* veröffentlichten Artikel beschreibt Baumeister ein zwei Jahre zuvor gemachtes Experiment.

Versuchspersonen mussten in einem Aufenthaltsraum, welcher nach frischgebackenen Cookies roch, warten. In der Folge wurde den Versuchspersonen ein Teller mit eben diesen Cookies zusammen mit einer Schüssel Radieschen vorgelegt. Die einen Versuchspersonen durften während ihrer Wartezeit frei zugreifen, die anderen wurden angewiesen, dass sie lediglich das Gemüse essen dürften, auf das Süssgebäck aber verzichten müssten. Danach wurden die Versuchspersonen aufgefordert, ein (unlösbares) Puzzle zu lösen.

Jene Personen, welche Cookies naschen durften, versuchten sich im Schnitt während 19 Minuten an der Aufgabe, jene, welche der Versuchung zu widerstehen hatten, gaben bereits nach 11 Minuten auf. Baumeister kommt zum Schluss, dass die Willensstärke, um den Süssigkeiten zu widerstehen bereits so viel Energie benötigt hatte, dass der Leistungswille zum Lösen des Puzzles nur noch knapp halb so stark war wie bei der «Cookie essenden» Versuchsgruppe. Baumeister und andere Wissenschaftler konnten mit zahlreichen weiteren Experimenten den Effekt der Ego-Depletion in den nachfolgenden Jahren bestätigen.

Zu unserem Unglück sind wir tagtäglich mit Situationen konfrontiert, die von uns eine gewisse Willenskraft verlangen. Überall und zu jeder Zeit lauern Versuchungen, denen wir mehr oder weniger erfolgreich widerstehen können. Während ich im Büro an meinem Computer arbeite, könnte ich jederzeit sofort ins Internet wechseln und statt mich meinem Bericht, lustigen Youtube-Videos widmen oder mich im Facebook tummeln. Während ich im Coffeshop an der Kasse stehe, um meinen Kaffee zu bezahlen, präsentiert sich dort lecker aussehendes Süssgebäck, ein Griff und es ist mein. Dank meinen Kreditkarten ist es mir auch jederzeit möglich, teurere Dinge spontan und ohne grossen Aufwand zu erwerben. Dinge, die mir in Schaufenstern, in Werbemails, auf Plakaten oder sonst wo angepriesen werden. Je mehr Versuchungen wir begegnen, desto mehr Willenskraft benötigen wir um diesen zu widerstehen.

Auch im sozialen Umgang mit anderen Menschen ist Willenskraft gefragt. Dies vor allem im Zusammenhang mit der Selbstkontrolle. Gesellschaftliche Normen verlangen von uns ein gewisses angepasstes Verhalten. Wenn uns ein Kunde, ein Vorgesetzter oder ein Mitarbeiter ärgert, dann können wir unseren Gefühlen nicht einfach freien Lauf lassen. Auch wenn wir die Person am liebsten anbrüllen oder ihr gar einen Fausthieb versetzen möchten, so müssen wir anständig und diplomatisch bleiben. Zum Unterdrücken unserer Gefühle benötigen wir wiederum Willenskraft.

Je nach Tagesgeschehen kann es also durchaus vorkommen, dass wir bereits vor dem Feierabend unsere ganze, für die Willenskraft benötigte Energie aufgebraucht haben. Kein Wunder bringe ich dann am Abend nicht mehr genügend Wille auf, um noch ins Fitnesscenter zu gehen oder mir zu Hause einen Salat zuzubereiten statt auf dem Nachhauseweg in einem Fastfood-Restaurant einen saftigen Burger mit Dessert zu Gemüte zu führen.

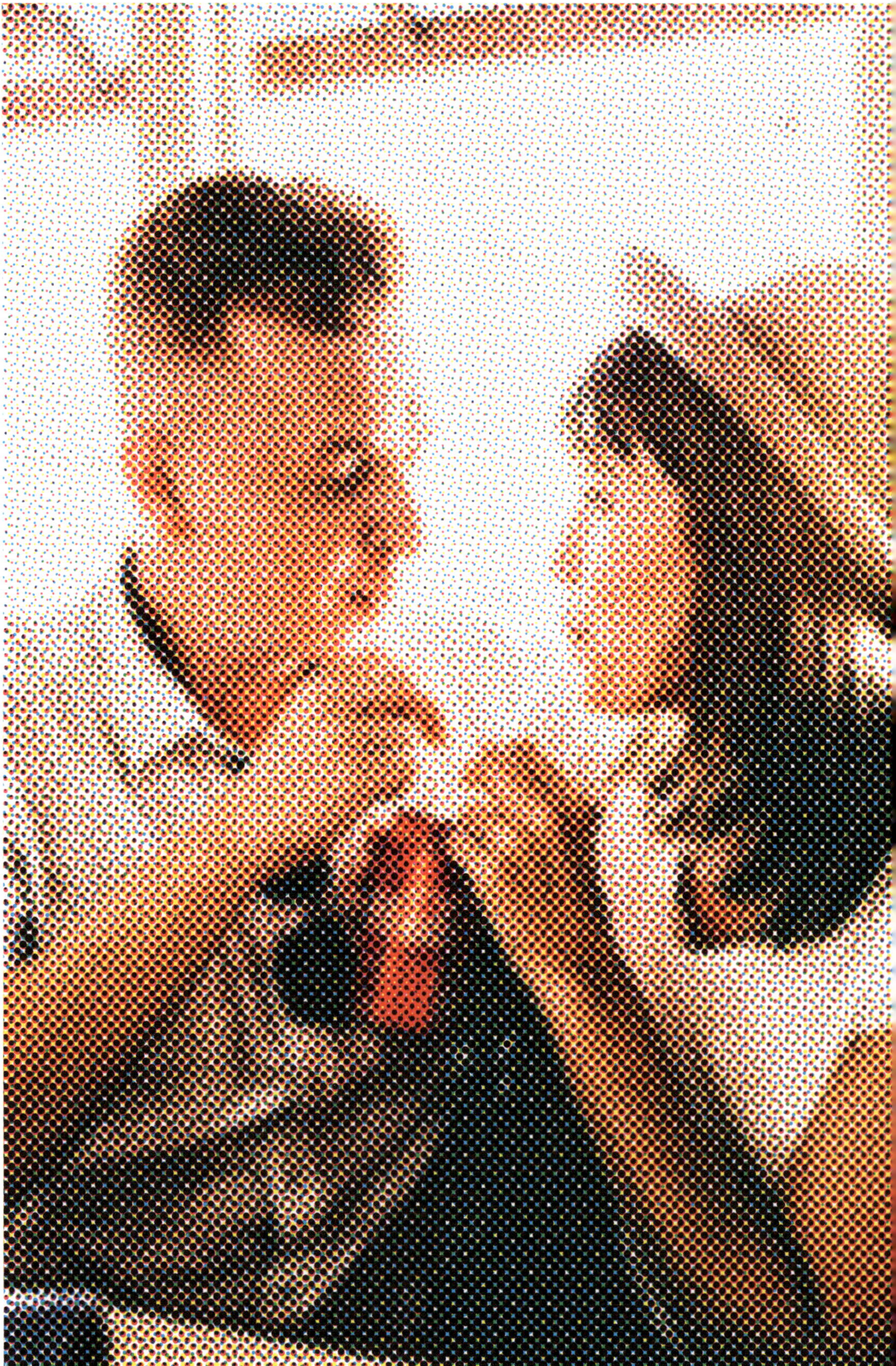

Interessant ist auch die Tatsache, dass Entschlussfassungen ebenfalls unsere Willenskraft-Energie aufbrauchen. Zusammen mit der amerikanischen Professorin Kathleen Vohs führte Roy Baumeister einige Studien durch, um herauszufinden, welche Auswirkung Entscheide auf die Willenskraft haben.

In einem Experiment musste eine Versuchsgruppe in einer ersten Phase eine Reihe von Entscheiden fällen. So mussten sich die Versuchspersonen zwischen verschiedenfarbigen T-Shirts, unterschiedlichen Socken, diversen Kerzen usw. entscheiden. Insgesamt mussten die Versuchspersonen 292 Entscheide fällen. In der zweiten Phase des Experiments wurden die Versuchspersonen dann aufgefordert eine möglichst grosse Menge eines scheusslich schmeckenden Getränkes zu trinken. Pro Becher erhielten sie eine monetäre Belohnung. Die Vergleichsgruppe musste keine Entscheide fällen. Sie wurde lediglich aufgefordert anzugeben, welche der zahlreichen vorgelegten Produkte sie im letzten Jahr mal gebraucht hatten. Der zweite Teil des Experiments war dann für beide Gruppen identisch. Es zeigte sich, dass jene Gruppe, welche zuvor Entscheide zu fällen hatte, signifikant weniger vom scheusslichen Getränk zu sich nahm als die andere Gruppe.

Dieses Resultat kann somit dahingehend interpretiert werden, dass die Willensstärke durch die vorangegangenen Entschlussfassungen geschwächt worden ist. Das Resultat wurde in einer zweiten Studie bestätigt, dort wurde geschaut, welche Gruppe länger bereit war ihre Hand in Eiswasser zu tauchen. Auch in diesem Fall obsiegten jene, die vorgängig keine Entscheide zu treffen hatten.

Wenn sich somit unsere Energie für Willensstärke bei häufigem Gebrauch verringert, stellt sich nun die Frage, ob und wie wir diese Energie wieder aufladen können. Ist es möglich Willenskraft-Energie zu tanken? Spannend ist diesbezüglich die Erkenntnis, dass die Erschöpfung der Willenskraft scheinbar nicht durch physische Ermüdung beeinflusst wird.

Kathleen Vohs verglich in einem Experiment die Willenskraft von ausgeruhten Menschen, mit jener von Menschen, die während 24 Stunden Schlafentzug aushalten mussten. Zu ihrer Überraschung fand Vohs keinen Unterschied zwischen den beiden Gruppen.

Einen Einfluss auf unsere Selbstdisziplin hat aber der Blutzuckerwert. Je intensiver wir uns mit einer Aufgabe befassen, welche Selbstkontrolle erfordert, desto stärker sinkt unser Blutzuckerspiegel. Der Psychologe Daniel Kahneman schreibt in seinem Buch *«Schnelles Denken, langsames Denken»* dazu: *«Der Effekt ist ganz ähnlich wie bei einem Läufer, der beim Sprint die in seinen Muskeln gespeicherte Glukose aufbraucht.»* Matthew T. Gailliot und seine Kollegen konnten in verschiedenen Untersuchungen den Zusammenhang von Selbstkontrolle und Glukose nachweisen. In einer Studie erhielt eine Hälfte der Versuchspersonen nach Ende der ersten Konzentrationsaufgaben eine mit Glukose gesüsste Limonade, die andere Hälfte bekam mit künstlichem Süssstoff versetzte Limonade zu trinken. Die zweite Konzentrationsaufgabe erfüllten jene, welche die mit Glukose gesüsste Limonade getrunken hatten, signifikant besser als die andere Versuchsgruppe.

Nun wissen wir zwar, wie es sich in etwa mit Willenskraft verhält. Was können wir nun aber konkret tun, damit wir unseren Leistungswillen, unsere Selbstkontrolle bzw. unsere Willenskraft zu steigern vermögen?

Folgend vier einfache Tipps, die Ihnen helfen, Willensstärke zu fördern, damit Sie Ihre Ziele erreichen können.

1. Versuchungen verhindern

Je weniger wir Versuchungen ausgesetzt sind, desto weniger verbrauchen wir unsere Willenskraft. Dies funktioniert ganz nach dem Prinzip *«aus den Augen, aus dem Sinn»*. In der vorgängig erwähnten *«Marshmallow»*-Studie stellte Walter Mieschel fest, dass jene Kinder der Versuchung besser widerstehen konnten, welche ihren Blick von den Marshmallows abgewendet hatten. Das Gleiche gilt auch für uns. Damit wir uns aber den Versuchungen entziehen können, müssen wir uns bewusst werden, welches die grössten Versuchungen für uns sind. Sind es Süssigkeiten? Ist es Alkohol? Ist es unser Smartphone? Ist es der Fernseher? Sind es Impulskäufe oder ist es sonst irgendetwas? Wenn ich meine Versuchungen einmal identifiziert habe, dann kann ich diese aus meinem Alltag so gut wie möglich verbannen.

Wenn ich kein «Junkfood» zu Hause habe, dann fällt es mir auch nicht schwer auf diese Versuchung zu verzichten. Wenn ich das Smartphone im Auto auf die Rückbank lege, dann greife ich während der Fahrt auch nicht danach, um eine SMS zu lesen. So verhält es sich mit all unseren Versuchungen. Je weniger oft wir uns den Situationen aussetzen, welche bei uns ein unerwünschtes Verhalten hervorrufen, desto weniger zeigen wir dieses Verhalten.

2. Ziele richtig setzen

Damit ich ein Ziel erreichen kann, muss ich mir zuerst des Ziels bewusst sein. Es reicht nicht, wenn ich irgendeine vage Vision, einen Wunsch oder eine wenig konkrete Absicht formuliere. Fragen wir uns also zuerst, was wir genau erreichen wollen. Ich will abnehmen? Ok, wie viel will ich abnehmen? Bis wann will ich wie viel abnehmen? Konkret bedeutet dies: Ein Ziel muss so formuliert werden, dass es messbar ist.

Weiter muss ein Ziel realistisch, das heisst erreichbar sein. Klar sollte ein Ziel eine Herausforderung darstellen, damit das Ziel aber seine motivierende Wirkung nicht verliert, muss es eine realistische Herausforderung sein. Wenn sich ein 50-jähriger Stubenhocker, der in den letzten zehn Jahren keinen Sport getrieben hat, vornimmt innert zwei Monaten einen Marathon zu absolvieren, dann ist dies nicht nur absurd, sondern es führt bei ihm noch zu Frustration, weil er innert Kürze feststellen muss, dass aus seinem Vorhaben nichts wird. Seine Erwartung entspricht nicht dem Resultat, und wie wir wissen, führt dies zu Unzufriedenheit. Wenn sich der Stubenhocker aber zum Ziel setzt, dass er innert acht Wochen in der Lage sein will 7 Kilometer in 42 Minuten zu rennen, dann ist dies für ihn durchaus eine echte Herausforderung, aber dennoch eine realistische.

Wir müssen auch vermeiden, dass wir uns zu viele Ziele aufs Mal setzen. Lieber eine Herausforderung aufs Mal angehen und diese konsequent verfolgen und erreichen als zehn Vorsätze, von
denen wir keinen erfolgreich durchziehen.

Haben wir uns einmal ein Ziel gesetzt, dann heisst es einen Plan zu schmieden, damit wir dieses Ziel auch erreichen können. Ganz wichtig ist es dabei, dass wir uns konkrete Zwischenziele fixieren. Bleiben sie flexibel! Ein guter Plan ist auch ein flexibler Plan.

Wir alle wissen, dass ein Plan nie so durchgezogen werden kann, wie er angedacht worden ist. Auch den perfekten Plan, müssen wir immer wieder überarbeiten und anpassen. Wir müssen also darauf vorbereitet sein, dass eben nicht alles nach Plan laufen wird. Wie sagte doch der ehemalige Weltmeister im Schwergewicht Mike Tyson treffend: *«Jeder hat einen Plan, bis er einen Schlag aufs Maul bekommt.»* Wichtig ist, dass wir das Ziel nicht aus den Augen verlieren. Sollten wir auf unserem Weg mit einem Hindernis konfrontiert werden, dann gilt es eine neue Lagebeurteilung zu machen und den Weg entsprechend anzupassen.

Und vergessen Sie nicht, dass Sie über Ihre Ziele und Ihre Fortschritte Buch führen. Schreiben Sie sich Ihr Ziel, die Zwischenziele und Ihren Plan auf. Ziehen Sie jeden Tag Bilanz und schreiben Sie die Fort-, aber auch die Rückschritte in ein Tagebuch und ziehen Sie jeweils daraus neue Konsequenzen, die Sie wiederum in ihren flexiblen Plan einfliessen lassen.

3. Sich einer Rechenschaftspflicht unterstellen

Teilen Sie Ihre Anstrengungen mit anderen Menschen, aber nicht nur diese, sondern auch ihre Absichten. Teilen Sie Ihre Ziele mit, machen Sie diese öffentlich. Damit kreieren Sie eine Art Rechenschaftspflicht. Gemäss einer Studie der American Society of Training and Development steigert die Tatsache, dass man vor anderen Rechenschaft ablegen muss, die Wahrscheinlichkeit der Zielerreichung um 65%. Erzählen Sie Ihrer Partnerin, Ihren Freunden, Ihren Arbeitskollegen oder Ihren Kindern welche Ziele Sie verfolgen. Schreiben Sie auf einem Blog oder auf Facebook über Ihr Vorhaben.

Eine weitere Möglichkeit sich selbst zur Rechenschaftspflicht zu ziehen, ist es, das Vorhaben mit einem Freund anzugehen. Verschiedene Studien konnten aufzeigen, dass wir unsere sportlichen Leistungen verbessern, wenn wir mit einem Partner trainieren. Vor allem, wenn der Trainingspartner bereits einen etwas höheren Fitnesslevel hat als wir, steigert dies unsere eigene Hartnäckigkeit. Wenn ich am frühen Morgen mit einem Kollegen zum Joggen abmache, dann ist die Wahrscheinlichkeit massiv höher, dass ich tatsächlich gehe, als wenn ich keine Verpflichtung eingegangen wäre. Man kann aber auch mit einem guten Freund eine Challenge vereinbaren. Jeder macht 100 Liegestützen pro Tag oder wir trinken während vier Wochen nur Wasser. Am Abend muss man sich dann gegenseitig berichten, ob man das Versprechen eingehalten hat oder nicht.

Weitere Möglichkeiten, um sich selbst einer Rechenschaftspflicht aufzuerlegen sind z.B.: einen Coach zu nehmen oder sich auf der Webseite www.stickk.com ein Ziel zu setzen.

4. Sport treiben

In ihrem Buch «*The Willpower Instinct*» beschreibt die Psychologin Dr. Kelly McGonigal eine Studie, bei welcher der Effekt von regelmässiger sportlicher Aktivität auf den Leistungswillen untersucht wurde.

Bei den Versuchspersonen handelte es sich um nicht Sport treibende Menschen zwischen 18 und 50 Jahren. Während einem Monat trainierten die Versuchspersonen einmal (!), im zweiten Monat dreimal pro Woche. Die Resultate nach zwei Monaten waren verblüffend. Die Personen verpflegten sich signifikant gesünder, schliefen mehr, schauten weniger fern, studierten mehr und sparten mehr Geld.

Treiben Sie also bislang noch nicht regelmässig Sport, dann sollte dies ihr oberstes Ziel sein. Machen Sie es zu einer Gewohnheit, dass Sie mindestens ein- bis zweimal pro Woche physisch aktiv sind. Planen Sie dies fix in ihren Wochenplan ein. Wie die erwähnte Studie zeigt, ist es nicht notwendig sofort von Null auf Hundert durchzustarten. Wichtig ist, dass Sie sich regelmässig körperlich betätigen.

Es gibt noch zahlreiche weitere Tricks, wie man seine Selbstdisziplin, seinen Leistungswillen stärken kann. Die Buchhandlungen und das Internet sind voll mit guten Ratschlägen. Es ist meine Überzeugung, dass die von mir genannten vier Punkte aber die einfachsten und effektivsten Massnahmen sind, um tatsächlich Erfolg zu haben. Eines ist aber sicher. Tun müssen Sie es selber! Also, auf was warten Sie? Legen Sie los!

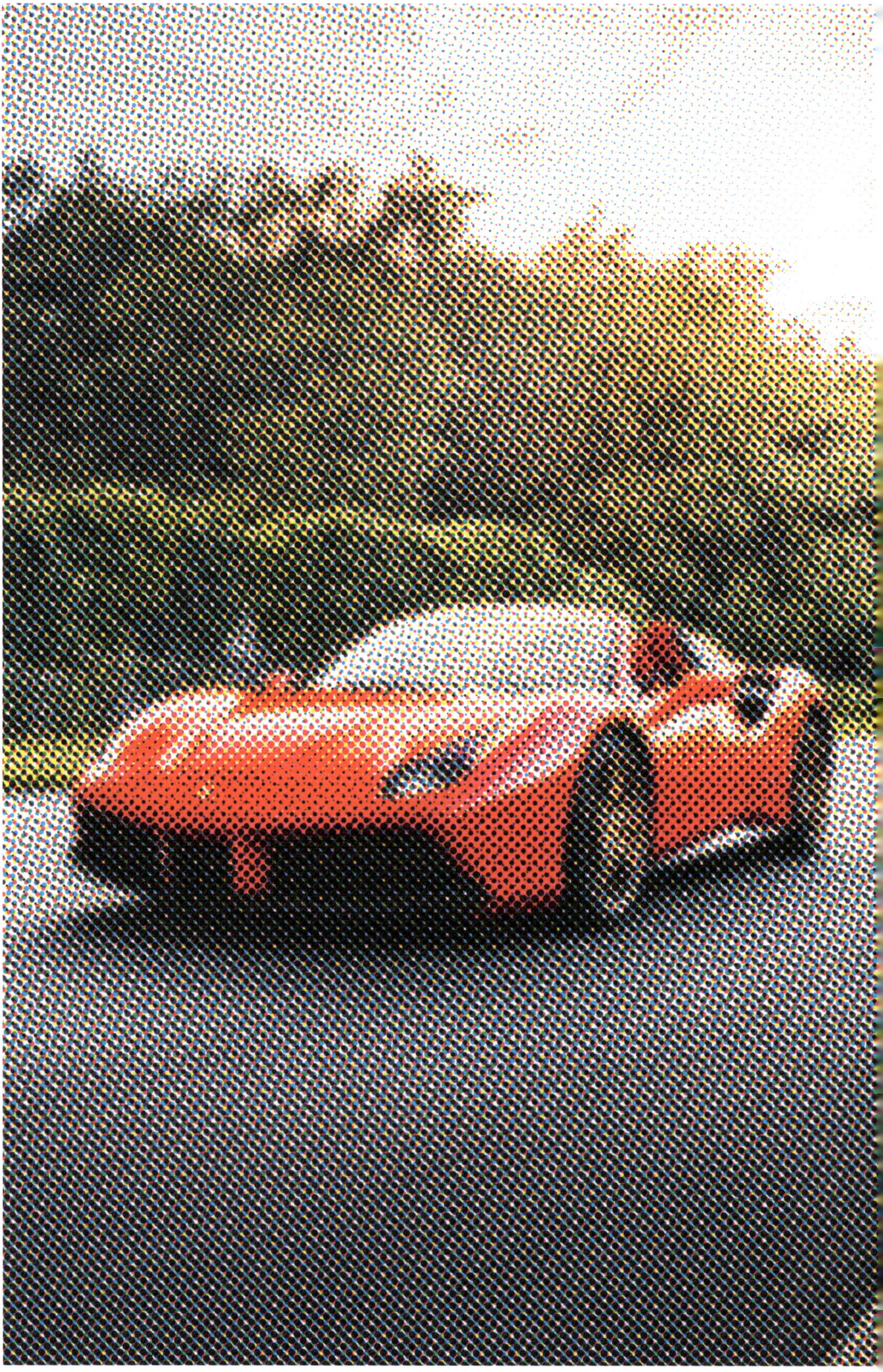

Kapitel 13

Umsetzen von Vorsätzen

*«Denkt nicht an die Misserfolge von heute,
sondern an den Erfolg, der morgen eintreten kann.»*
Helen Keller, in «The Story of my Life»

Im vorherigen Kapitel haben wir die Willensstärke behandelt und gesehen, was wir tun können, um diese zu verbessern. In diesem Kapitel gehe ich nun konkret darauf ein, was wir tun können, damit wir ein spezifisches Vorhaben, einen gefassten Vorsatz auch tatsächlich umsetzen können.

In Kapitel 10 habe ich aufgezeigt, dass wir unsere Energie nicht mit Dingen verschwenden sollten, die ausserhalb unserer Macht liegen. Dies gilt natürlich auch im Zusammenhang mit meinen Vorsätzen, denn gute Vorsätze sollten wir definitiv nur in den Bereichen fassen, die wir auch kontrollieren und somit beeinflussen können.

Es ist normal, dass wir gegen Ende des Jahres anfangen über unser Leben nachzudenken. Ein Ende ist immer auch ein Moment, wo man Bilanz ziehen kann. Man blickt zurück und fragt sich was man in diesem Jahr erreicht hat. Nicht selten merken wir, dass wir die Zeit seit dem 1. Januar nicht wirklich optimal genutzt haben. Wir sind zwar ein Jahr älter, haben aber das Gefühl, keinen Fortschritt gemacht zu haben. Während sich die Schulden nicht verringert haben, hat das Körpergewicht zugenommen, man hat nicht mehr Zeit mit der Familie oder Freunden verbracht, nichts Neues erlernt, die körperliche Leistungsfähigkeit nicht verbessert und auch fürs Gemeinwohl haben wir uns nicht wirklich eingesetzt. Unsere Träume sind bislang Träume geblieben und wir haben nichts unternommen, dass diese zu konkreten Zielen werden. Rückblickend fällt die Bilanz bei sehr vielen Menschen ernüchternd aus. Und genau daraus entsteht der Drang nach Verbesserung: *«So kann es nicht weitergehen»*, schwören wir uns und fassen in bester Absicht Neujahrsvorsätze.

Der Drang, Vorsätze zu fassen, entsteht aber nicht nur zum Jahreswechsel, auch andere Ereignisse und Situationen können das Bedürfnis nach Veränderung hervorrufen. Vielleicht haben Sie einen inspirierenden Film gesehen, oder ein erleuchtendes Buch gelesen, die Sie dazu motivieren eine Veränderung in Leben vorzunehmen. Vielleicht haben Sie jemanden kennengelernt, der seinen ersten Marathon gelaufen ist oder in beeindruckender Art und Weise Gewicht verloren hat und Ihnen mit Begeisterung von seinem Erfolg erzählt.

Wenn ein Bedürfnis nach Veränderung in uns hervorgerufen wird, egal wie dieses zustande gekommen ist, dann ist dies immer ein emotionaler Vorgang. Wir stellen uns vor, wie wir nun alles ändern. Wir sehen vor unserem geistigen Auge, wie wir mit erhobenen Armen über die Ziellinie des Marathons laufen oder wie uns andere Menschen bewundernd lauschen, wenn wir ihnen von unserem Erfolg erzählen. Die nüchterne Betrachtungsweise wird in diesem Moment durch den Scheinwerfer der Hoffnung überblendet.
  Es ist auch diese motivierende Hoffnung, welche uns die Energie verleiht, Vorsätze mit Begeisterung anzupacken. Wir lösen eine Mitgliedschaft in einem Fitnesscenter, kaufen uns Laufschuhe oder bestellen die gebundenen Ausgaben Ilias und Odyssee von Homer. Dies in der festen Absicht, dass wir nun regelmässig ins Gym gehen, in diesem Jahr mindestens einen Halbmarathon laufen und wir endlich wissen wer Achilles, Hektor und Patroklos waren. Das Problem ist, dass die Emotionen nach einer Weile schwinden und dadurch auch der anfängliche Enthusiasmus nachlässt.

Oft beginnt man mit viel innerem Lärm, endet aber in stiller Frustration. Menschen fassen Vorsätze enthusiastisch und optimistisch, doch innert Kürze schwindet diese anfänglich gespürte Leidenschaft, und man hört auf das zu tun, was man sich zu Beginn versprochen hatte.

Die erste Frage, die sich stellt ist, weshalb wir nicht in der Lage sind, unsere guten Vorsätze in die Tat umzusetzen. Warum geben fast ein Viertel aller Menschen bereits innert weniger Wochen wieder auf?

Gründe für das Aufgeben

1. Emotionen

Wie bereits erwähnt werden gute Vorsätze nicht selten durch Emotionen ausgelöst. Obwohl wir Emotionen zum Entscheiden brauchen (dies zeigt der portugiesische Neurowissenschafter Antonio Rosa Damasio eindrücklich in seinem Buch «Descartes Irrtum»), sind Entscheide, die in völliger Abwesenheit von Vernunft und Verstand gefällt werden, in der Regel wenig erfolgversprechend. Wenn es an die Umsetzung von rein emotional gefällten Entscheiden geht, stellen wir oft fest, dass der Vorsatz zu gross ist, zu viel Arbeit erfordert oder dass uns z. B. die Absolvierung eines Marathons gar nicht wirklich am Herzen liegt (Siehe dazu Kapitel 1), obwohl wir in der Silvesternacht nach einigen Gläsern Champagner dieses Unterfangen grossmundig verkündet haben.

2. Unrealistische Ziele

Ein ungenaues, vages oder halbherziges Ziel ist genauso wenig sinnvoll wie ein zu grandioses Ziel. Ich will abnehmen, mehr lesen oder mehr Sport treiben sind Bullshit Ziele. Was heisst das *«mehr»*? Solche Ziele lösen keine entsprechenden zielgerichteten Handlungen aus, weil es eigentlich gar keine Ziele sind, sondern lediglich Absichtserklärungen. Das Ziel ist im Grunde aber unklar und somit auch der Weg zum Ziel. Ein anderes Problem ergibt sich, wenn ein Ziel zwar klar definiert, aber viel zu ambitioniert ist. Hier besteht die Gefahr, dass wir unser Unterfangen sehr rasch abbrechen. (Siehe dazu auch Kapitel 12).

3. Zu viele Vorsätze

Nicht selten fassen wir zu viele Vorsätze. Wir wollen mehr lesen, mehr Sport treiben, mehr Geld sparen, länger schlafen, gesünder essen, früher aufstehen, mehr Zeit für die Familie haben, aufhören zu rauchen, weniger Alkohol konsumieren etc. Jeder ernsthafte Versuch einen guten Vorsatz umzusetzen, bedingt eine Veränderung der bisherigen Gewohnheiten. Wenn ich in mehreren Lebensbereichen gleichzeitig meine Gewohnheiten verändern will, ist das Scheitern vorprogrammiert. Die Veränderung von Gewohnheiten ist ein langsamer Prozess und benötigt ein stattliches Mass Selbstdisziplin. Wir Menschen haben aber keine uneingeschränkte Menge an Selbstdisziplin. Mit dieser ist es nämlich wie mit Muskeln, man muss sich die Selbstdisziplin antrainieren. Schritt für Schritt besser werden, anstatt alles auf einmal zu wollen.

4. Erwartungshaltung

Wir erwarten oft sofortige Ergebnisse, und wenn wir sie nicht schnell bekommen, geben wir auf. Als ich als Fitnessinstruktor arbeitete, er-

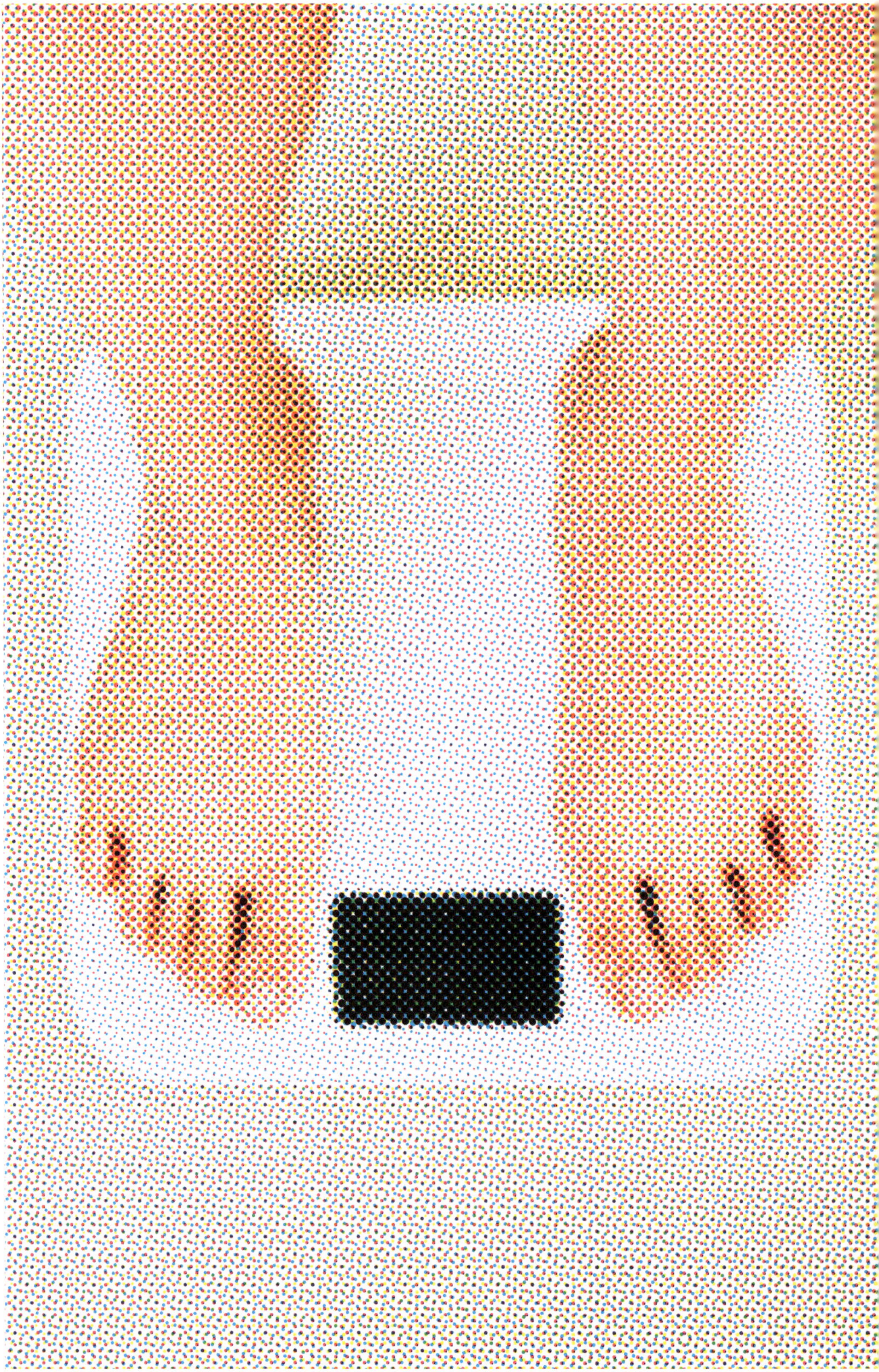

lebte ich dieses Phänomen haufenweise. Im Mai/Juni strömten jeweils zahlreiche junge Männer ins Gym. Dies mit der erklärten Absicht Bizeps-, Brust- und Bauchmuskeln für die Badesaison aufzubauen. Nicht selten verlangten die Männer nach etwa fünf Trainings, dass ich ihr Trainingsprogramm anpasse, sie könnten nämlich noch keine sichtbaren Erfolge erkennen. Als auch nach weiteren 4–5 Trainings noch kein Six-Pack sichtbar war, der Bizeps sich beim Anspannen nicht erhob und die Brust immer noch gleich flach war wie zu Beginn, glaubten die Männer die Lösung in Form von Ergänzungsnahrung gefunden zu haben. Also kauften sie – zu meiner Freude, da ich umsatzbeteiligt war – tonnenweise Proteinpulver, Weight Gainer, Creatine usw. Nicht selten folgten sie der Logik: Mehr Ergänzungsnahrung gleich mehr Muskeln. Dies führte wiederum, statt zum Sixpack, zu einer Zunahme der Fettschicht. Nicht selten sah ich diese Kunden nach rund 4–6 Wochen nicht mehr im Gym. Bis sie im folgenden Jahr wieder zurückkamen und sich der gleiche Ablauf wiederholte.

5. Gewohnheiten

Nicht selten stehen unsere Gewohnheiten und unsere Denkweise der Erfüllung von Vorsätzen im Weg, vor allem, wenn der Vorsatz erfordert, alte Gewohnheiten zu ändern, neue Fähigkeiten zu erlernen oder etwas Neues zu tun.

Wir sind Gewohnheitstiere und es ist kein einfaches Unterfangen, neue Gewohnheiten aufzubauen. Eine neue Verhaltensweise in unseren Tages- oder Wochenablauf zu bringen, bedeutet, dass irgendeine alte Verhaltensweise verschwinden muss. Wenn ich mir z. B. vornehme, jeden Tag 30 Minuten zu lesen, so gehen diese 30 Minuten auf Kosten einer, bis anhin gelebten Gewohnheit. Ich kann z. B. am Morgen vor der Arbeit lesen, das bedeutet aber, dass ich eine halbe Stunde früher aufstehen muss. Ich könnte mir auch am Abend eine halbe Stunde Zeit zum Lesen nehmen, dies geht dann aber auf Kosten von Fernsehen oder Social Media Konsum. Nüchtern betrachtet sollte es kein Problem sein diese 30 Minuten zu finden. In der Realität braucht es aber eine gehörige Portion Selbstdisziplin, sich von bisherigen Gewohnheiten zu trennen.

Auch wenn die meisten guten Vorsätze nicht umgesetzt werden, so haben diese doch ihre positive Seite. Immerhin haben rund 20 % jener, die Neujahrsvorsätze fassen, Erfolg! Darüber hinaus zeigen wissenschaftliche Untersuchungen, dass die Wahrscheinlichkeit sich positiv zu verändern, bei Menschen mit Neujahrsvorsätzen, 10-mal höher ist als bei jenen, die zwar ähnliche Ziele verfolgen und eine vergleichbare Veränderungsmotivation haben, sich aber nie einen entsprechenden Vorsatz genommen haben.

Kommen wir also nun zur zweiten Frage: Wie gelingt es diesen 20 % der Menschen, ihre Neujahrsvorsätze umzusetzen?

Als erstes sollten wir uns gut überlegen, welche Vorsätze wir fassen wollen. Vorsätze sollten nicht in der Silvesternacht gefasst werden, sondern das Resultat einer nüchternen Lagebeurteilung sein. Eine Lagebeurteilung, die wir zu jeder Zeit vornehmen könnten. Wie in Kapitel 1 ausführlich erläutert, müssen wir uns fragen, was wir wirklich wollen. Es bringt mir gar nichts, wenn ich mir ein Ziel setze, das zwar löblich ist, aber gar nicht zu mir bzw. zu der Person passt, die ich sein möchte. Ein halbherziges Ziel ist zum Scheitern verurteilt.

Haben wir einmal rausgefunden, was uns wirklich wichtig ist, dann sollten wir den Ist-Zustand mit dem gewünschten Soll-Zustand vergleichen und uns überlegen, welche konkreten Schritte es braucht, damit wir zum Soll-Zustand gelangen. In der Folge muss ich mich fragen, ob ich in der Lage sein werde, die notwendigen Handlungsmassnahmen in meinem Alltag umzusetzen. Gemäss einer schwedischen Studie ist es übrigens signifikant einfacher, schlechte Gewohnheiten (z. B. Rauchen, Konsum von Süssigkeiten etc.) zu verringern, als sich neue positive Gewohnheiten anzueignen (z. B. Joggen gehen).

Anhand der Lagebeurteilung sind wir auch im Stande festzulegen, wie ein möglicher realistischer Aktionsplan aussehen könnte, und was wir bereit sind zu investieren bzw. aufzugeben, damit wir das Ziel erreichen können.

Wenn Sie dann Ihre Absicht festgelegt haben, Sie sich wirklich sicher sind, dass Sie diese auch in die Realität umsetzen wollen und können, dann formulieren Sie diese Absicht so konkret und spezifisch wie möglich. D. h. das Ziel sollte messbar und erreichbar sein sowie eine klare zeitliche Frist beinhalten.

Nicht etwas wie *«ich will abnehmen»*, *«ich will Geld sparen»* oder *«ich will mehr Sport treiben»*.

Sondern:
— Bis am 31.12.21 will ich von 100 auf 92 Kilo runter.
— Ich will jeden Monat ein Kilo verlieren.

- Ich will am 31.12.21 meine heutigen Schulden von 10 000 Franken auf 4000 Franken verringern.
- Ich will bis am 31.12.21 in der Lage sein, 10 km in 60 Minuten zu laufen, 30 Liegstütze und 5 Klimmzüge am Stück zu machen.
- Ich will bis am 31.12.2021 zwölf Bücher lesen.

Wenn Sie nun ein konkretes Ziel formuliert haben, dann brechen Sie dieses in Zwischenziele runter. Dies können Monats-, Wochen- und Tagesziele sein. Und ganz wichtig: Überlegen Sie sich gleichzeitig einen konkreten Aktionsplan damit Sie diese Zwischenziele auch erreichen können. Und denken Sie immer daran: Es sind nicht die Ziele, welche Sie zu einem Sieger machen. Gewinner und Verlierer haben in der Regel die gleichen Ziele, der Unterschied ist, dass die Sieger die notwendigen Handlungsschritte zur Erreichung der Ziele unternommen haben.

Zum Beispiel:
- Im Januar will ich ein Kg abnehmen, indem ich meine letzte Mahlzeit spätestens um 17 Uhr einnehme und meine erste Mahlzeit frühestens um 09 Uhr.
- Ich verzichte im Januar während vier Tagen auf Süssgetränke.
- Im Januar verzichte ich am Montag jeweils auf den Kaffee und das Gipfeli im Bahnhof, im Februar am Montag und Mittwoch, im März Montag, Mittwoch und Freitag und ab April jeden Tag und lege die sechs Franken dafür in eine spezielle Kasse (ich spare so ca. 1200 Franken im Jahr).
- Im Januar mache ich jeden Tag 2 × 5 Liegestütze, im Februar 2 × 8, im März 2 × 11 etc.

Wenn Sie überzeugt sind, dass Ihr Hauptziel, Ihre Zwischenziele und die notwendigen Handlungsschritte realistisch und umsetzbar sind, dann machen Sie Ihr Hauptziel öffentlich. Erzählen Sie ihrem Partner, ihren Freunden und/oder ihren Arbeitskollegen von Ihrem Vorhaben oder teilen Sie es in den sozialen Medien. Mit diesem Schritt steigern Sie Ihre eigene Motivation. Vorausgesetzt Sie sind kein Angsthase. Wer sich aber nicht traut, seine Ziele öffentlich zu machen, der wird diese wohl auch nicht erreichen. Dann ist er nämlich selbst nicht überzeugt.

Nun geht es an die Umsetzung. Halten Sie Ihre Fortschritte fest, notieren Sie ihr Tun und ihre Erfolge. Untersuchungen haben gezeigt, dass eine solche «*Selbstüberwachung*» die Wahrscheinlichkeit signifikant erhöht, den Vorsatz einzuhalten. Seien Sie auch stolz auf das jeweils Erreichte.

Schaffen Sie auch günstige Voraussetzungen in Ihrem Umfeld. Wenn Sie zum Beispiel Ihr Gewicht reduzieren wollen, dann sollte es in Ihrem Haus keine Süssigkeiten oder andere unnötigen Naschereien geben oder zumindest sollten diese nicht einfach zugänglich sein. Bewahren Sie diese z. B. im Keller auf, statt griffbereit in der Küche. Wenn Sie den Konsum von Süssigkeiten einschränken wollen, dann nehmen Sie bewusst einen Weg, der nicht an der Bäckerei oder an einem Kiosk vorbeiführt. Schalten Sie die Pushnachrichten auf Ihrem Mobiltelefon aus, wenn Sie ungestört lesen wollen oder den Social Mediakonsum verringern wollen usw. Ganz im Sinne von *«Führe mich nicht in Versuchung»*.

Übrigens, Untersuchungen haben gezeigt, dass 71 % all jener die Vorsätze erfolgreich umsetzen, mindestens einmal einen Ausrutscher hatten. Wenn es Ihnen einmal also nicht gelingt ein Zwischenziel zu erreichen, dann ist dies kein Grund sich Selbstvorwürfe zu machen oder gar aufzugeben. Man hat nicht versagt, wenn man sich vorgenommen hat auf Süssigkeiten zu verzichten und am Sonntag gönnt man sich eine Schokolade, nein man hatte Erfolg, man hat nämlich während sechs Tagen reüssiert!

Fehler sind vorprogrammiert, wenn man an einem Vorsatz arbeitet. Tatsächlich zeigt eine Studie der Universität von Scranton, dass Menschen, die erfolgreich an ihren langfristigen Vorsätzen festhalten, dazu neigen, mindestens 14-mal einen Fehler zu machen, d. h. 14-mal ist das unerwünschte Verhalten wieder aufgetreten.

Seien Sie sich bewusst, dass Sie daran sind, eine neue Gewohnheit aufzubauen. Dies geschieht nicht von heute auf morgen und verläuft nie reibungslos. Geben Sie sich genug Zeit, versuchen Sie Ihre Zwischenziele zu erreichen und wenn es mal nicht funktioniert, dann versuchen Sie es wieder.

Ein Bekannter von mir ist grosser Ferrari Fan. Jedes Jahr reist er nach Maranello zum Hauptsitz der italienischen Kultmarke. Er kennt jedes Detail über die Firmen-, und die Renngeschichte, sämtliche Modelle und noch vieles mehr. Sein Kindheitstraum war es, einen Ferrari zu besitzen. Aus seinem Traum wurde ein konkretes Ziel mit einer konkreten Frist. Er legte sich einen realistischen Plan zurecht, um sein Ziel zu erreichen. Sein Ziel war es übrigens nicht, einen Ferrari zu leasen oder mittels eines Kredits zu erwerben. Sein Ziel war es, den Wagen bar zu bezahlen. Und so begann er vor 30 Jahren. Jeden Tag legte er 15 Franken auf die Seite. Nie ging er am Mittag zum Essen in ein Restaurant, stattdessen nahm er immer eine sehr bescheidene selber mitgebrachte

Mahlzeit ein. Im Alter von rund 55 Jahren war es dann soweit. Mit dem ersparten Geld erfüllte er sich seinen Traum. Rund 160 000 Franken hatte er in 30 Jahren in kleinen Schritten auf die Seite gelegt. All jene, die sein Verhalten am Mittag als kauzig belächelt hatten, lachten nun nicht mehr. Übrigens hatte er genug Geld gespart, dass er auch seiner Frau noch ein sehr schönes und teures Überraschungsgeschenk machen konnte.

Auch Sie können ein solch grosses Ziel erreichen, wenn Sie es wirklich wollen. Wenn es Ihnen wirklich am Herzen liegt und es Ihnen Wert ist, dafür auf andere Dinge – wie bei meinem Bekannten das Mittagessen – zu verzichten.

So, und nun überlegen Sie sich, was Sie sich vornehmen wollen, in welchen Bereichen Sie ein besserer Mensch werden möchten. Ich bin überzeugt, dass Sie es schaffen können, wenn Sie die erwähnten Ratschläge befolgen.

In diesem Zusammenhang empfehle ich Ihnen das im Jahre 2018 erschienene Buch von James Clear *«Die 1 % Methode – minimale Veränderung, maximale Wirkung»*. Clear zeigt meisterhaft auf, wie man mit ganz kleinen Schritten, mit minimalen, aber stetigen Veränderungen grosse Erfolge erzielen kann.

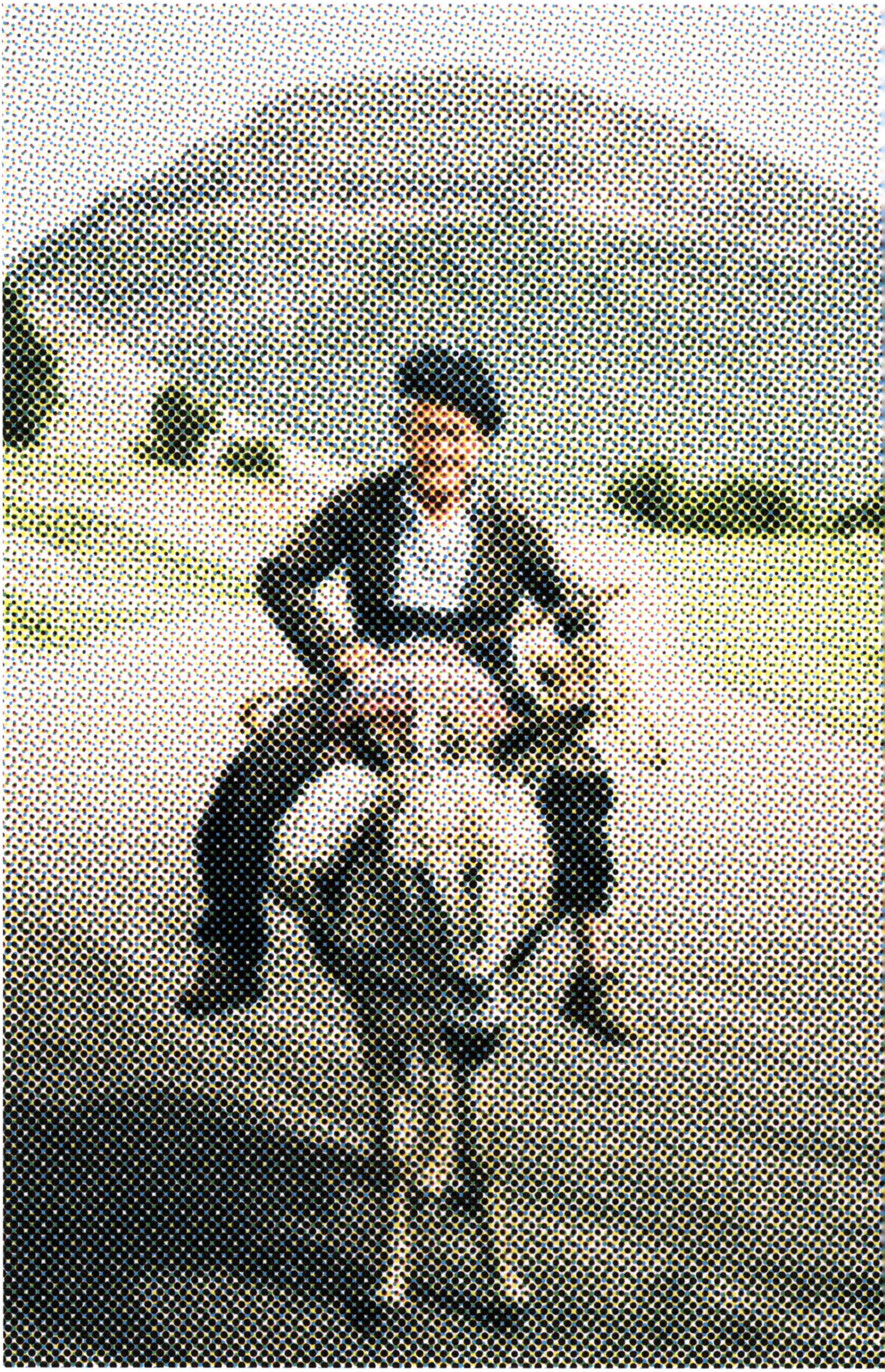

Kapitel 14

Die Kunst sich kritisieren zu lassen

«Um Kritik zu vermeiden, sage nichts, tue nichts, sei nichts.»
Elbert Hubbard, in «Little Journeys to the home of the Great»

Egal wer man ist und was man tut – Schriftsteller, Politiker, Sportler, Unternehmer oder Angestellte – Kritik wird meist als unangenehm empfunden. Gleichzeitig ist Kritik aber auch der Schlüssel zur persönlichen und beruflichen Entwicklung. Die Fähigkeit, Kritik zu geben und anzunehmen, gehört zu den wichtigsten Fähigkeiten, die man sich aneignen sollte, um ein erfolgreiches, aber auch glücklicheres Leben zu führen.

Ich will damit nicht sagen, dass wer erfolgreich ist, gleichzeitig auch glücklich ist. Wer aber nicht in der Lage ist mit Kritik umzugehen, wird mutlos und diese Mutlosigkeit wiederum führt zu einer inneren Frustration.

Kritik zu üben, mag auf den ersten Blick ziemlich einfach erscheinen. Doch wenn man eine andere Person – egal ob dies unser Partner, ein Unterstellter, unser Freund oder Vorgesetzter ist – auf Schwächen in ihrem Tun hinweisen muss, dann ist dies meines Erachtens alles andere als einfach. Einerseits weiss ich, dass ich die Person wahrscheinlich mit meiner Kritik emotional berühren werde, deshalb kann ich nicht vorhersehen, was meine Kritik bei dieser Person für Gefühle auslöst, andererseits stellt sich der Kritisierende in eine Art Machtposition, und man muss aufpassen, dass man diese Macht nicht missbraucht.

Kritik entgegenzunehmen ist ebenfalls nicht einfach. Das Problem mit Kritik ist, dass sie unser Selbstwertgefühl in Frage stellt. Obwohl – und ich spreche jetzt nur von gut gemeinter Kritik – zwar unser Handeln bemängelt wird, empfinden wir Kritik als ein Urteil über uns als Mensch. Dadurch wird unsere Gefühlswelt aufgewühlt und das wiederum führt zu irrationalen und unlogischen Reaktionen unsererseits.

In diesem Artikel befasse ich mich mit der Problematik oder der Kunst des kritisiert werden. Die Art und Weise des Kritisierens thematisiere ich in der nächsten Publikation.

Es spielt keine Rolle, wie Sie sich entscheiden, Ihr Leben zu leben – ob Sie ein Unternehmen aufbauen oder in einer Firma arbeiten; ob Sie Kinder haben oder sich entscheiden, keine Kinder zu haben; ob Sie die Welt bereisen oder Ihr ganzes Leben lang in derselben Stadt leben; ob Sie fünfmal pro Woche ins Fitnessstudio gehen oder jeden Abend auf der Couch sitzen – was immer Sie tun, jemand wird Sie dafür verurteilen. Es wird immer Hasser und schwierige Menschen geben.

Lasst mich hier eine kleine Fabel von Aesop erzählen:

Ein Mann und sein Sohn waren einst an einem heissen Tag mit ihrem Esel auf dem Weg zum Markt in der nahegelegenen Stadt.

Als sie neben dem Esel hergingen, ging ein Mann an ihnen vorbei und sagte: «Ihr Dummköpfe, wozu ist ein Esel da, ausser um darauf zu reiten?» Da setzte der Mann den Jungen auf den Esel, und sie gingen ihren Weg weiter.

Bald darauf kamen sie an einer Gruppe von Männern vorbei, von denen einer sagte: «Seht den faulen Jungen, er lässt seinen Vater marschieren, während er reitet.» Also befahl der Vater seinem Jungen, abzusteigen, und stieg selbst auf den Esel.

Nach kurzer Zeit kamen sie an zwei Frauen vorbei. Eine der beiden sagte zur anderen: «Eine Schande dieser bequeme Vater, er lässt sich vom Esel tragen und sein armer kleiner Sohn muss in dieser Hitze laufen.»

Der Mann wusste nicht mehr, was er tun sollte, aber schliesslich setzte er seinen Jungen vor sich auf dem Esel. Inzwischen waren sie in die Stadt gekommen, und eine vor einem Kaffeehaus sitzende Gruppe von Passanten begann zu spotten und auf sie zu zeigen. Der Mann hielt an und fragte, worüber sie spotteten. Die Leute sagten: «Schämt ihr euch nicht, dass ihr euren armen Esel derart überladen habt ihr Faulsäcke. Du und Dein Sohn sind ja nicht wirklich Leichtgewichte?»

Der Mann und der Junge stiegen ab und versuchten zu überlegen, was sie tun sollten. Sie überlegten und überlegten, bis sie schließlich die Vorder- und Hinterbeine des Esels zusammenbanden, eine Stange dazwischen stiessen, diese auf ihre Schultern hoben und begannen den Esel zu tragen. Jetzt fing die ganze Menge auf dem Marktplatz an zu lachen und zu grölen.

«Das wird euch eine Lehre sein», sagte ein alter Mann, der ihnen gefolgt war:
«Wenn ihr es allen recht macht, macht ihr es keinem recht.»

Es ist definitiv so, wir müssen damit leben, dass es immer Menschen gibt, die uns kritisieren. Sei es aus Neid oder Missgunst, sei es, weil sie ihr eigenes Ego stärken wollen, indem sie andere runter machen oder weil sie es tatsächlich gut mit uns meinen. Wir sollten uns auch bewusst sein, dass man es nie allen recht machen kann.

Nichtsdestotrotz, auch wenn wir das Bewusstsein haben, dass wir es nie allen recht machen können, so hat negative Kritik dennoch immer einen starken emotionalen Effekt auf uns. Wir können noch so abgebrüht, stoisch und cool sein, negative Kritik lässt uns nicht kalt. Dies hat auch einen einfachen Grund, unsere Reaktion auf Kritik ist ein Überlebensmechanismus oder eine Art Warnsignal aus der Urzeit der Menschheitsgeschichte.

Seit der Urzeit sind die Menschen in Gemeinschaften unterwegs. Im Gegensatz zu den meisten anderen Lebensarten, ist der Mensch nicht im Stande ganz allein zu überleben. Er ist schlichtweg zu schwach. Aus diesem Grunde haben die Menschen die Arbeitsteilung erfunden und sich in Gruppen zusammengetan. Wenn sich jemand nun falsch benahm, seine Arbeit nicht verrichtete oder der Gruppe zur Last fiel, riskierte er aus der Gruppe geworfen zu werden. Dies wiederum bedeutete für den betroffenen Menschen das sichere Todesurteil. Kurz: Verärgerst Du den Stamm, ist dies dein Todesurteil. In den vergangenen Tausenden von Jahren wurden wir als Menschen also so konditioniert, dass Kritik von anderen unterbewusst, als eine Art Todesdrohung wahrgenommen wird. Unsere emotionale Reaktion auf Kritik kann in diesem Sinne auch als ein instinktbasierter Angstreflex erklärt werden. Im evolutionären Kontext macht dieser Angstreflex durchaus Sinn. Wenn wir uns als Individuen aber weiterentwickeln wollen, dann wird dieser Angstreflex zum grossen Hindernis.

Negative Kritik und die Angst davor, kann nämlich mehrere Effekte auf unsere Psyche haben: Unser Selbstwertgefühl wird herabgesetzt, unser Leistungswille und unsere Eigeninitiative wird minimiert und schlussendlich zerbröckelt auch unser Selbstvertrauen.

Nun gibt es zwei Möglichkeiten: Entweder wir beugen uns der Angst vor Kritik und gehen dieser so gut wie möglich aus dem Weg, indem wir uns so konform und angepasst wie möglich verhalten. Das bedeutet, wir leben unser Leben so, wie es die grosse Mehrheit vorgibt. Wir werden zum folgsamen Gesinnungsakrobat, wir wandeln uns, vom aktiv handelnden Menschen zum lauwarmen abwartenden Zögerer. Oder, wir stellen uns der Kritik und lernen damit umzugehen.

Sechs Tipps zum Umgang mit Kritik

1. Fokussiere Dich auf Deinen Weg

Mario Andretti, einer der weltbesten Rennfahrer in der Geschichte des Automobilsports – er gewann 1978 die Formel 1 Weltmeisterschaft, vier IndyCar Titel, er ist der einzige Rennfahrer, der sowohl ein Formel 1 Rennen, Indiannapolis 500 und Daytona 500 gewinnen konnte – meinte in einem Interview auf die Frage nach dem Rezept seines Erfolges: *«Schau nicht die Wand an, sondern fokussiere auf die Strasse vor Dir. Das Auto geht dorthin, wo Du hinschaust.»*

Genau so sollten wir auch in unserem Leben handeln. Die Wand, das sind die Kritiker. Wenn wir uns mehr auf die Kritiker und Nörgler fokussieren, statt auf den Weg zu unserem Ziel, dann kommen wir früher oder später von unserem Weg ab. Wenn wir uns aber auf die vor uns liegende Strasse fokussieren, dann haben wir eine Chance den ganzen Weg zu gehen und mit etwas Glück sogar zu gewinnen. Die wahren Hindernisse, denen es auszuweichen gilt, liegen vor uns auf unserem Weg, die Kritiker und Besserwisser stehen wie die Wand beim Autorennen am Rand.

2. Unterscheide konstruktive und destruktive Kritik

Obwohl beide Arten der Kritik unsere Ideen, unseren Charakter, unser Handeln oder unsere Fähigkeiten in Frage stellen, liegt ihnen eine unterschiedliche Motivation zugrunde. Nicht selten ist destruktive Kritik das Resultat einer Gedankenlosigkeit der kritisierenden Person. Ein unüberlegtes Urteil über eine Sache oder eine Person. Ein solche Kritik ist wertlos und muss ignoriert werden. Die schlimmere Art der destruktiven Kritik ist jene, die absichtlich böswillig und verletzend sein will. Besonders heimtückisch wird es, wenn diese Kritik unter dem Deckmantel des *«gut gemeinten Ratschlages»* daherkommt. Die Ursachen für solche destruktive Kritik ist Neid, Missgunst und der Versuch das eigene Ego zu stärken, indem andere schlechter gemacht werden.

Analysieren Sie immer von wem die Kritik geäussert wird. Handelt es sich um eine Expertin, um jemand der Erfahrung auf dem Gebiet hat, oder kommt die Kritik einfach von einem Besserwisser. Wenn Ihnen jemand davon abrät, eine eigene Unternehmung zu gründen, der selber nie als Unternehmer tätig war oder Ihnen jemand erklärt, wie dumm die Idee ist, mit einem umgebauten VW-Bus mit der ganzen Familie auf eine mehrjährige Weltreise zu gehen, der seit zwanzig Jahren im Sommer immer während zwei Wochen das gleiche Ferienresort besucht und im Winter jeweils während zwei Wochen ins gleiche Hotel zum Skiurlaub reist, dann ist diese Kritik mehr als wertlos.

Solche Kritik sagt mehr über die Psyche des Absenders aus als über den Inhalt der Kritik. Lassen Sie sich durch solche Kritik nicht auf die Palme bringen, fokussieren Sie auf den Weg zu Ihrem Ziel. Verschwenden Sie keine Zeit mit solchen unzufriedenen, kleingeistigen und frustrierten Menschen.

Auch gibt es Menschen, die grundsätzlich kritisch und negativ sind. Wenn die Kritik von einer solchen Person kommt, dann dürfen wir uns diese nicht zu Herzen nehmen.

Anders sieht es aus, wenn die Kritik von einer echten Autorität im entsprechenden Gebiet kommt. Von einer Person, die auch tatsächlich etwas zu sagen hat. Wie ein Coach, ein Mentor, ein Experte, ein Professor oder ein Vorgesetzter. Solche Personen sprechen in der Regel auch nicht pauschal Urteile aus, sondern können die genauen Probleme beim Namen nennen. Ebenfalls ernst zu nehmen gilt es die Kritik von echten Vertrauenspersonen. Das heisst von Menschen, die wirklich unser Bestes wollen, von Menschen, die ihre Kraft nutzen um uns hochzuheben, zu fördern, und nicht um uns runter zu drücken.

Bei Autoritäten und Vertrauenspersonen können wir davon ausgehen, dass es sich um konstruktive Kritik handelt. Dieses konstruktive Feedback gilt es zu umarmen. Die Sicht anderer Menschen hilft uns auf Dinge aufmerksam zu werden, die wir bislang nicht wahrgenommen haben. Auch konstruktive Kritik ist nicht einfach hinzunehmen, wenn wir uns aber bewusst werden, dass es uns besser machen kann, dann wird es einfacher.

3. Frage selbst oft nach Feedback

Die beste und einfachste Strategie, um nicht von negativer Kritik überrascht zu werden ist, selbst Feedback einzuholen, besonders bei Menschen, denen man vertraut, die es gut mit uns meinen und die sich auch getrauen uns ehrliches Feedback zu geben. Eben bei jenen Menschen, wo wir konstruktives Feedback erwarten können.

Ein Spieler einer Eishockeymannschaft muss nicht abwarten, bis ihm der Coach sagt, was er zu verbessern hat. Der Spieler sollte aktiv auf den Coach zugehen und ihn nach seinem Optimierungspotenzial fragen. Für das sind Coaches da. Das Gleiche gilt für Angestellte. Wieso nicht mal den Vorgesetzten fragen, was er einem für Tipps geben könnte?

Übrigens. In der Regel fühlen sich die meisten Menschen geehrt, wenn man sie um Rat bittet. Als Fragender gibt man zu erkennen, dass man das Gegenüber als Experte, als Autorität und Vertrauensperson anerkennt. Dies wiederum wirkt als Motivator für die gefragte Person, sein Wissen mit Freude zur Verfügung zu stellen.

Eines gilt es aber zu beachten. Am Schluss ist jede Person immer noch selbst für seine Entscheidungen und Handlungen verantwortlich. Beim selbständigen Abholen von Feedback geht es auf keinen Fall darum, sich den Entscheid abnehmen zu lassen und die Verantwortung abzugeben.

4. Kontrolliere deine Emotionen

Wie bereits erwähnt, sind Emotionen eine der grössten Hürden im effektiven Umgang mit Kritik. Es ist schwer, sich nicht persönlich angegriffen zu fühlen, wenn jemand unsere Arbeit kritisiert. Es gibt aber einen ganz einfachen Trick: Machen Sie die Kritik zu einer Kritik an Ihrer Arbeit und nicht an Ihnen. Nicht Sie als Person werden kritisiert, sondern die Art und Weise wie Sie Ihren Job ausüben. Und seien wir ehrlich, wir sind doch alle bestrebt unseren Job stetig besser zu machen.

Jeder Sportler will seine Leistung steigern, jeder Verkäufer möchte mehr verkaufen, jede Schriftstellerin möchte besser schreiben usw. Der Mensch an sich bleibt aber der Gleiche, ob er nun morgen schneller rennt, mehr verkauft oder besser schreibt als heute. Deshalb ist es auch wichtig, dass wir uns nicht über unsere Arbeit definieren.

Das übergeordnete Ziel, wenn Sie Kritik erhalten, sollte sein, Ihre Arbeit zu verbessern. Das bedingt aber auch, dass man akzeptieren muss, dass unsere Arbeit nie perfekt sein wird, dass man immer Verbesserungen machen kann.

5. Zuhören, Fragen stellen und keine Ausreden auftischen

Machen Sie es sich zur Angewohnheit, wenn Sie kritisiert werden, einfach einmal zuzuhören. Verzichten Sie auf jegliche Rechtfertigungen und Ausreden. Fokussieren Sie sich nur auf den Inhalt.

Wenn es sich um destruktive, inhaltslose Kritik handelt, dann vergessen Sie diese Kritik so rasch wie möglich. Auch wenn es Sie reizt, sich mit der kritisierenden Person auf ein Streitgespräch einzulassen, tun Sie es nicht. Es bringt ganz einfach nichts. Es ist verlorene Zeit und Energie. Stellen Sie sich vor, ein Spieler lässt sich durch Beschimpfungen von Fans provozieren, verlässt das Spielfeld und konfrontiert den dummen Fan. Es bringt weder dem Spieler noch seiner Mannschaft etwas, wenn er so reagiert.

Ja, es gibt Leute die böswillig kritisieren und uns provozieren wollen. Eine Provokation funktioniert aber nur, wenn sich das Opfer auch provozieren lässt. Die beste Strafe für Idioten ist sie zu ignorieren.

Bei konstruktiver Kritik gilt es ebenfalls primär einmal zuzuhören und wenn nötig Fragen zu stellen. Wenn man als Kritisierter das Gespräch verlässt, sollte uns klar sein, was kritisiert wurde und welche Handlungsmassnahmen wir zur Korrektur vollziehen sollten.

Etwas vom Mühsamsten ist es, wenn Kritisierte Ausreden auftischen. Wenn ich jemandem ein Feedback gebe, dann will ich nicht wissen, was alles in der Vergangenheit dazu geführt hat, dass die Leistung nicht optimal abgerufen werden konnte, ich will, dass der Kritisierte sich Massnahmen überlegt, wie er die Situation in der Zukunft verbessern kann.

6. Reflektieren

Nehmen Sie sich nach der erfolgten Kritik Zeit, um darüber nachzudenken. Idealerweise schlafen Sie einmal darüber, so stellen Sie sicher, dass sich Ihr emotionaler Zustand wieder normalisiert hat. Wenn Sie bei gewissen Punkten nicht sicher sind, dann holen Sie sich allenfalls noch eine ehrliche Zweitmeinung ein. Fragen sie z. B. einen Teamkameraden, ob Sie tatsächlich im letzten Spiel zu egoistisch agiert haben oder fragen Sie einen Mitarbeiter, ob Ihre letzte Präsentation wirklich wenig überzeugend gewirkt hat. Fragen Sie aber nicht Ihren besten Kollegen oder eine Person, die sich nicht getraut eine echte Meinung abzugeben.

Denken Sie auch über mögliche Handlungsschritte nach, um die Situation zu verbessern. Am Schluss ist es Ihr Entscheid und Ihre Verantwortung, was Sie mit der Kritik machen, ob Sie diese ignorieren oder ob Sie Lehren daraus ziehen und Handlungsmassnahmen davon ableiten. Genauso verantworten Sie auch die künftigen Resultate allein. Wenn ein Vorgesetzter z. B. Ihre mangelnden Sprachkenntnisse kritisiert und Ihnen rät, dass Sie in den nächsten drei Monaten einen Sprachkurs besuchen sollten, Sie das aber nicht tun, dann sind Sie selber verantwortlich dafür, wenn Sie Ihre Leistung künftig nicht verbessern können.

Zum Schluss möchte ich all jenen unter Euch, die sich nicht durch Kritik einschüchtern lassen, all jenen unter Euch, die nicht einfach nur mit dem Strom schwimmen wollen, all jenen unter Euch, die sich getrauen zu denken und ihre Gedanken auch zu äussern, all jenen unter Euch, die Träume zu Zielen machen und diese Ziele auch verfolgen, noch eine inspirierende Geschichte über Theodore Roosevelt erzählen.

Von all jenen, die das Weisse Haus ihr Zuhause nannten, gab es wohl niemanden, der mental und körperlich härter war als Teddy Roosevelt. Roosevelt absolvierte Harvard, war Cowboy, diente in den 1890er Jahren als Polizeipräsident von New York City, bestieg das Matterhorn, war ein Kriegsheld und verlor während eines Boxkampfes auf einem Auge die Sehkraft. Amerikas härtester Präsident hatte mit vielen Schwierigkeiten und Kritikern zu kämpfen. Aber wie viele der grössten Führungspersönlichkeiten der Geschichte, liess er sich nie von ihnen aufhalten.

In einer Rede an der Sorbonne, der Universität von Paris, sagte Roosevelt folgendes:

«Es ist nicht der Kritiker, der zählt, nicht derjenige, der aufzeigt, wie der Starke gestolpert ist oder wo der, der Taten vollbracht hat, sie hätte besser machen können.
Die Anerkennung gebührt dem, der wirklich in der Arena ist; dessen Gesicht verschmiert ist von Staub und Schweiß und Blut; der tapfer strebt; der irrt und wieder und wieder scheitert, denn es gibt keine Anstrengung ohne Irrtum und Fehler; der jedoch wirklich danach strebt, die Taten zu vollbringen;

der die grosse Begeisterung kennt, die grosse Hingabe, und sich an einer würdigen Sache verausgabt; der, im besten Fall, am Ende den Triumph der großen Leistung erfährt; und der, im schlechtesten Fall, wenn er scheitert, zumindest dabei scheitert, dass er etwas Grosses gewagt hat, so dass sein Platz niemals bei den kalten und furchtsamen Seelen sein wird, die weder Sieg noch Niederlage kennen.»

Also liebe Leserinnen und Leser, lasst Euch durch die Angst vor Kritik nicht demotivieren, lasst Euch durch destruktive Miesmacher nicht unterkriegen. Fokussiert Euch auf den Weg zu eurem Ziel und lasst Euch dabei durch jene Menschen helfen, welche dies wollen und können. Ignoriert destruktive Kritik und umarmt konstruktives Feedback. Und denkt daran, für Eure Entscheide, euer Handeln und Euer Leben seid Ihr verantwortlich. Lasst Euch nicht durch die mediokre Masse fremdbestimmen, sondern vollbringt mit Begeisterung jene Taten, an die ihr glaubt.

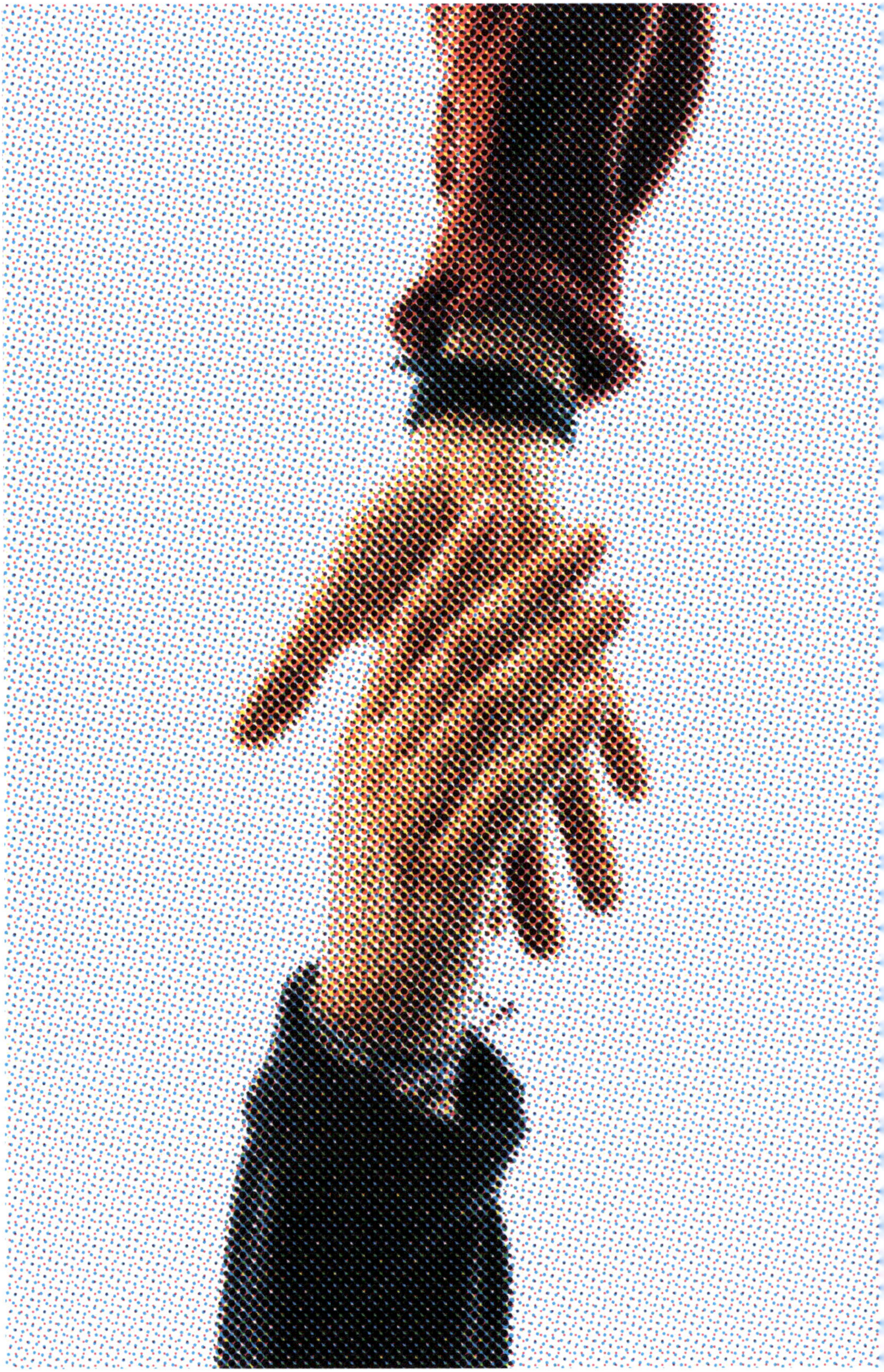

Kapitel 15
Die Kunst Kritik zu geben

«Kritisiere nicht, was Du nicht verstehen kannst.»
Bob Dylan

Das Erteilen von negativem Feedback wird durch viele Führungskräfte als belastend empfunden. Trotzdem hält sich der Glaube daran, dass es hilfreich sei, wenn man andere Menschen kritisiert. Doch stimmt das überhaupt? Gibt es allenfalls andere Wege seine Mitmenschen zu motivieren und zu unterstützen als sie auf ihre Schwächen hinzuweisen? Im folgenden Text behandle ich die drei Probleme des Kritisierens und gebe sechs Punkte, die es beim Feedback geben zu beachten gilt.

In der Rolle des Vorgesetzten, sei es im Beruf oder in anderen Bereichen, fällt es mir bis heute schwer Mitarbeitende oder mir unterstellte Teammitglieder zu kritisieren. Dieses Problem kennen nicht wenige Menschen in Führungsrollen. Die Pflicht, «Feedback zu geben», kann sogar die selbstbewusstesten Führungskräfte dazu bringen, über ihre Worte zu stolpern oder sich schwer zu tun, das zu artikulieren, was gesagt werden sollte. Zwei Studien der Harvard Business Review mit jeweils rund 8'000 Top Führungskräften belegen dies: 44 % der Führungskräfte gaben an, dass sie das Erteilen von negativem Feedback als sehr belastend empfinden. 21 % gaben sogar zu, nie negatives Feedback zu geben.

Weil die Vorgesetzten Mühe damit haben Feedback zu geben, erhalten die Mitarbeitenden weniger Rückmeldungen als erwünscht. Gemäss einem Artikel im Forbes Magazin beklagen sich 65 % der Angestellten darüber, dass sie nicht genügend Rückmeldung über ihre Leistung erhalten.

Wir haben also eine paradoxe Situation. Auf der einen Seite glauben die Menschen, dass konstruktive Kritik für ihre berufliche Entwicklung wichtig ist, und deshalb wünschen sie sich solche Kritik von ihren Vorgesetzten. Auf der anderen Seite fühlen sich viele Führungskräfte unwohl beim Kritisieren, und versuchen deshalb solche Kritik zu vermeiden.

Es ist unbestritten, dass es zu den Aufgaben eines Chefs gehört, sein Team zu motivieren und zum Erfolg zu bringen. Die allgemein gültige Meinung ist, dass eine Erfolgssteigerung mitunter über das Kritisieren der Mitarbeitenden erreicht werden kann. Für mich stellen sich diesbezüglich zwei Fragen: Ist es tatsächlich so, dass Kritik leistungssteigernd und motivierend wirkt, und wenn ja, wie sollte das Feedback erfolgen?

Obwohl in unserer Gesellschaft und unseren Organisationen die feste Meinung vorherrscht, dass Kritik uns hilft besser zu werden, zeichnen wissenschaftliche Untersuchungen ein anderes Bild.

An dieser Stelle möchte ich betonen, dass hier nicht die Kritik im Rahmen einer Ausbildung gemeint ist. Wenn man Lernenden zum Beispiel beibringt, welches die korrekten Arbeitsschritte beim Baggerfahren oder bei der Injektion mittels einer Spritze sind, dann ist das Hinweisen auf faktische Fehler nützlich und notwendig. Es geht hier primär um das Kritisieren von Leistungen von Mitarbeitenden.

Wenn Kritik funktionieren sollte, dann müssten folgende Voraussetzungen gegeben sein:
— Die Person, welche bewertet, ist in der Lage ein objektives Urteil abzugeben;
— Kritik sollte zum Lernen motivieren;
— Das korrekte, erfolgreiche und wünschenswerte Verhalten sollte eindeutig definiert werden können.

Wenn man nun diese drei Voraussetzungen etwas gründlicher anschaut, dann stellt man fest, dass diese in der Realität kaum einmal erfüllt werden.

Problem 1: Der Bewertungseffekt

Das erste Problem mit Feedback ist, dass Menschen unzuverlässige Beurteiler anderer Menschen sind. *«In den letzten 40 Jahren haben Psychometriker in einer Studie nach der anderen gezeigt, dass Menschen nicht über die Objektivität verfügen, abstrakte Eigenschaft, wie z. B. Geschäftssinn oder Durchsetzungsvermögen, zu definieren und dann jemand anderen genau danach zu bewerten».* Unsere Bewertungen sind stark gefärbt von unserem eigenen Verständnis und unserer Vorstellung davon, wie gut oder wie wichtig eine bestimmte Kompetenz ist. Die Bewertung anderer Menschen hängt somit von unserer Strenge oder Nachsicht als Bewertender und von unseren eigenen inhärenten und unbewussten Vorurteilen ab.

Ein sehr ordentlicher Vorgesetzter zum Beispiel legt mehr Wert auf Ordnung bei seinen Unterstellten als ein weniger strukturierter Chef. Schlussendlich sagt das Feedback also mehr über die Persönlichkeit des Kritisierenden aus als über die Leistung des Kritisierten. Dieses Problem hat sogar einen Namen. Man spricht vom *«idiosynkratischen Bewertungseffekt»*. Wenn es um das Beurteilen der Leistung anderer Menschen geht, ausser die Leistung ist eindeutig messbar (z. B. mittels Stückzahlen, der Höhe beim Hochsprung etc.), tun wir dies immer aus unserem Blickwinkel, mit unserer Erfahrung und unserer Vorstellung davon, was eine gute Leistung ist. Das bedeutet, dass unsere Urteile alles andere als objektiv sind.

Problem 2: Negative Kritik bremst das Lernen

Eine weitere allgemein geglaubte Theorie ist, dass negatives Feedback uns nützliche Informationen über unsere Schwächen gibt, und dass diese Informationen uns zum Lernen anspornen. Auch hier zeigt die Forschung in die entgegengesetzte Richtung. Gemäss einer Harvard-Studie von Paul Green et al. aus dem Jahr 2017 sind negative Feedbacks oft ineffektiv, weil sie eine Bedrohung für das positive Selbstkonzept des Empfängers darstellen. Die Konsequenz daraus ist nicht nur, dass die Menschen nicht zum Lernen bzw. zum sich verbessern angespornt werden, sondern, dass sie versuchen die entsprechenden Situationen zu vermeiden. Wenn man einer Person z. B. sagt, dass sie bei der Präsentation zu wenig laut gesprochen hat, dann motiviert es die kritisierte Person eher dazu künftig Präsentationen zu vermeiden, als lauter zu sprechen.

Gemäss Marcus Buckingham, erfolgreicher Autor und Unternehmensberater, ist *«Lernen weniger eine Funktion des Hinzufügens von etwas, das nicht da ist, als vielmehr des Erkennens, Verstärkens und Verfeinerns dessen, was bereits vorhanden ist»*. Die Gründe dafür sind, dass wir neurologisch gesehen mehr in den Bereichen wachsen, in denen wir bereits mehr können, d. h. unsere Stärken sind unsere grössten Entwicklungsbereiche.

Laut der Hirnforschung wachsen und entwickeln sich Neuronen und synaptische Verbindungen vor allem dort, wo wir bereits die meisten Neuronen und synaptischen Verbindungen haben. Mit anderen Worten: Jedes Gehirn wächst dort am meisten, wo es bereits am stärksten ist.

Auch konnte wissenschaftlich nachgewiesen werden, dass unsere Motivation zu lernen, sich zu verbessern und zu trainieren signifikant erhöht wird, wenn andere Menschen unsere Stärken positiv wahrnehmen. Handkehrum wird die Lust am Lernen durch die Fokussierung auf unsere Schwächen zunichte gemacht.

Wenn wir negative Kritik erhalten, dann nimmt das Gehirn dies als Bedrohung auf und schränkt seine Aktivität ein. Man schaltet auf den *«Überlebensmodus»*, d.h. man bereitet sich auf *«Flucht oder Kampf»* vor. Bei jenen Menschen, die positives Feedback erhalten haben passiert das Gegenteil. Statt das sympathische wurde das parasympathische Nervensystem stimuliert. Das wiederum führt zu Wachstum neuer Neuronen, es gibt ein Gefühl des Wohlbefindens, das Immunsystem wird gestärkt und die kognitive, emotionale und wahrnehmungsbezogene Offenheit nimmt zu. Es werden also Voraussetzungen geschaffen, die uns motivieren, uns weiterzuentwickeln.

Problem 3: Korrektes, hervorragendes und erwünschtes Handeln kann nicht eindeutig definiert werden

Vergleichen Sie einmal in einem spezifischen Feld erfolgreiche Menschen miteinander. Sie stellen recht schnell fest, dass diese nicht alle über die gleichen Fähigkeiten verfügen, nicht alle die gleichen Entscheide treffen und auch unterschiedlich handeln. Es gibt z.B. erfolgreiche Unternehmerinnen und Politiker die exzentrisch, kreativ, umgänglich und charismatisch sind, es gibt aber ebenso viele erfolgreiche Unternehmer und Politikerinnen, die eher introvertiert, detailliert oder eher unscheinbar sind. Schauen Sie sich Eishockeyspieler an. Es gibt ganz unterschiedliche erfolgreiche Stile der Spieler. Gäbe es nur ein allgemein anerkanntes richtiges Verhalten, dann müsste z.B. jeder Eishockeyspieler beim Penaltyschiessen den gleichen Ablauf zeigen. Dem ist aber nicht so, der eine drippelt den Goalie aus, der andere schiesst aus der Entfernung flach in eine Torecke, ein anderer wiederum macht eine Finte und hebt mit der Rückhand den Puck unter die Latte.

Wie soll man nun jemand kritisieren, wenn mehrere, ganz unterschiedliche Wege ans Ziel führen? Alles was wir tun können, ist von uns auf die anderen schliessen. Der zurückhaltende Chef rät dem exzentrischen Unterstellten sich zurückzuhalten, während der kreative Chef von seinen Unterstellten mehr Fantasie verlangt. Der Eishockeycoach, der während seiner Spielerkarriere mehr Tore durch Schüsse erzielt hat, verlangt von seinen Spielern weniger zu dribbeln und dafür mehr zu schiessen. Also es gilt erneut, die Kritik sagt mehr über den Kritisierenden aus als über die kritisierte Person.

Wir stellen also fest, dass wir mittels negativer Kritik bei unseren Mitarbeitenden keine positiven Resultate erzielen. Nun stellt sich die Frage, was wir denn unternehmen müssen, damit wir die Menschen dabei unterstützen können, ihr Potenzial abzurufen?

Sechs Tipps zum Geben von Feedback:

1. Positives Menschenbild

Wenn Sie jemanden auf einen Fehler ansprechen müssen, dann seien Sie sich bewusst, dass die fehlbare Person nicht absichtlich falsch gehandelt hat. Menschen, ausser es handelt sich um Psychopathen, handeln nie in der Absicht etwas Schlechtes zu tun oder einen Fehler zu machen. Der Mensch strebt nach Anerkennung und versucht auch entsprechend zu handeln.

Wenn nun einem Menschen ein Fehler passiert, dann ist er sich dessen in der Regel bewusst. Niemand wünscht sich mehr einen Fehler zu korrigieren, als jene Person, die diesen gemacht hat. Es bringt also gar nichts mit einer fehlbaren Person zu schimpfen, sie anzubrüllen oder seinen Unmut mit einem Wutanfall kundzutun.

Wenn eine Mitarbeiterin einen Fehler gemacht hat, dann muss man als Vorgesetzter cool bleiben und versuchen Voraussetzungen schaffen, dass diese ihren Fehler so rasch wie möglich wieder gut machen kann. Statt der Mitarbeiterin Vorwürfe zu machen und die Frage aufzuwerfen, wieso sie den Fehler gemacht hat, sollte man sich gemeinsam mit ihr auf das Jetzt und Hier konzentrieren und überlegen was es nun zu tun gibt, damit der Fehler korrigiert bzw. der momentane Zustand so rasch wie möglich behoben werden kann.

Ich habe festgestellt, dass die fehlbaren Menschen sich meist sehr rasch Gedanken über mögliche Lösungswege machen. Das Abholen dieser Überlegungen kann die Rückkehr zur Normalität beschleunigen. Am schlimmsten ist, wenn sich Mitarbeitende nicht getrauen ihren Vorgesetzen Fehler zu melden. Dies verzögert die Lösungsfindung und macht das Problem in der Regel noch grösser.

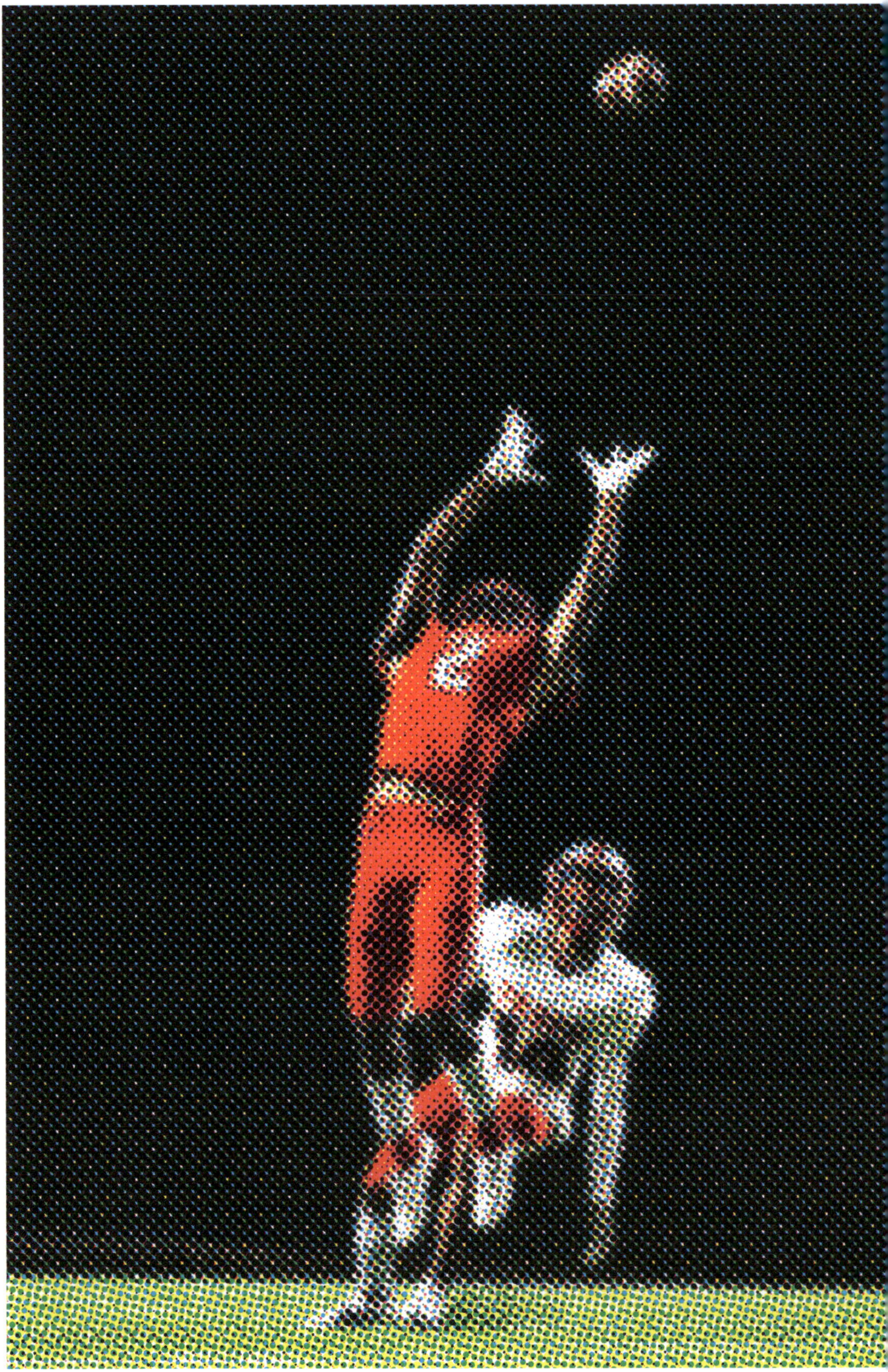

Geben Sie der fehlbaren Person auch zu verstehen, dass es nicht ihr, sondern unser Fehler ist. Wir sind ein Team, eine Organisation, eine Gemeinschaft. So wie der Erfolg allen gehört, verhält es sich auch bei Niederlagen und bei Fehlern. Eine Mannschaft verliert ein Spiel nicht, weil ein Spieler eine Chance vergibt, man verliert, weil man als Team nicht genügen Chancen herausgespielt hat.

Und denken Sie daran, ihre Mitarbeiter sind erwachsene Menschen, keine Kinder, die es zu regulieren und kontrollieren gilt. Es handelt sich um Menschen, die ihre alltäglichen Probleme und Pflichten genauso erfolgreich oder eventuell noch erfolgreicher bewältigen als ihre beruflichen Vorgesetzten. Es sind Menschen, die in der Gesellschaft ebenso einen Beitrag leisten wie ihre Vorgesetzten, Menschen, die versuchen einen positiven Effekt auf die Welt zu haben. Also gehen wir doch davon aus, dass wir es bei unseren Mitarbeitenden mit Menschen zu tun haben, die einen grossartigen Job machen wollen, die aber wie wir auch, nicht fehlerfrei sind.

2. Fokussieren wir uns auf das positive Verhalten

Es gibt eine Geschichte darüber, wie der legendäre Football-Trainer der Dallas Cowboys, Tom Landry, sein angeschlagenes Team wieder auf die Siegesstrasse zurückführte. Statt missratene Spielzüge zu analysieren, durchkämmte Landry das Filmmaterial früherer Spiele und erstellte für jeden Spieler ein Highlight-Film, wo er nur Szenen zeigte, in welchen der Spieler erfolgreich war. Landry argumentierte, dass es zwar ganz viele Möglichkeiten gibt etwas falsch zu machen, dass es für jeden Spieler aber nur wenige Möglichkeiten gibt etwas richtig zu machen, weil diese Möglichkeiten auch von den individuellen Fähigkeiten, Stärken und Persönlichkeit des jeweiligen Spielers abhängen. Die beste Art herauszufinden, welches der beste Weg für einen Spieler ist, sah Landry darin, erfolgreiche Szenen zu studieren, sich also auf die Erfolge zu konzentrieren.

Natürlich ging es Landry auch darum, die Moral seiner angeschlagenen Mannschaft zu verbessern, es ging ihm aber auch darum, die Spieler zu motivieren sich zu verbessern. Und das geschieht tatsächlich, wenn man positive vergangene Handlungen in Erinnerung ruft. Es ist nachvollziehbar, dass man vergangene Erfolge wiederholen will.

3. Sofort Feedback geben

Statt einmal oder zweimal im Jahr ein formelles Feedback zu geben, sollten wir es unmittelbar geben. Wann immer Sie als Vorgesetzter feststellen, dass ein Mitarbeiter etwas wirklich gut gemacht hat, dann sagen Sie es ihm sofort. Stellen Sie sich vor was passiert, wenn Sie Ihren Leuten sofort sagen, dass sie etwas gut gemacht haben: Die angesprochenen Menschen wiederholen die Handlung. Sie sind motiviert, weil ihr Handeln und somit sie als Mensch wahrgenommen wurden. Das positiv Wahrgenommen werden ist wiederum einer der Schlüssel zum glücklich sein. Also, machen wir unsere Mitarbeitenden glücklich, nehmen wir sie wahr und geben ihnen sofort Feedback, statt einmal im Jahr eine formelle Qualifikation.

4. Weniger sachlich, dafür emotionaler loben

Wenn wir jemandem einfaches Lob aussprechen, ist das zwar keine schlechte Sache, die Wirkung ist aber massiv stärker beim Empfänger, wenn wir ihm erzählen, was seine Handlung bei uns für Gefühle ausgelöst hat. Also nicht einfach: «Sie haben das gut gemacht», sondern: «Das hat mich riesig gefreut, wie Du dieses Kundengespräch geführt hast» oder «Ist Dir bewusst, dass Du soeben eine extrem schwierige Aufgabe gelöst hast?» Durch eine gefühlsbetontere Art der Kommunikation zeigt der Vorgesetzte echte Freude und wirkt dadurch bedeutend weniger von oben herab.

5. Individualisiertes Feedback

Keine zwei Mitarbeitende sind genau gleich. Auch wenn sie sich vielleicht in ihrer Persönlichkeit ähnlich sind und sogar die gleiche Arbeit ausüben, so sind es dennoch zwei unterschiedliche Individuen mit unterschiedlichen Stärken, Schwächen, Sorgen, Werten und Erfahrungen. Dies mag zwar offensichtlich erscheinen, nichtsdestotrotz werden die Mitarbeiterfeedbacks in der Regel für alle gleich durchgeführt, statt diese masszuschneidern. Ein Feedback muss vom Stil her dem Empfänger angepasst werden damit dieses Feedback Wirkung erzielt. Damit man als Chef dies aber kann, muss man seine Mitarbeitenden und deren Persönlichkeit kennen.

6. Günstige Voraussetzungen schaffen

Bevor man als Feedbackgebender seine Mitarbeitenden kritisiert, sollte man sich stets die Frage stellen, ob man auch alles unternommen hat, damit seine Mitarbeitenden erfüllen konnten. Ich muss mich fragen, ob ich wirklich möglichst günstige Voraussetzungen geschaffen habe, damit meine Unterstellten ihr Potenzial auch ausschöpfen können. Schlussendlich muss sich ein Vorgesetzter immer bewusst sein, dass ein Versagen seiner Mitarbeitenden auch ein Versagen seinerseits ist. Vielleicht hat man ihnen die notwendigen Werkzeuge, Mittel und Ressourcen zum Erfüllen nicht zur Verfügung gestellt, vielleicht hat man sie nicht gut genug ausgebildet oder schlicht das falsche Team zusammengestellt.

Als ich einmal mit einem Korpskommandanten einen Truppenbesuch machte, meinte ein Kompaniekommandant im Range eines Hauptmanns: *«Ich habe eine schlechte Kompanie, alles Deppen».* Kurz darauf meinte der Korpskommandant zu mir: *«Also bislang habe ich auf dem Waffenplatz nur einen Depp gesehen ...»*

Es reicht nicht, vom Podest herab zu kritisieren oder zu loben. Als Vorgesetzter sollte man auch heruntersteigen, sich der Herausforderungen seiner Unterstellten bei deren Aufgabenbewältigung bewusst sein, und versuchen das in seiner Macht stehende zu unternehmen, damit die Probleme der Unterstellten minimiert werden.

Da es vielen Chefs und auch mir schwerfällt negative Kritik auszusprechen, muss man die Voraussetzungen so schaffen, dass negatives Feedback gar nicht nötig wird. Mit den sechs genannten Regeln ist dies meines Erachtens möglich. Also pflegen Sie ein positives Menschenbild, fokussieren Sie sich primär auf das positive Verhalten, geben Sie sofort Feedback, loben Sie weniger sachlich und zeigen Sie Freude an den Erfolgen Ihrer Mitarbeitenden, individualisieren Sie das Feedback und schaffen Sie günstige Voraussetzungen für sich und Ihre Mitarbeitenden.

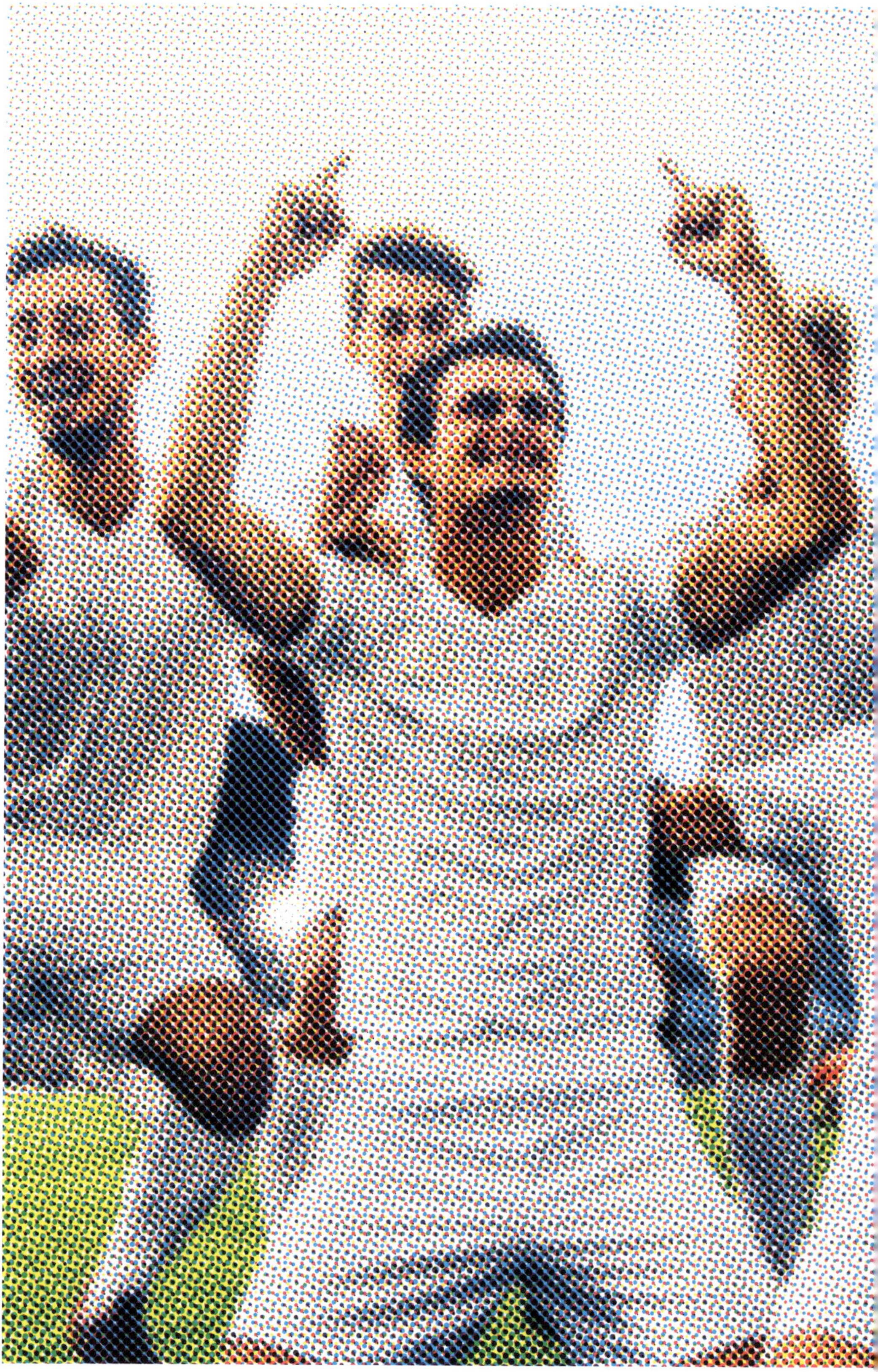

Kapitel 16

Umgang mit Mitmenschen

«Es ist ein Wunder, dass ich nicht alle Erwartungen aufgegeben habe, denn sie scheinen absurd und unausführbar. Trotzdem halte ich an ihnen fest, trotz allem, weil ich noch immer an das Gute im Menschen glaube.»

Anne Frank, Tagebucheintrag vom 15. Juli 1944

Viel zu oft verlieren wir Zeit und vergeuden Energie mit zwischenmenschlichen Querelen. Statt uns weiterzuentwickeln oder produktiv zu sein, nerven wir uns über Mitmenschen und verzetteln uns in belastenden Grabenkämpfen. Rückblickend muss dann festgestellt werden, dass «ausser Spesen, nichts gewesen». Es gibt einen einfachen Trick, wie wir unsere zwischenmenschlichen Beziehungen verbessern können, sei es innerhalb der Familie, mit unserem Partner, am Arbeitsplatz, in der Sportmannschaft oder generell mit unseren Mitmenschen. Wenn wir uns diesen Trick zu eigen machen, dann können wir nicht nur einen wichtigen Beitrag zu einer erfolgreichen Zusammenarbeit leisten, wir schaffen auch günstige Voraussetzungen für unsere eigene Zufriedenheit und somit für unseren persönlichen Erfolg.

Wir alle verspüren momentan, dass eine Polarisierung der Gesellschaft stattfindet. Besonders deutlich kommt diese Entzweiung rund um die Diskussion um die staatliche Einflussnahme im Zusammenhang mit den Massnahmen zur Bekämpfung der Covid-Pandemie zum Ausdruck. Meines Erachtens hat sich die innergesellschaftliche Polarisierung aber schon seit rund drei Jahrzehnten abgezeichnet.

Während die Welt vor dem Zusammenbruch der Sowjetunion in zwei Lager gespalten war, verlagerte sich diese Spaltung seit den 1990er-Jahren weg vom globalen hin zum innergesellschaftlichen Raum. In der Zeit des kalten Krieges war man innerhalb der Gesellschaft durch die gemeinsame Bedrohung vereint. Egal ob alt oder jung, reich oder arm, gebildet oder ungebildet, Stadt oder Landbevölkerung, politisch eher links- oder eher rechtsstehend, die Bedrohung war für alle gleich. Jeder und jede wusste, dass Bomben nicht diskriminieren.

Es ist ein bekanntes Phänomen, dass Bedrohungen und Notsituationen wie Naturkatastrophen die Menschen zusammenbringen, Barrieren abbauen, die Hilfsbereitschaft und die Solidarität in uns wecken, und zwar ganz ohne staatlichen Zwang. Dieses Gefühl hatte ich auch zu Beginn der Covid-Pandemie verspürt. Doch dies ist längst verflogen.

Wieso wirkt denn die Covid-Krise nicht ähnlich verbindend wie zum Beispiel die Bedrohung des Kalten Krieges oder eine Naturkatastrophe? Meines Erachtens hängt es damit zusammen, dass die Covid-Pandemie zu wenig fassbar und schlussendlich dadurch auch zu wenig bedrohlich wirkt. Das heisst nicht, dass vom Corona-Virus keine Gefahr ausgeht. Die Gefahr ist aber weit weniger augenscheinlich und wird weniger unmittelbar lebensbedrohlich wahrgenommen als ein riesiges Atomwaffen-Arsenal, eine Überschwemmung oder ein Bergrutsch.

Wenn wir durch eine Naturkatastrophe dem Erdboden gleichgemachte Häuser, obdachlose Menschen und eine zerstörte Natur sehen, dann ist dies eine handfeste Tatsache, die sich nicht leugnen lässt, genauso wie zu jeder Zeit abschussbereite Nuklearsprengköpfe, die gegen uns gerichtet sind. Wenn eine Bedrohung aber eher unscheinbar und verborgen ist, wie zum Beispiel ein Virus, Hackerangriffe, Umweltverschmutzung, ungesunde Ernährung usw. dann wird das Wissen über die Bedrohung durch den mehr oder weniger starken Glauben an die Bedrohung ersetzt.

Ob und was wir glauben hängt in starkem Masse von unserer Persönlichkeit, unserem Wertesystem, unserer Lebenssituation aber auch von unseren Erfahrungen ab. So bin ich der Ansicht, dass die Polarisierung der Gesellschaft, die zunehmende Intoleranz gegenüber Andersdenkenden, die zunehmende Überzeugung, dass die eigene moralische Wertevorstellung die einzig richtige ist, und die Tendenz der Diffamierung, aber auch Legitimation von Gewaltanwendung gegenüber Menschen, die eine andere Denkweise haben, gefährlicher ist als Covid, Terrorismus oder Klimawandel.

Ich betone aber noch einmal, dass dies meine persönliche Ansicht ist. Es ist das, was ich *glaube*. Wenn ich etwas glaube, so bedeutet dies, dass ich es nicht weiss. Je geringer das Wissen, desto grösser der Glaube.

Meine Ansichten und mein Glaube sind das Resultat meines Denkens, meiner Erfahrungen, meiner Analysen und meines Wissens. Genauso ist es auch bei jenen Menschen, die eine andere Meinung haben als ich. Bin ich jetzt aber ein besserer Mensch als jene, die zu einer anderen Schlussfolgerung kommen als ich? Die Antwort sollte klar sein.

Es zeugt schon von enormer Selbstherrlichkeit und Arroganz, wenn man das Gefühl hat, man sei anderen Menschen überlegen, zum Beispiel weil man eine höhere Bildung oder eine andere Hautfarbe hat oder irgendeine Funktion bekleidet.

Ich bin überzeugt, dass ganz viele Menschen, unabhängig von ihrer politischen Gesinnung, ihrer religiösen Ausrichtung, der Hautfarbe, des Geschlechts usw. langsam genug haben von der gesellschaftlichen Spaltung.

Die Frage ist, was können wir dagegen tun?

Vielfach wird behauptet, dass es die Sozialen Medien sind, welche für die Entzweiung der Gesellschaft verantwortlich sind. Es ist meine Meinung, dass die Sozialen Medien nicht die Ursache für die Spaltung sind. Die Sozialen Medien dienen vielmehr als Beschleuniger der Polarisierung indem sie die Plattform zur Verbreitung von unüberlegten und zum Teil hasserfüllten Äusserungen bieten.

Schuld haben aber vielmehr wir Menschen. Es ist wie bei allem. Es sind nicht die Waffen, die Menschen töten, es sind die Menschen, welche die Waffen zum Töten brauchen. Es sind nicht die Drogen, der Alkohol oder der Zucker, welche die Menschen krank machen, es sind die Menschen, welche diese Dinge im Übermass konsumieren.

Falsch ist es auch zu behaupten, dass für die Polarisierung nur die anderen verantwortlich sind. Wer mit dem Finger auf gewisse Kreise zeigt und diesen die Schuld für die gesellschaftliche Spaltung zuschiebt, treibt diese Spaltung selbst voran. Selbstherrliche, moralisierende Besserwisser helfen nicht die Situation zu verbessern, im Gegenteil sie wirken als Brandbeschleuniger. Wenn wir also etwas ändern wollen, dann müssen wir zuerst bei uns selbst anfangen. Und dies ist meiner Meinung nach, gar nicht so schwierig!

Wir Menschen sind soziale Wesen. Wir sind, im Gegensatz zu anderen Lebewesen, kaum in der Lage selbständig zu überleben. Wohl kein Mensch ist vollumfänglich autark. Jeder von uns nutzt Dienstleistungen und Produkte, welche von anderen Menschen erbracht oder hergestellt werden. Wir sind eigentlich auf Gedeih und Verderben aufeinander angewiesen. Rationell gesehen, müssten wir somit alles daransetzen, dass wir untereinander möglichst gute Beziehungen pflegen. Statt zu dividieren, sollten wir im Sinne der Existenzsicherung versuchen uns gegenseitig zu respektieren.

Aus der psychologischen Forschung weiss man auch, dass unser Glücksgefühl, unsere Zufriedenheit dadurch beeinflusst wird, wie stark unsere Verbundenheit zu einer Gemeinschaft ist. Wenn wir erfüllende Beziehungen haben – in der Familie, in der Nachbarschaft, im Freundeskreis, im Verein oder am Arbeitsplatz – fühlen wir uns glücklicher.

Der Wunsch glücklich zu sein haben kulturübergreifend alle Menschen miteinander gemeinsam. Ich habe in meinem Leben auf jeden Fall noch niemanden erlebt, der ein Leben voller Unzufriedenheit anstrebe. In diesem Sinne habe ich auch noch nie jemanden erlebt, der absichtlich eine Handlung vollzogen hat, von der er wusste, dass diese Handlung für ihn in letzter Konsequenz negative Folgen haben wird.

Jeder Entscheid, den wir fällen, jede Handlung, die wir unternehmen, hat zum Ziel, dass sie uns helfen ein zufriedenes Leben zu führen. Wenn wir uns diese Tatsache, dass Menschen in guter Absicht handeln, stets vor Augen halten, dann könnten wir viele Konflikte und schlussendlich auch eine Spaltung der Gesellschaft verhindern.

Es ist ein absolut einfacher Trick: Gehen Sie bei allem, was die anderen Menschen tun davon aus, dass sie es nicht in böswilliger Absicht tun. Gehen Sie davon aus, dass die andersdenkenden Menschen ebenso ein positives Ziel anstreben, wie sie selbst es tun.

Dieses Prinzip wende ich persönlich überall an wo ich mit Menschen zu tun habe, im privaten Umfeld, bei der Arbeit, in der Politik oder auch im Verein.

Natürlich erlebe ich in sämtlichen Bereichen Verhaltensweisen, die nicht meinen Vorstellungen entsprechen. Ich bin mir auch sicher, dass auch mein Verhalten nicht immer den Vorstellungen und Erwartungen meiner Mitmenschen entspricht. Statt mich aber zu ärgern, gehe ich zuerst mal davon aus, dass die Person in bester Absicht gehandelt hat. Das bedeutet, dass ich, egal was die andere Person sagt oder tut, nicht sofort urteile, sondern davon ausgehe, dass sie es gut meint und ihren Möglichkeiten entsprechend ihr Bestes tut. Gleichzeitig muss ich mir immer bewusst sein, dass es auch die Möglichkeit gibt, dass ich selbst, trotz meiner guten Absicht, falsch liegen könnte. Es gibt wohl niemanden, der fehlerfrei durch das Leben geht.

Man sollte also immer auch davon ausgehen, dass die andersdenkende Person recht haben könnte. Deshalb sollten wir einander zuhören, statt uns gegenseitig zu verunglimpfen, zu beschimpfen und lächerlich machen. Gleichzeitig sollten wir uns selbst nicht zu ernst nehmen und etwas bescheidener sein.

Wenn wir annehmen, dass alle Menschen in bester Absicht handeln, dann fällt es uns viel schwerer Hass gegenüber anders denkenden oder anders handelnden Menschen zu entwickeln.

Im kantonalen Parlament gibt es Mitglieder, deren politische Meinung 180 Grad von meiner verschieden ist, trotzdem habe ich mit diesen ein sehr gutes Verhältnis. Einer derjenigen Parlamentarier, den ich als Mensch sehr schätze, hatte bei der Online Wahlempfehlung von Smartvote die geringste politische Überschneidung mit mir.

Was ich damit aufzeigen will, ist, dass es absurd ist, Menschen wegen unterschiedlichen Meinungen, unterschiedlichen Lebensstilen oder sonstigen Unterschieden zu hassen.

Ich will damit nicht sagen, dass man jede Handlung zu akzeptieren hat. Wenn jemand eine offensichtlich unmoralische Handlung mit negativen Folgen für andere Menschen, Tiere oder die Umwelt vollzieht, dann darf man nicht nur, dann sollte man auch intervenieren. Solches unmoralische und sinnfremde Handeln, z.B. das Quälen von Tieren, kommt bei psychisch gesunden Menschen nicht vor. Wenn also bei einer Handlung keine gute Absicht zugesprochen werden kann, dann muss entweder von einer psychischen Störung oder von Dummheit bei dem handelnden Menschen ausgegangen werden.

Kürzlich beobachtete ich zwei Jugendliche, wie sie ihren McDonald's Abfall auf ein Feld hinauswarfen. Ich stoppte meinen Wagen und massregelte die zwei ca. 18jährigen Männer. Die beiden sammelten den Abfall brav wieder zusammen, und gingen auf meinen Befehl hin zurück zum Restaurant und entsorgten den Abfall in einem Abfalleimer. Ich fragte sie dann, ob es in ihren Augen eine dumme Handlung war, den Abfall einfach auf ein Feld zu werfen. Sie bejahten dies. Und genau das war es. Es war keine bösartige, sondern eine dumme Handlung.

Wenn man also beim besten Willen keine gute Absicht in einer Handlung erkennen kann, dann lässt sich diese Handlung sehr oft durch mangelndes Wissen oder einfach Dummheit erklären. Diesbezüglich gibt es folgendes Sprichwort, das als «Hanlon's Razor» bekannt ist:

«Schreibe nicht der Böswilligkeit zu, was durch Dummheit hinreichend erklärbar ist».

Und Hand aufs Herz: Wer hat noch nie eine Dummheit gemacht?

Die PepsiCo Chefin Indra Nooyi wurde durch Fortune Magazine mal gefragt, was der beste Ratschlag war, den sie je erhalten hat. Die extrem erfolgreiche Geschäftsfrau antwortete:

«Mein Vater war ein absolut wunderbarer Mensch.
Von ihm habe ich gelernt, immer von positiven Absichten auszugehen. Was auch immer jemand sagt oder tut,
nimm an, dass die Person eine positive Absicht verfolgt.
Wenn Sie das tun, dann werden Sie mit Erstaunen feststellen,
wie sich Ihre gesamte Haltung gegenüber einer Person
oder einem Problem verändert. Wenn Sie von einer negativen Absicht ausgehen, werden Sie wütend. Wenn Sie aber
eine positive Absicht annehmen, können sie diese Wut ablegen.
Dadurch steigt Ihr emotionaler Quotient, und Sie verhindern,
mehr oder weniger willkürlich zu reagieren.

Wer von einer positiven Absicht ausgeht, reagiert nicht defensiv.
Statt zu schreien und zu schimpfen, versucht man zu verstehen
und zuzuhören. Statt zu verurteilen, geht man davon aus,
dass die anderen vielleicht etwas sagen, das ich nicht höre.
Von einer positiven Absicht der anderen Menschen auszugehen,
war somit der wichtigste Ratschlag, den ich je bekommen habe».

Also, versuchen Sie doch künftig anzunehmen, dass Ihre Mitmenschen in guter Absicht handeln. Versuchen Sie davon auszugehen, dass Ihre Mitmenschen grundsätzlich richtig handeln wollen. So wie Sie selbst, sind die anderen Menschen auch davon überzeugt nach bestem Wissen und Gewissen zu handeln. Versuchen Sie die anderen zu verstehen, statt voreilig zu verurteilen. Seien Sie sich auch der eigenen Fehlbarkeit bewusst. Nur weil ich etwas mit meinem heutigen Wissensstand für richtig empfinde, heisst dies noch lange nicht, dass es auch tatsächlich richtig ist.

Wenn andere Menschen Fehler machen oder offensichtlich schlechte Handlungen vollziehen, Handlungen, denen beim besten Willen keine gute Absicht zugeordnet werden kann, dann gehen Sie davon aus, dass diese Handlung eher mit Dummheit, fehlendem Wissen, mangelnder Befähigung oder allenfalls einer psychischen Störung, statt mit Böswilligkeit zu erklären ist.

Ich bin fest davon überzeugt, dass wir, wenn wir diese Technik, der Annahme einer positiven Absicht, konsequent in unserem Leben umsetzen würden, wir massiv weniger Konflikte, weniger Hass und weniger Spaltung hätten. Nicht nur in unserer Gesellschaft, sondern auch in der Ehe, am Arbeitsplatz und generell in unserem zwischenmenschlichen Zusammenleben.

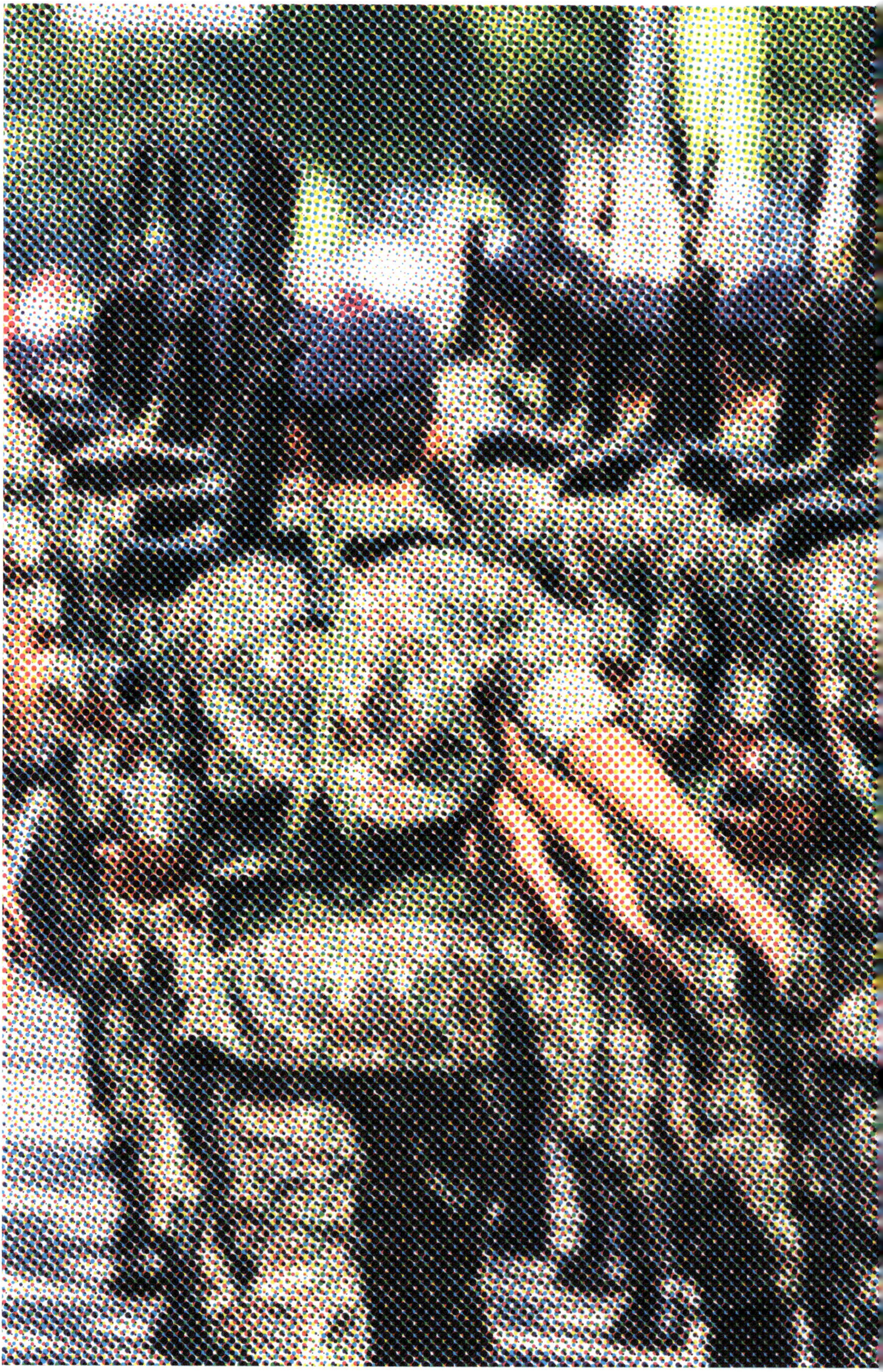

Kapitel 17

Wie man sich auf das Unerwartete vorbereitet – Seneca's Rat zum Umgang mit Schicksalsschlägen

«Das Schicksal ist wie ein seltsames, unbeliebtes Restaurant mit seltsamen kleinen Kellnern, die dir Dinge bringen, die du nie verlangt hast und die dir nicht immer schmecken.»
Lemony Snicket (Alter Ego von Daniel Handler) in «Eine Reihe betrüblicher Ereignisse», Band 10 «Der finstere Fels».

Wir alle haben Träume, Pläne und Hoffnungen. Doch in der Regel verläuft das Leben nicht so reibungslos, wie man es sich ausgedacht hat. Jederzeit können Dinge passieren, welche drohen uns aus der Bahn zu werfen. Damit wir solche Schicksalsschläge heil überstehen, sollten wir den Rat des Stoikers Seneca befolgen.

Eine Verletzung kurz vor dem wichtigsten Wettkampf, ein rufschädigender unehrlicher Angriff in den Medien, ein unverschuldeter Arbeitsplatzverlust, eine lebensbedrohliche Krankheit, eine Pandemie, der Tod eines uns wichtigen Menschen, ein Unfall, der Ausbruch eines Krieges, eine Energiekrise, der Verlust unserer Ersparnisse und Vorsorgeanlagen wegen Inflation, eine Naturkatastrophe oder eine Regierung, welche plötzlich die Grundrechte ausser Kraft setzt und für gewisse Bürgerinnen und Bürger zur Bedrohung wird usw.

All diese Sachen sind den Menschen im Laufe der Geschichte regelmässig widerfahren. Kein Menschenleben, aber auch keine Gesellschaft oder Epoche ist von solchen unerwarteten und für nicht möglich gehaltene Ereignisse verschont geblieben. Schicksalsschläge, Pandemien, Naturkatastrophen und Kriege hat es immer gegeben.

Wir können uns zwar, vor all den uns bekannten Gefahren schützen und uns entsprechend ab oder versichern. Wir alle werden aber «schwarzen

Schwänen» im Sinne der Definition des Finanzmathematikers Nassim Nicholas Taleb begegnen, nämlich historischen, ökonomischen, wirtschaftlichen oder persönlichen Ereignissen, die einerseits von niemandem vorhergesagt wurden, und andererseits massive Konsequenzen für uns haben.

Nun gibt es Menschen, die durch solch unvorhergesehene Ereignisse den Boden unter den Füssen verlieren und in den Abgrund der Depression stürzen. Es gibt aber auch Menschen, die solche Situationen scheinbar unversehrt überstehen oder sogar noch an ihnen wachsen.

Der im Jahre 4 vor Jesus Christus in Cordoba geborene römische Philosoph Seneca hatte mehrere solche Situationen erlebt.
    Als Jugendlicher hatte er schwere gesundheitliche Probleme. Im Alter von 35 fiel er in Ungnade des damaligen römischen Herrschers Caligula. Er entkam nur durch Zufall einer Tötung durch Caligula. Im Jahre 41 nach Christus hatte er erneut Probleme mit einem römischen Herrscher. Kaiser Claudius verbannte ihn nach Korsika.
    Acht Jahre später durfte er nach Rom zurückkehren. Dies weil sich die einflussreiche Frau von Claudius, Julia Agrippina, für ihn eingesetzt hatte. In der Folge wurde Seneca der Privatlehrer von Julia Agrippinas Sohn, dem künftigen römischen Kaiser Nero.

Doch Nero wurde immer verrückter. Etwas das bei Menschen, die zu lange an der Macht sind, und vor allem über zu viel Macht verfügen, nicht selten der Fall ist. Im Jahr 59 n. Chr. ordnete Nero die Ermordung seiner Mutter an. Dies war der Beginn einer Schreckensherrschaft, der viele Menschen zum Opfer fielen, darunter auch seine Frau Octavia.

Im Jahr 64 n. Chr. zerstörte ein Feuer grosse Teile Roms. Nero schob die Schuld der Feuersbrunst auf die kleine christliche Gemeinde der Stadt. In der Folge beschloss Nero, dass das zerstörte Zentrum Roms ein idealer Ort für den Bau seines neuen Palasts, der Domus Aurea, des «Goldenen Hauses», sein würde. Damit festigte Nero seinen Ruf als gefühlloser Despot weiter. Immer mehr einflussreiche Menschen hatten genug von Nero. Im Jahr 65 n. Chr. sollte ein Staatsstreich der Schreckensherrschaft Neros ein Ende bereiten.

Der Putsch aber schlug fehl, weil ein Verräter Nero gewarnt hatte.

In der Folge waren mehr als vierzig Männer wegen Verschwörung angeklagt worden. Einige von ihnen wurden verbannt, die meisten hingerichtet. Seneca wurde ebenfalls der Gruppe der Putschisten zugeordnet.

Nero ordnete an, dass er Selbstmord zu verüben habe. Seneca tat wie ihm befohlen. Er tat dies in ruhiger und gelassener Art und Weise.

In seinen Schriften thematisiert der Stoiker Seneca immer wieder den Umgang mit unvorhergesehenen Schicksalsschlägen.
   Folgend nun neun Zitate, die uns helfen können, mit unvorhergesehenen Situationen umzugehen, bzw. uns mental zu stärken, damit wir vor «Schwarzen Schwänen» nicht zusammenbrechen.

«Das Unvorhergesehene ist in seiner ganzen Wirkung noch erdrückender, das Unerwartete verstärkt das Gewicht einer Katastrophe. Die Tatsache, dass es sich um ein unvorhergesehenes Ereignis handelt, hat den Schmerz eines Menschen immer noch verstärkt. Dies ist ein guter Grund, um sicherzustellen, dass wir niemals von etwas überrascht werden. Wir sollten unsere Aufmerksamkeit jederzeit auf die Zukunft richten und alle Eventualitäten in Betracht ziehen, und nicht nur die gewohnten Abläufe.»
Seneca, Briefe an Lucilius

Was uns Seneca hier rät, ist, dass wir versuchen auch das Unangenehme vorherzusehen. In der Regel verdrängen wir die möglichen schlimmen Dinge, die uns widerfahren könnten. So wie der Westen seit dem Fall der Mauer die Möglichkeit eines Krieges verdrängt hat.

Unzählige Politikerinnen und Politiker fanden es in den letzten dreissig Jahren sinnlos in die Armee zu investieren. Wer das Gegenteil behauptete, wurde im besten Fall als Ewiggestriger, im schlimmsten Fall als Nazi bezeichnet.

Gemäss Seneca sollten wir uns aber eben auch unangenehme Schicksalsschläge vorstellen. Je stärker wir uns nur auf das Gewohnte konzentrieren, desto schlimmer wird es für uns, wenn dieses Gewohnte plötzlich gestört wird. Wir sollten den angenehmen Zustand nie für selbstverständlich halten. Je unerwarteter etwas ist, desto mehr wirft es uns aus der Bahn. Allein die gedankliche Auseinandersetzung mit dem Unwahrscheinlichen und dem Unerwarteten, hilft uns bei der Bewältigung, wenn diese tatsächlich eintreffen.

Sich negative Geschehnisse vorzustellen hat nichts mit Pessimismus zu tun. Es ist eigentlich sogar das Gegenteil. Man bereitet sich nämlich darauf vor, eine unerwartete, unangenehme Situation möglichst gut bewältigen zu können. Wenn wir aber mögliche Schicksalsschläge und

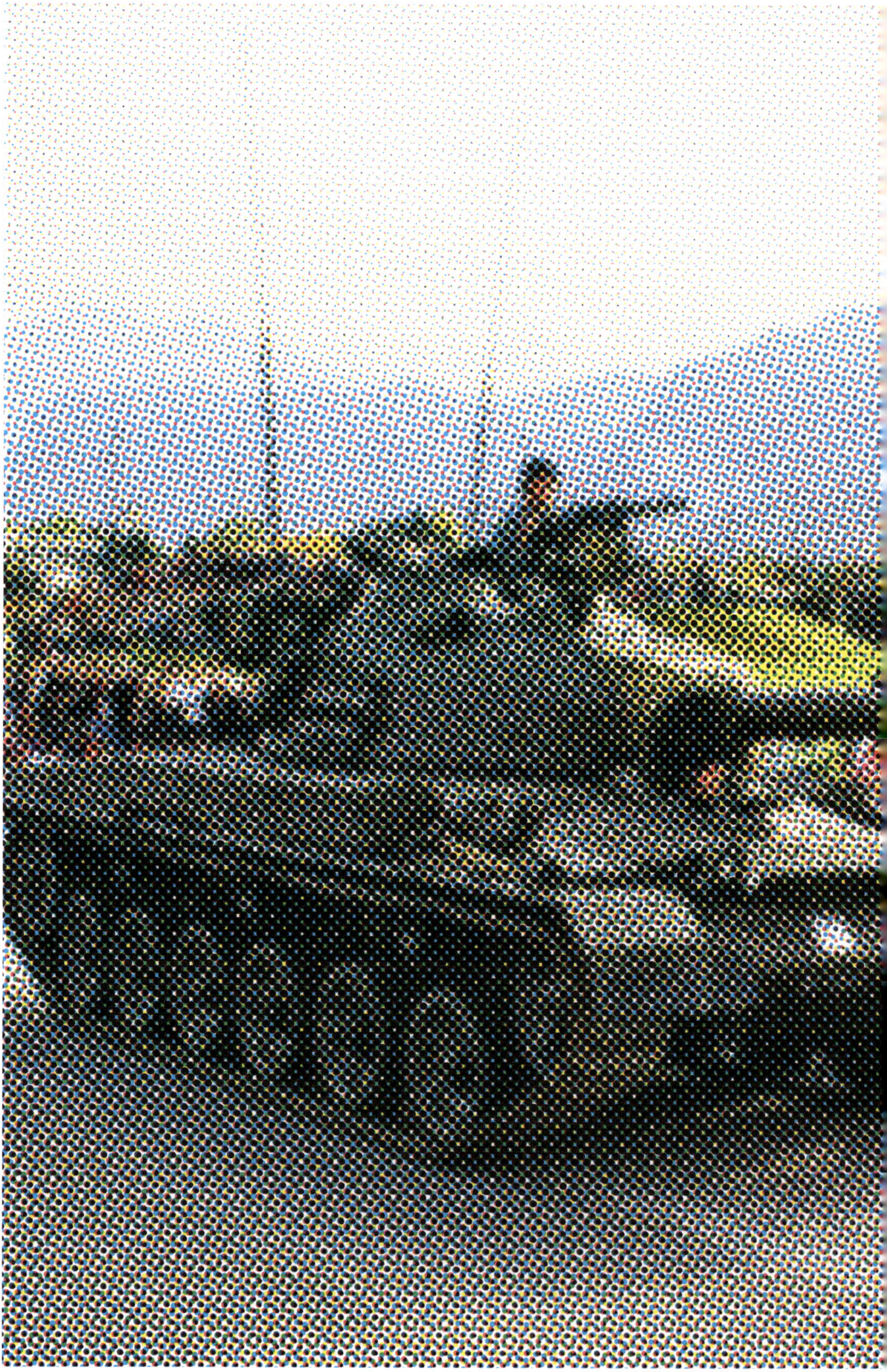

mögliche katastrophale Ereignisse ausblenden, dann ist dies nicht Optimismus, sondern Verdrängung.

In diesem Sinne ist auch folgendes Zitat zu verstehen:

«Deshalb müssen wir jede Möglichkeit in Betracht ziehen und den geistigen Willen stärken, um mit den Dingen umzugehen, die möglicherweise passieren könnten. Stelle sie dir vor deinem inneren Auge vor: Exil, Folter, Krieg, Schiffbruch. Ein Unglück kann dich aus deiner Heimat entreissen... Wenn wir uns nicht von seltenen und unerwarteten Geschehnissen überwältigen und erschlagen lassen wollen, müssen wir das Schicksal in umfassender Weise vorhersehen.»
Seneca, Briefe an Lucilius

Kommen wir zum dritten Zitat. Dieses ist aus der Trostschrift an Marcia

«Dieser Mensch hat seine Kinder verloren: auch du kannst deine Kinder verlieren; dieser Mensch wurde zum Tode verurteilt: auch du kannst deine eigene Unschuld verlieren. Es ist der Irrtum, der uns ergreift und uns schwach macht, während wir Schicksalsschläge erleiden, von denen wir nie geahnt haben, dass wir sie einmal erfahren könnten. Wer den kommenden Ärger vorausgesehen hat, nimmt ihm die Kraft, wenn er tatsächlich kommt.»

Der entscheidende Satz ist: *«Wer den kommenden Ärger vorausgesehen hat, nimmt ihm die Kraft, wenn er tatsächlich eintrifft»*.

Stellen Sie sich all den Ärger vor, den Sie zum Beispiel an einem Arbeitstag begegnen könnten. Stellen Sie sich vor, dass z. B. die nächste Sitzung in einem Konflikt enden könnte, und dann passiert dies nicht. Sind Sie nun zufrieden oder enttäuscht? Natürlich sind Sie zufrieden, weil das erwartete negative Ereignis nicht eingetreten ist.
    Was uns Seneca lehrt, ist Erwartungsmanagement. Wenn ich immer nur positive Ergebnisse erwarte, riskiere ich enttäuscht zu werden.

Persönlich trage ich die negativen Erwartungen in der Regel aber nicht nach aussen, sondern behalte diese für mich, bzw. überlege für mich, was ich tun werde, wenn der schlimmste mögliche Fall eintreten wird.

Vor allem als Führungskraft behalte ich diese Gedankenspiele zu einem «Worst Case Scenario» für mich bzw. teile diese nur mit meinen engsten Vertrauten.

Folgendes Zitat von Seneca, passt unglaublich gut in die heutige Zeit:

*«Ein Feldherr vertraut niemals so sehr auf den Frieden,
dass er es versäumen würde, sich auf einen Krieg vorzubereiten.»*
Seneca, Briefe an Lucilius

Am 27. Februar 2022 hat Deutschlands Regierung angekündigt, dass sie 100 Milliarden in die Verteidigung investieren will. Drei Tage nachdem Russland einen militärischen Angriff gegen die Ukraine gestartet hat. Es ist tragisch, dass es einen Krieg und die unmittelbare Gefahr des Einsatzes von Atomwaffen braucht, damit eine Regierung zu dieser Erkenntnis kommt. Jahrelang hat man die Möglichkeit eines konventionellen Krieges in Europa bewusst negiert. Wer Geld für die Landesverteidigung forderte wurde ignoriert, beschimpft oder bestenfalls belächelt.

Während Jahren hat man die Verteidigung vernachlässigt. Dafür hat man an den ewigen Frieden ohne Waffen geglaubt, über Energiewende, Bio-Anbau und politisch korrekte Sprache debattiert und gleichzeitig auf jene Länder und Politiker herabgeschaut, welche diese Themen, als nicht ganz so wichtig, wie die eigene Landesverteidigung und Landesversorgung angeschaut haben.

Drei Tage nach dem Angriff vollziehen dann dieselben Politiker eine 180 Grad Kehrtwende.

Fünftes Zitat von Seneca. Wiederum aus «Briefe an Lucilius»

«Jeder stellt sich mit grösserer Tapferkeit einer Sache, auf die er sich seit langem vorbereitet hat; selbst Leiden werden ertragen, wenn sie vorher geübt worden sind. Wer dagegen unvorbereitet ist, den versetzen selbst die unbedeutendsten Vorfälle in Panik.»

Gemäss Seneca kann man auch die Leidensfähigkeit durch Training stärken. Diese Erfahrung habe ich und wohl alle, die Militärdienst geleistet haben, auch gemacht. Es ist auch mitunter ein Grund dafür, weshalb militärische Ausbildung im Zusammenhang mit Führung und Leadership derart wertvoll ist.

Versinnbildlicht wird diese Idee des Trainierens der Leidensfähigkeit durch das Motto der Deutschen Kampftaucher, welches lautet: *«Lerne leiden, ohne zu klagen»*. Heute hat man das Gefühl, dass viele Menschen eher nach dem Motto: «Lerne klagen, ohne zu leiden» leben.

Stellen wir uns aber einmal vor, was es für Menschen bedeutet, die nie aus der lauwarmen komfortablen Wohligkeit der heutigen Gegenwart getreten sind, wenn sie das Schicksal plötzlich aus dieser Komfortzone katapultiert.

In diesem Sinne sollten wir uns selbst zwingen, ab und zu aus der Komfortzone zu treten.

Dies bringt Seneca auch mit dem folgenden Zitat zum Ausdruck:

«Nimm dir hin und wieder einige Tage vor, während derer du dich mit der einfachsten und spärlichsten Nahrung und mit einfacher, schlichter Kleidung begnügst und dich fragst: «Ist es das, was ich früher gefürchtet habe?»
Seneca, Briefe an Lucilius

Seneca rät uns regelmässig aus der Komfortzone zu treten. Wenn wir den uns gewohnten Komfort hin und wieder zurücklassen und uns bewusst mit weniger begnügen, lernen wir einerseits das zu schätzen was wir haben, andererseits wird uns bewusst, dass wir auch mit weniger leben könnten. Letzteres nimmt uns auch die Furcht vor Verlust.

Nach Seneca sollten wir uns also nicht nur gedanklich mit möglichen Schicksalsschlägen auseinandersetzen, sondern mögliche Konsequenzen solcher Schicksalsschläge auch üben.

Beispiele dafür können sein: Einmal pro Monat einen Tag lang nichts zu essen, kalt zu duschen, auf dem Boden zu schlafen, zu Fuss zur Arbeit zu gehen oder während einer Woche nur mit einem dem Existenzminimum entsprechenden Geldbetrag auszukommen.

In gleichem Sinne sind die folgenden zwei Zitate:

«Es ist wichtig, sich daran zu gewöhnen, mit wenig auszukommen. Selbst die Reichsten und Wohlhabendsten werden immer wieder mit schwierigen Umständen und Lebenssituationen konfrontiert und müssen sich damit abfinden. Es liegt nicht in der Macht des Menschen, alles zu haben, was er will; aber er hat es in der Hand, sich nicht zu wünschen, was er nicht hat, und das Beste aus den ihm gebotenen Umständen zu machen.»
Seneca, Briefe an Lucilius

«Gerstenbrei oder eine Brotkruste und Wasser sind keine sehr lustvolle Kost, aber nichts verschafft einem ein grösseres Vergnügen als die Fähigkeit, selbst daraus Freude zu schöpfen – und das Gefühl, das zu haben, was einem durch keine ungerechte Schicksalsfügung geraubt werden kann.»
Seneca, Briefe an Lucilius

Es gibt einen einfachen Trick, wie aus dem einfachsten Essen, die grossartigste Mahlzeit überhaupt wird: Entbehrung und Hunger.

Als Kommandant der Infanterie-Offiziersschule liess ich die Aspiranten während den ersten vier Tagen der zehntägigen Durchhalteübung täglich nur eine Notration essen.

Diese bestand aus einem 500 g schweren und 2300 Kalorienreichen Riegel der Marke NRG-5 ohne jeglichen Geschmack. Der Energieverbrauch der Aspiranten, während der Durchhalteübung war um ein Vielfaches höher, als die 2'300 Kalorien.

Nach vier Tagen verspürten die Aspiranten neben Müdigkeit, sie schliefen nur wenige Stunden pro Tag und dies im Freien, entsprechenden Hunger. Auch der fade, eintönige Geschmack der Notration machte ihnen langsam zu schaffen.

Am fünften Tag wurden die Aspiranten dann mit einem einfachen, aber reichhaltigen Ofenfleischkäse und einem simplen Dessert überrascht. In der Folge erhielt ich immer die gleiche Rückmeldung: Der Fleischkäse sei das beste Essen gewesen, dass sie je in ihrem Leben genossen hätten.

Nach der Durchhalteübung thematisierte ich mit den angehenden Offizieren das Erlebte, ihre Gefühle und die Lehren, die sie daraus gezogen hatten.

Immer kamen die jungen Aspiranten zum Schluss, dass man auch bei grossen Entbehrungen Freude schöpfen kann, wennman das schätzt, was man hat, und wenn es in einer kalten und regnerischen Nacht, bei grosser Müdigkeit, körperlicher Erschöpfung und Hunger nur die Tatsache ist, dass man im Frieden lebt, einen guten Kameraden zur Seite hat oder man sich bewusst wird, dass man sich glücklich schätzen kann, Augen zu haben, welche den Mond am Himmel sehen können.

Kommen wir zum letzten Zitat, wiederum aus «Briefe an Lucilius»

«In Zeiten der Sicherheit sollte sich der Mensch auf schwierige Zeiten vorbereiten; wenn das Schicksal ihm wohlgesonnen ist, ist es an der Zeit, sich gegen Rückschläge zu wappnen.»

Sehr viele Menschen in der westlichen Welt leben ohne Reserven. Und wenn ich von Reserven spreche, dann nicht nur von finanziellen.

Wenn wir gesund sind, sollten wir unseren Körper trainieren. Die meisten von uns werden im Leben Momente haben, wo sie von diesen Reserven profitieren werden. So sind Menschen, die gut trainiert sind, nach einem Unfall oder einer schweren Operation rascher wieder auf dem Damm als jene, die sich schon in jungen Jahren gehen liessen.

Was für die Finanzen und den Körper gilt, gilt aber auch für den Geist. Wer nach der Schulzeit mit dem Lernen aufhört, wird viel mehr Mühe haben, sich auf gesellschaftliche und technologische Veränderungen einzustellen.

Wer nicht liest, sich nicht weiterbildet, kein Wissensdurst hat, der wird auch nicht fit für künftige Herausforderungen sein.

Also, vernachlässigen Sie auf keinen Fall Ihren Körper: Spazieren Sie, gehen Sie zu Fuss zur Arbeit, treiben Sie Krafttraining und gehen Sie ab und zu joggen. Trainieren Sie aber auch Ihren Geist: Lernen Sie neue Dinge, lesen Sie, seien Sie neugierig und diskutieren Sie mit anderen Menschen, damit Sie deren Sichtweise kennenlernen. Stellen Sie sich immer wieder neuen körperlichen und geistigen Herausforderungen. Dadurch trainieren Sie auch Ihre Leidensbereitschaft. Und vor allem: Machen Sie sich Gedanken darüber, was im schlimmsten Fall passieren könnte und was dies für Sie bedeutend würde. Wenn dieser «Worst Case» nicht eintrifft, dann freuen Sie sich.

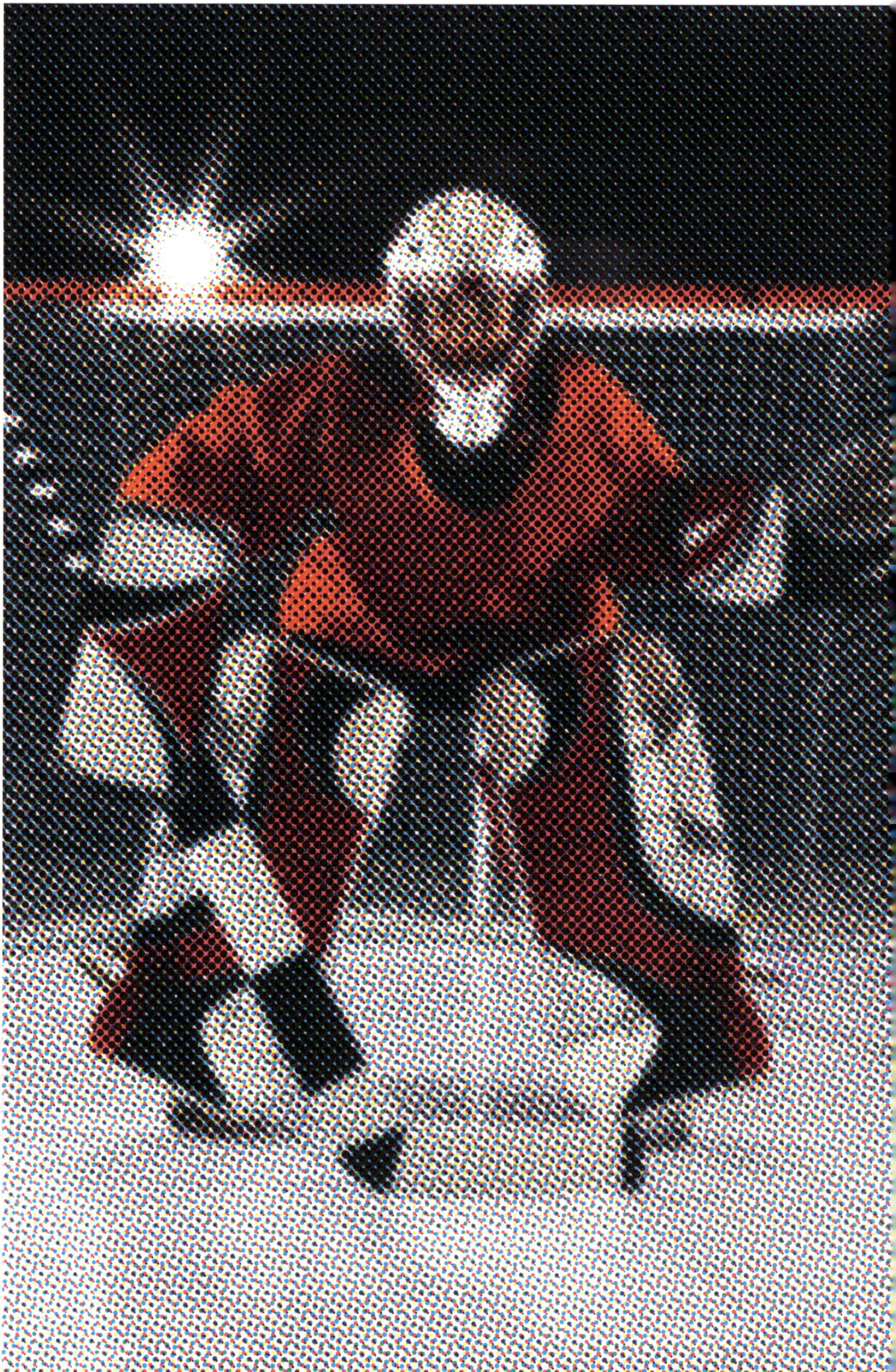

Kapitel 18

Erfolgreich sein dank einem Mindset wie ein Profi

«Der Amateur vermeidet Unannehmlichkeiten.
Der Profi lehnt sich hinein.»
Maxime Lagacé, NHL Torwart

Während sehr viele Menschen an der Stelle treten, gibt es andere, die scheinbar mühelos viel erreichen. Es stellt sich nun die Frage, woran liegt es, dass manche Menschen ihr Potenzial ausschöpfen, während andere nicht einmal an der Oberfläche des Erfolgs kratzen? Ein wesentlicher Unterschied zwischen erfolgreichen Machern und stillstehenden Träumern ist die Denk- und Handlungsweise. Die einen haben eine professionelle, die anderen eine amateurhafte Einstellung. Folgend 15 Denk- und Handlungsweisen, welche Profis von Amateuren unterscheiden.

Inspiriert wurde ich für dieses Thema durch den Schriftsteller und Drehbuchautor Steven Pressfield. Dieser hat 2012 ein Buch mit dem Titel «The War of Art» publiziert. Er beschreibt dort wie Angst, Selbstzweifel, Zaudern, Perfektionismus, und andere Formen der Selbstsabotage uns davon abhalten uns zu verwirklichen. «The War of Art» ist kein tiefgründiges mit wissenschaftlichen Studien untermauertes Buch. Pressfield legt vielmehr seine Sicht dar, was zu tun ist, wenn man seine Träume realisieren will.

Für Pressefield liegt der Unterschied mitunter daran, dass erfolgreiche Menschen ihre Projekte mit einer professionellen Denk- und Handlungsweise verfolgen. Die Erfolgreichen werden zu Profis, die anderen hingegen bleiben Amateure.

Persönlich teile ich Pressfields Sichtweise. Etliche Male konnte ich im Beruf, im Sport, in der Politik oder in der Wirtschaft die Beobachtung machen, dass Menschen, die ein Vorhaben mit einem professionellen Mindset angehen, dieses auch erfolgreich umsetzen. Andere hingegen sprechen zwar von ihren Ideen, ihren Träumen und ihren Wünschen, sind aber nicht in der Lage diese zu verwirklichen.

Was ist nun der Unterschied zwischen einem Profi und einem Amateur? Der Begriff Amateur kommt vom lateinischen «Amator», was übersetzt «Liebhaber» bedeutet. Ein Amateur ist somit eine Person, die eine Tätigkeit aus Liebhaberei ausübt und nicht um seinen Lebensunterhalt damit zu verdienen. Pressfield liefert diesbezüglich einen interessanten Gedankenanstoss, wenn er schreibt: *«Meiner Meinung nach liebt der Amateur die Tätigkeit nicht genug. Wenn er sie wirklich lieben würde, würde er sie nicht als Nebenbeschäftigung ausüben. Der Profi liebt diese so sehr, dass er sie zu seinem Lebensinhalt gemacht hat.»*

Der Profi nutzt die ihm zur Verfügung stehende Zeit zur Verfolgung seines Traums, der Amateur hingegen beschäftigt sich damit, wenn er Lust hat, wenn es ihm gerade Spass macht.

Der einzige Weg, besser zu werden, ist, Zeit damit zu verbringen, daran zu arbeiten. Wer ein besserer Sportler werden will, muss trainieren, wer ein besserer Schriftsteller werden will, muss schreiben, wer ein besserer Maler werden will, muss malen. Es spielt keine Rolle, in was wir besser werden wollen, wenn wir nur dann daran arbeiten, wenn wir gerade Lust haben, werden wir unser Potenzial nie ausschöpfen können.

Die Fähigkeit, die zur Verfügung stehende Zeit zu nutzen, reicht schon aus, um besser zu sein, als die grosse Mehrheit. Wer regelmässig ins Training geht, ist besser als jene, die nicht immer erscheinen. Wer schreibt, ein Instrument übt, etwas lernt, malt oder sonst an seinem Traum arbeitet, während andere sich auf den Sozialen Medien vergnügen, fernsehen, chillen, in den Ausgang gehen oder mit anderen Menschen tratschen, der wird immer einen Vorsprung haben.

James Clear schreibt in seinem Buch «Atomic Habits – die 1 % Methode»: *«Ob man Profi oder Amateur ist, zeigt sich darin, ob man sich auch dann zu einer Tätigkeit aufrafft, wenn sie unangenehm, anstrengend oder ermüdend ist. Profis ziehen den Plan durch, Amateure lassen sich vom Alltag behindern. Profis wissen, was ihnen wichtig ist, und arbeiten zielgerichtet darauf hin, Amateure geraten beim kleinsten Hindernis aus der Spur.»*

Eine professionelle Einstellung zu haben, bedeutet, dass man auch jene Dinge tut, die schwierig und unangenehm sind, uns aber helfen unseren Traum zu verwirklichen. Unternehmer und Bestseller Autor Seth Godin geht noch einen Schritt weiter, er schreibt in seinem Buch «The Practice»: *«Tu, was du liebst»* ist etwas für Amateure. *«Liebe, was du tust»* ist das Mantra der Profis.»

Es ist nicht so, dass man alles aufgeben muss und sein Leben nur noch auf die Verwirklichung seines Traums auszurichten hat, um ein Profi zu sein. Eine professionelle Einstellung und Handlungsweise kann man auch gegenüber Tätigkeiten an den Tag legen, mit denen man nicht seinen Lebensunterhalt verdient, oder noch nicht verdient.

Folgend einige Punkte, in welchen sich Profis von Amateuren, erfolgreiche Macher, von stillstehenden Träumern unterscheiden.

1. Amateure feiern, wenn sie etwas erreicht haben. Profis wissen, dass der erste Erfolg nur der Anfang ist.

Es ist nicht so, dass ich der Meinung bin, dass man das Erreichen von Meilensteinen nicht würdigen darf. Es ist meines Erachtens wichtig, dass man bei einem Erfolg vor allem seinem Team, seinen Mitarbeitenden und all jenen, die zum Erfolg beigetragen haben die notwendige Wertschätzung entgegenbringt. Dies kann man zum Beispiel mit einem Fest, einer Zeremonie oder einem gemeinsamen Nachtessen tun. Sich aber persönlich bei einem Erfolg zu feiern, ist unprofessionell. Sicher darf man den Moment geniessen und stolz sein. Man muss sich aber auch bewusst sein, dass der Moment bereits eine Sekunde später nach seinem Eintreten zur Vergangenheit gehört. Ein Profi lebt nicht in der Vergangenheit, sondern versucht in der Gegenwart ständig die besten Voraussetzungen zu schaffen, um in der Zukunft zu reüssieren. Deshalb ist jeder Erfolg nur ein Zwischenschritt und stellt somit kein einmaliges Erlebnis dar, das es überschwänglich zu feiern gilt.

2. Amateure denken, sie sind gut in allem. Profis kennen ihren Kompetenzbereich.

Ein Profi konzentriert sich auf seine Stärken und versucht diese durch konstantes Üben und Anwenden zu verbessern. Der Profi will sein Handwerk beherrschen. Amateure hingegen überschätzen ihr Können. Sie glauben sowohl auf jeder Position, sei es als Stürmer oder Verteidiger hervorragend zu sein, sie glauben sowohl Sachbücher, Gedichte, Romane und Drehbücher hervorragend schreiben zu können. Ich kenne genügend Personen in Führungspositionen, die das Gefühl haben, dass sie aufgrund ihrer Funktion Experten in allen Lebensbereichen sind, von der Politik, über die Wirtschaft, die Kultur bis hin zu sämtlichen Gesellschaftsfragen.

3. Profis suchen gezieltes Feedback.

Amateure sehen Feedback und Coaching als Kritik an ihrer Person. Profis hingegen wollen ihr Handwerk verbessern und suchen deshalb aktiv Kritik und Ratschläge von Experten.

4. Profis sind in der Lage ihr Handwerk bzw. ihre Funktion von ihrer Person zu trennen.

Dieses Problem beobachte ich vor allem auch bei Politikern. Sehr viele Politiker sind nicht in der Lage ihre Person von ihrem Amt zu trennen, im Gegenteil sie definieren sich über ihr Amt. Ihr Selbstwertgefühl steht und fällt mit dem Mandat. Zahlreiche Politiker fürchten sich vor einer Nichtwiederwahl, weil sie eine solche als persönliche Niederlage auffassen und sie sich in der Folge selbst in Frage stellen. Eine politische Wahl hat aber ganz eigene Gesetze. Es ist nicht so, dass eine Wahl nur das Resultat vorgängig erbrachter Leistungen ist. Nicht selten spielen der Zeitgeist, aktuelle Themen, die Parteizugehörigkeit, die personelle Konstellation bei einer Partei und weitere Punkte eine wichtige Rolle. Als ich im Jahr 2014 das erste Mal in das Kantonsparlament gewählt wurde, war meine Partei im Aufwind, zudem hatten wir eine geschickte Listengestaltung gemacht. Ich hatte somit Glück, im richtigen Moment am richtigen Ort gewesen zu sein.

Profis definieren sich selbst nicht allein über ihr Handwerk oder ihre Funktion, Sie sehen sich als Menschen, die ein Handwerk, einen Sport, einen Job oder eine Funktion ausüben und dies wollen sie so gut wie möglich tun. Sie glauben aber nicht, dass sie als Mensch mehr Wert haben oder besser sind als andere Menschen, die nicht die gleiche Funktion, das gleiche Handwerk, die gleiche Kunst oder den gleichen Sport ausüben. Profis sind bescheiden, Amateure geben an und stellen sich und ihre Funktion, ihren Titel oder Grad permanent ins Rampenlicht.

5. Amateure überbewerten isolierte Leistungen. Profis hingegen legen Wert auf Beständigkeit.

Nehmen wir ein Beispiel aus dem Eishockey: Der Amateur sucht nach dem einmaligen auf den Sozialen Medien viral gehenden super speziellen Penaltyschuss. Ihm spielt es keine Rolle, ob er beim Versuch x-mal scheitert, er lebt von diesem einen Ereignis. Der Profi hingegen legt keinen grossen Wert auf den einmaligen Wow-Effekt, er will ganz einfach möglichst häufig treffen. Deshalb lässt der Profi den Firlefanz weg und konzentriert sich auf das Wesentliche. Auch Beobachter kann man in diesem Zusammenhang in Kenner und Amateure unterteilen. Stümper lassen sich durch einmalige Leistungen, z. B. ein tolles Dribbling, einen schönen Torschuss, einen tollen Song, einen guten Auftritt bei der Vernissage, gute Werbung oder überzeugende Public Relation blenden, der Kenner hingegen sieht den gesamten Zusammenhang. Würde man z. B. einen Durchschnittsfan eine Eishockeymannschaft zusammenstellen lassen, die Mannschaft wäre wohl voller Spieler, die bis anhin viele Tore geschossen haben, die eine gute Show abziehen können, die grossartig aussehen und sich gut verkaufen können. Ob diese Spieler aber als Persönlichkeiten zueinander passen, ob sie in der Lage sind, die Drecksarbeit zu leisten, jene Dinge, die es auch braucht, die aber keinen Wow-Effekt beim Betrachter auslösen, würde keine Rolle spielen. Der Kenner aber erkennt den wahren Wert der Spieler, Künstler oder Mitarbeitenden.

6. Amateure geben bei den ersten Anzeichen von Schwierigkeiten auf und halten sich für Versager. Profis sehen Versagen als Teil des Weges zur Beherrschung ihres Handwerks.

Als ich meinen Podcast startete habe, sind mir permanent vor allem technische Fehler unterlaufen. Mehrere Male habe ich ganze Audio- oder Filmaufnahmen verloren, so, dass ich nach rund zehn Stunden Arbeit wieder von vorne anfangen musste. Auch wurden die ersten Folgen nach rund einer Woche von vielleicht gerade mal zehn Personen runtergeladen. Da stellt man sich unweigerlich die Frage, ob sich der ganze Aufwand lohnt. Mit einer professionellen Einstellung gibt man aber nicht auf, sondern man geht beharrlich seinen Weg weiter.

**7. Amateure kommen ins Training, um Spass zu haben.
Profis trainieren, um besser zu werden.**

Ein Profi will nach dem Training das Gefühl haben, dass er besser ist als vor dem Training. Wenn man während dem Training noch Spass hat, dann umso besser. Ein Profi wird aber mit einer Trainingseinheit nie zufrieden sein, wenn er sich nicht weiterentwickelt hat, auch wenn er beim Training einen Riesenspass hatte. Wenn ein Profi die Wahl hat zwischen einem Training oder einem lustigen Abend im Ausgang, dann entscheidet er sich definitiv für das Training, der Amateur hingegen wählt den spassigen Ausgang.

Seit rund 15 Jahren beobachte ich die Nachwuchseishockeyspieler in der Schweiz und vor allem in meiner Region. Sei es als Vater eines Spielers aber auch als Präsident eines Eishockeyclubs. Im Alter zwischen 13 und 20 Jahren ist es vor allem die persönliche Einstellung, die den grossen Unterschied zwischen denen ausmacht, die auf niedrigerem oder höherem Niveau spielen. Ich sah Jungs, die mit 12 Jahren zu den Besten gehörten und fünf Jahre später von solchen überholt wurden, die eher mittelmässig waren, aber permanent an sich gearbeitet haben. Es gibt Spieler, die auf ihrer jeweiligen Stufe nie zu den Besten gehörten, aber kontinuierlich Stufe um Stufe weitergestiegen sind. Während andere einst zu den Stars gehörten, sich aber nicht mehr weiterentwickelt haben, weil sie ihre Prioritäten im Laufe der Zeit anders setzten.

8. Amateure glauben, dass Wissen Macht bedeutet. Profis geben Weisheit und Ratschläge weiter.

Oft begegne ich Menschen, die sich selbst Unternehmer nennen, sich aber vor jeglicher Konkurrenz fürchten. Am liebsten möchten sie ein Monopol haben. Die Profis hingegen freuen sich über Konkurrenz. Sie sehen Konkurrenz nicht als Feind oder Bedrohung, sondern als Chance um gemeinsam besser zu werden. Profis gehen sogar so weit, dass sie ihr Wissen mit anderen teilen. Dies auch weil sie in der Lage sind mittel und langfristig zu denken. Derjenige, der Wissen teilt, die Konkurrenz mit einbezieht, sie an Bord holt, wird unweigerlich den Lead übernehmen.

9. Amateure glauben, dass gute Ergebnisse die Folge ihrer Genialität sind. Profis verstehen, dass gute Ergebnisse das Ergebnis von Glück und Arbeit sind.

Profis arbeiten permanent daran, besser in ihrem Handwerk zu werden. Ihr Augenmerk liegt nicht darauf erfolgreicher und berühmter zu werden, sondern besser zu werden, sei es als Maler, Schriftsteller, Redner, Boxer, Eishockeyspieler, Leader, Arzt, Musiker, Lehrer usw.

Amateure überschätzen ihr Können aufgrund eines erfolgreichen Ergebnisses. Sie leben von diesem Moment der Grossartigkeit. Profis hingegen wissen, dass in diesem Moment die Sterne einfach zu ihren Gunsten standen. Sie wissen, dass auch externe Faktoren, die ausserhalb ihrer Kontrolle liegen, dazu beigetragen haben, dass in diesem Moment alles perfekt funktioniert hat.

10. Amateure konzentrieren sich auf das Kurzfristige. Profis konzentrieren sich auf das Langfristige.

Amateure suchen den sofortigen Erfolg, sie wollen sofort im Rampenlicht stehen. Der Profi hingegen kennt das Prinzip der verspäteten Belohnung. Der Profi weiss, dass jedes Projekt schwieriger sein wird, als man es zu Beginn erwartet, er weiss, dass der Weg an die Spitze nicht ohne Hindernisse sein wird. Der Profi wappnet sich zu Beginn eines Projekts und erinnert sich selbst daran, dass es sich um ein 100-km-Rennen und nicht um einen Sechzig-Meter-Lauf handelt. Er teilt seine Kräfte ein und bereitet seinen Geist für die lange Strecke vor. Als ich mein erstes Buch schrieb, brauchte ich dafür fünf Jahre. Natürlich wäre dies auch schneller gegangen. Da ich aber mein Geld nicht mit dem Schreiben verdiene, musste ich das Buch in der Freizeit schreiben. Mein Plan war recht einfach: Eine Geschichte pro Monat und eine Reserve von zehn Monaten. So hatte ich nach fünf Jahren die fünfzig Kurzgeschichten zusammen.

11. Amateure konzentrieren sich darauf, andere Menschen herabzusetzen. Profis konzentrieren sich darauf, andere besser zu machen.

Amateure sind hervorragend darin, über andere herzuziehen. Sie tratschen, verbreiten Gerüchte und sprechen generell schlecht über andere Künstler, Athleten, Unternehmer etc. Amateure vergeuden sehr viel Energie mit Tratsch. Wie oft habe ich gehört, dass andere nur Erfolg hätten, weil sie Geld geerbt, Dopingmittel genutzt oder gute Beziehungen unterhalten. Profis hingegen beobachten andere und versuchen von diesen zu lernen. Sie sehen jene, die besser sind als sie, als Inspiration.

12. Amateure treffen Entscheidungen in Gruppen, so dass es keine Person gibt, die verantwortlich ist, wenn etwas schiefläuft. Profis treffen Entscheidungen als Einzelpersonen und übernehmen die Verantwortung.

Menschen mit einer Profi-Einstellung treffen allein die Entscheidung eine Herausforderung anzunehmen, sie brauchen keine Validierung durch andere Personen. In der Folge motivieren sie sich auch selbst. Sie suchen nicht nach externer Bestätigung, sie tun es für sich, nicht für andere. Und sie übernehmen auch allein die Verantwortung. Wenn Sie ein Buch schreiben wollen, eine Expedition machen oder eine Unternehmung gründen wollen, dann fragen Sie nicht alle anderen, sondern Sie tun es. Natürlich können Sie den Ratschlag von Experten und guten Freunden einholen, um herauszufinden wie Sie es machen sollen. Den Entscheid es zu tun, müssen Sie aber selbst fällen.

Nehmen wir das Beispiel von Schriftsteller Abel di Lorenzo, der in der 61. Folge meines Podcast «der stoische Pirat» zu Gast war und sein Buch «7-Siech» vorgestellt hat.

Hätte Abel auf alle anderen gehört, er hätte sein Buch nie geschrieben und könnte auch heute seinen Erfolg nicht feiern. Ständig andere zu fragen ist ein Zeichen von Angst, aber auch von Prokrastination, es hilft einem in der Komfortzone zu verweilen. Denn eines ist sicher, nur die wenigsten Menschen werden uns motivieren neue Abenteuer zu starten. Dies auch, weil sie so ihre eigene Tatenlosigkeit rechtfertigen können. Hätte ich auf alle externen Ratschläge gehört, mein Leben wäre absolut langweilig, mediokrer und lauwarm. Zudem waren meine besten Entscheidungen rückblickend jene, die auf den meisten Widerstand gestossen sind.

13. Amateure geben anderen die Schuld. Profis übernehmen die Verantwortung.

Ein Profi akzeptiert keine Ausreden. Er beklagt sich nicht über schlechte Wetterbedingungen, den Schiedsrichter, den Coach, seinen Chef oder seine Mitspieler. Der Profi fokussiert sich auf das, was in seiner Kontrolle liegt, er analysiert seine Leistung unter den gegebenen Umständen. Er fragt sich, was er bei gleichen Voraussetzungen das nächste Mal besser machen kann. Der Amateur hingegen findet tonnenweise externe Gründe, weshalb er seine Genialität nicht abrufen konnte.

14. Amateure sehen Meinungsverschiedenheiten als Bedrohung an. Profis sehen sie als eine Gelegenheit zum Lernen.

Amateure suchen Harmonie und vor allem Anerkennung. Sie wollen hören, wie gut sie sind. Ein Profi aber sieht eine Meinungsverschiedenheit als eine Chance an, einen anderen Blickwinkel einzunehmen, dadurch den Horizont zu erweitern und damit besser zu werden.

15. Amateure definieren sich durch ihren Titel.

Sie wollen als Künstler, Schauspieler, Athlet, Schriftsteller, Politiker, General, Unternehmer usw. bekannt sein. Es ist ihnen wichtig, dass andere Menschen sie wegen ihrer Berufsbezeichnung bewundern. Profis hingegen, suchen nach keiner Anerkennung, sie stellen nicht sich ins Zentrum, sondern ihr Schaffen. Sie wollen mit ihren Werken, ihren Unternehmungen, ihrem Handeln oder ihren Produkten bei den Menschen etwas bewegen, diese inspirieren, motivieren, erfreuen oder zum Nachdenken anregen. Der Amateur will als Mensch im Rampenlicht stehen und bewundert werden. Steven Pressfield schreibt dazu: «*Das Zeichen des Amateurs ist eine übermässige Verherrlichung und Beschäftigung mit dem Mysterium rund um den Titel. Der Profi hält die Klappe, redet nicht darüber und macht seinen Job.*»

Also, wenn Sie sich verwirklichen wollen, wenn Sie einen Traum haben, den Sie realisieren wollen, dann gehen Sie dieses Unterfangen mit einer professionellen Denk- und Handlungsweise an. Machen Sie die notwendigen Handlungen zu einer Gewohnheit. Auch wenn Sie nur einige Stunden pro Woche Zeit dafür haben, dann nutzen Sie diese.

Wenn Sie Schriftsteller werden wollen, dann schreiben Sie, wenn Sie Musiker werden wollen, dann üben Sie ein Instrument, wenn Sie einen Marathon laufen wollen, dann trainieren Sie regelmässig. Keine Ausreden! Zeit findet sich immer. Vielleicht nicht so viel Zeit, dass sich das Projekt innert einiger Wochen realisieren lässt, aber das spielt auch keine Rolle. Vielleicht braucht Ihr Projekt fünf Jahre, vielleicht zehn Jahre, wichtig ist, dass Sie sich regelmässig die zur Verfügung stehende Zeit nehmen und beharrlich daran arbeiten, um Ihren Traum zu verwirklichen.

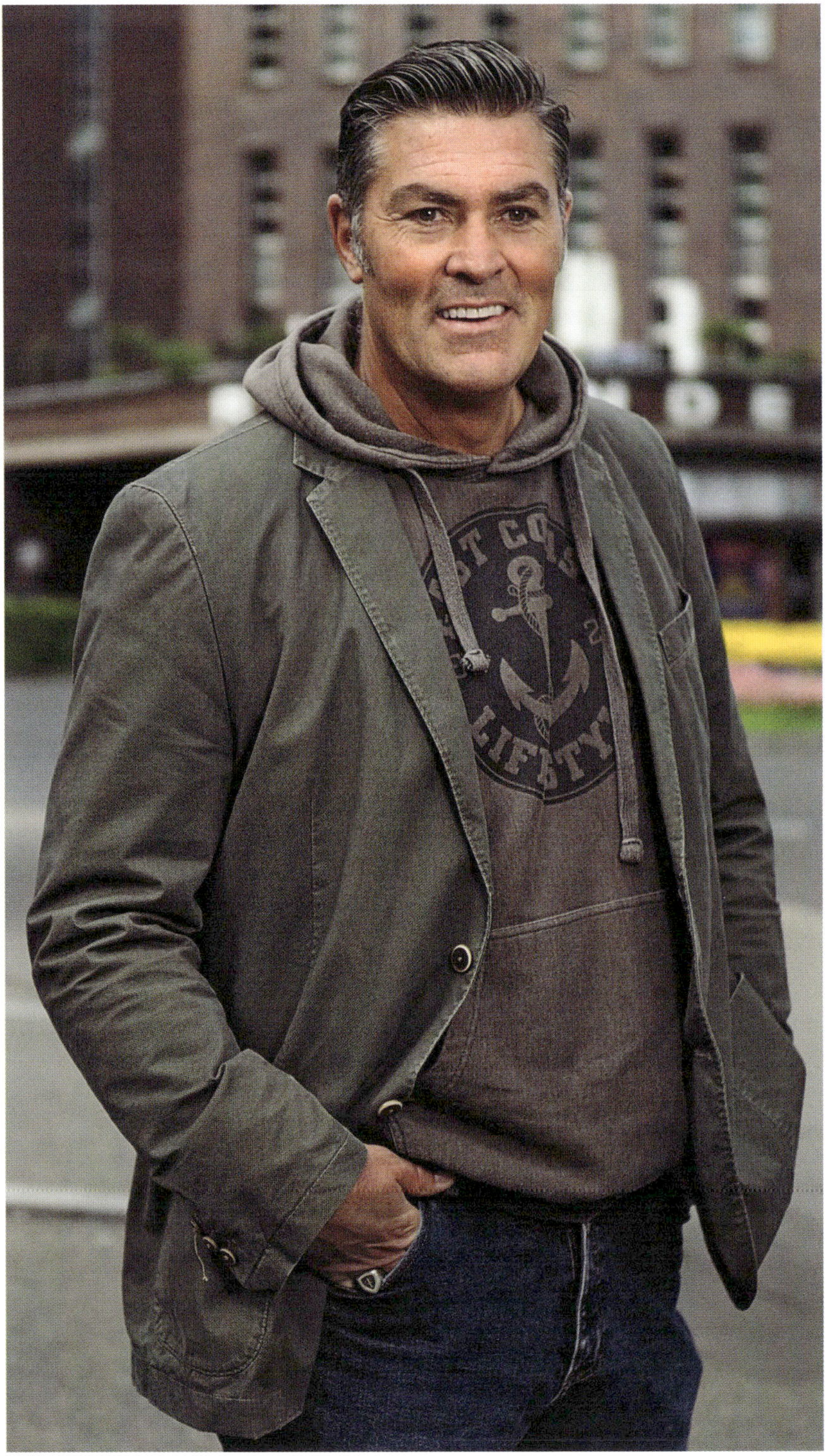

Kapitel 19 / Interview

«Ein moderner Pirat ist bereit, den Status quo herauszufordern.»

Piraten sind besser als ihr Ruf. Das ist die Überzeugung von Mathias Müller, dem Autor des vorliegenden Buches. Giuseppe Gracia, Journalist und Bestsellerautor fühlt Mathias Müller auf den Zahn und will von ihm auch wissen, was wir vom «stoischen Piraten» lernen können.

Guiseppe Gracia: Sie bezeichnen sich selber als «stoischer Pirat» und auch das vorliegende Buch trägt diesen Titel. Was verstehen Sie darunter?
Mathias Müller: Die Piraten im «goldenen Zeitalter» der Piraterie ab Mitte des 17. bis zu Beginn des 18. Jahrhundert waren entgegen einem weitverbreitenden Missverständnis nicht brutale, kriminelle Seeräuber mit Holzbein und Augenklappe, sondern Sozialreformer. Sie stellten das damalige rigide, ungerechte Gesellschaftssystem in Frage und wagten neue Wege des Zusammenlebens. Pirat zu sein ist deshalb meines Erachtens eine Geisteshaltung, die sich dadurch kennzeichnet, dass man Dinge, Autoritäten, Normen aber auch sich selbst immer wieder kritisch hinterfragt und gleichzeitig den Mut hat, manchmal gegen den Strom zu schwimmen. Ein moderner Pirat ist somit ein kritischer Mensch, der – falls nötig – auch bereit ist, den Status Quo herauszufordern, Grenzen zu verschieben, Neues zu wagen und einen rebellischen Geist besitzt.

Brauchen wir in der heutigen Zeit mehr «Piraten»?
Definitiv. Wir leben in einer Zeit der Polarisierung, in einer Zeit, in welcher zwar viel von Diversität gesprochen wird, wirkliche Meinungsvielfalt hingegen nicht erwünscht ist. Wir bewegen uns zunehmend in Echokammern und bedienen unseren eigenen «Confirmation Bias» (Bestätigungsfehler). Alle sind der Meinung, dass sie recht hätten, die anderen aber falsch. Wer die «richtige» Meinung nicht teilt, wird ausgelacht, verunglimpft oder im schlimmsten Falle sogar ausgegrenzt. Eiferer und Fanatiker werden immer lauter, viele Menschen getrauen sich in dieser Atmosphäre ihre Meinung nicht mehr zu äussern. Des-

halb brauchen wir Piraten, welche sich gegen diese Tendenz stellen. Ansonsten segeln wir immer weiter Weg vom freiheitlichen Geist der Aufklärung hin zu einem fundamentalistisch inquisitorischen.

Pirat zu sein reicht aber offenbar nicht, man sollte auch Stoiker sein?
Stoizismus, diese antike Philosophie, die von den Weisen Griechenlands und Roms vor über zweitausend Jahren entwickelt wurde, ist heute aktueller denn je. In einer Zeit, in der wir von Informationen und Reizen bombardiert werden, von sozialen Netzwerken bis hin zu globalen Krisen, bietet der Stoizismus einen Leuchtturm der Gelassenheit inmitten des Sturms.

Wie hilft der Stoizismus den Menschen?
Ein erster grosser Vorteil des Stoizismus besteht darin, dass er uns hilft, uns auf das zu konzentrieren, was wirklich wichtig ist. Durch die Dichotomie der Kontrolle – eine zentrale Lehre des Stoizismus – wird uns klar, dass es nur zwei Arten von Dingen gibt: die, die wir kontrollieren können, und die, die wir nicht kontrollieren können. Unsere Meinungen, Absichten und Wünsche? In unserer Kontrolle. Das Wetter, die Meinungen anderer, über uns, den Lauf der Weltwirtschaft? Ausserhalb unserer Kontrolle. Indem wir uns darauf konzentrieren, was wir tatsächlich beeinflussen können, und den Rest akzeptieren, können wir ein enormes Mass an seelischer Ruhe und Zufriedenheit erlangen.

Dann haben wir Amor Fati – die Liebe zum Schicksal. Es geht darum, jede Situation, die das Leben auf uns wirft, zu umarmen, statt dagegen anzukämpfen. Anstatt zu bedauern, dass es regnet, freuen wir uns, dass wir einen Regenschirm haben. Anstatt uns über eine schwierige Aufgabe zu ärgern, freuen wir uns auf die Gelegenheit, zu lernen und zu wachsen. Dieser Ansatz kann uns helfen, die Höhen und Tiefen des Lebens zu akzeptieren und sogar zu schätzen, wodurch wir widerstandsfähiger gegen Stress und Enttäuschungen werden.

Schliesslich das «Memento Mori» – bedenke, dass du sterblich bist! Dies mag auf den ersten Blick düster erscheinen, aber in Wirklichkeit ist es eine kraftvolle Erinnerung daran, dass unsere Zeit auf dieser Erde begrenzt ist. Es ermahnt uns, jeden Moment zu schätzen und unser Leben so zu leben, dass es unseren Werten und Überzeugungen entspricht. Durch das Bewusstsein unserer Sterblichkeit können wir uns darauf konzentrieren, das Beste aus der Gegenwart zu machen und das Leben zu leben, das wir wirklich wollen.

Wieso passt der Stoizismus in die heutige Welt?
Inmitten des chaotischen Gewirrs der modernen Welt bietet der Stoizismus einen klaren, ruhigen Pfad. Indem wir uns auf das konzentrieren, was wir kontrollieren können, das Schicksal lieben, das uns erfüllt, und das Leben schätzen, das wir haben, kann der Stoizismus uns dabei helfen, ein tief befriedigendes, glückliches Leben zu führen. Nicht weil wir allem Schmerz oder jeder Schwierigkeit entgehen, sondern weil wir lernen, sie als Teil des wunderbaren, komplexen Abenteuers zu akzeptieren, welche das Leben ist.

Der Stoizismus als Gegenbewegung zur heutigen Opferkultur?
Das hat etwas. Es ist eine beobachtbare Entwicklung in der Geschichte der menschlichen Kultur, dass wir von einer heroischen zu einer postheroischen und schliesslich zu einer Opferkultur übergegangen sind.

In der heroischen Kultur, die insbesondere in der Antike vorherrschte, wurde der individuelle Held und seine Taten betont. Diese Helden überwanden enorme Hindernisse und kämpften für ihre Gemeinschaften, ihre Ideale und ihre Ehre. In dieser Kultur wurde Eigenverantwortung, Tapferkeit und Durchhaltevermögen hochgeschätzt.

In der Moderne wandelte sich diese Sichtweise hin zu einer postheroischen Kultur. Hier wurde die Rolle des Individuums als Held in Frage gestellt und eine stärkere Betonung auf Teamarbeit und kollektive Anstrengungen gelegt. Die Idee war, dass nicht ein Einzelner alle Probleme lösen kann, sondern dass es gemeinschaftlicher Anstrengungen bedarf, um die Herausforderungen der modernen Welt zu bewältigen.

Schliesslich sind wir in den letzten Jahrzehnten zu einer Opferkultur übergegangen. In dieser Kultur wird das Leiden und die Marginalisierung des Einzelnen betont und die Gesellschaft oder bestimmte Gruppen dafür verantwortlich gemacht. Eigenverantwortung wird oft vernachlässigt und die Identität einer Person kann stark mit ihrer Opferrolle verknüpft werden. Es gibt heute eine Art Opferkult.

Wie bewertest Du Veränderung?
Dieser Wandel hat sowohl positive als auch negative Aspekte. Einerseits hat die Opferkultur dazu beigetragen, Ungerechtigkeiten und Marginalisierungen aufzuzeigen, die zuvor übersehen oder ignoriert wurden. Andererseits führt dieser Zeitgeist nun dazu, dass es viele Menschen als erstrebenswert sehen ein Opfer zu sein und dadurch ihre Fähigkeit zur Eigenverantwortung und Selbstwirksamkeit verlieren.

Und wie kann uns der Stoizismus diesbezüglich helfen?
Wie bereits erwähnt lehrt uns der Stoizismus, zwischen den Dingen zu unterscheiden, die wir kontrollieren und allenfalls verändern können (unsere Meinungen, Urteile, Werte) und den Dingen, die wir nicht kontrollieren können (das Verhalten anderer, die Umstände). Er ermutigt uns, trotz schwieriger Umstände unser Bestes zu geben und dabei Würde und Selbstachtung zu bewahren.

Anstatt uns also ausschliesslich als Opfer zu sehen, können wir uns als aktive Gestalter unseres eigenen Lebens sehen. Wir können Ungerechtigkeiten anerkennen und bekämpfen, ohne uns vollständig von ihnen definieren zu lassen. Durch das Streben nach Tugend, Selbsterkenntnis und Selbstkontrolle kann der Stoizismus uns helfen, aus der selbstbemitleidenden Opferrolle auszubrechen und ein stärkeres, widerstandsfähigeres Selbstbild zu entwickeln.

Dein Buch ist kein reines Philosophiebuch, sondern gespickt mit wissenschaftlichen Erkenntnissen aus der Psychologie.
Ich habe vor langer Zeit mal an der Universität Bern Psychologie studiert. Es war mir ein Anliegen, dass ich meine Gedanken nicht nur auf meinen eigenen Glaubenssätzen basiere, sondern auch die wissenschaftlichen Belege dazu liefere. Es gibt meines Erachtens zu viele «Selbsthilfebücher», denen die wissenschaftliche Basis fehlt.

Was bezweckst Du mit diesem Buch?
Es geht mir darum, die Leserinnen und Leser zum Denken anzuregen. Es ist eine merkwürdige Tendenz, die wir Menschen haben – die Annahme, wir hätten die Welt um uns herum vollständig verstanden, obwohl wir oft völlig danebenliegen. Unsere eigene Psyche spielt uns Streiche, führt uns in die Irre durch Denkfehler und Vorurteile. Wir sind Opfer zahlreicher kognitiver Verzerrungen, wie etwa dem Bestätigungsfehler, bei dem wir dazu neigen, Informationen zu suchen und zu bevorzugen, die unsere bereits bestehenden Überzeugungen oder Hypothesen bestätigen, während wir gleichzeitig Informationen ignorieren oder ablehnen, die diesen widersprechen.

Bevor wir jedoch zu hastigen Urteilen über andere gelangen oder sie gar verurteilen, sollten wir einen Schritt zurücktreten und einen Spiegel vor uns selbst halten. Anstatt die Welt ausschliesslich durch die Linse unserer vorgefassten Überzeugungen und Annahmen zu betrachten, sollten wir uns bemühen, unsere eigene Psyche zu verstehen, unser eigenes Funktionieren und Denken in Frage zu stellen. Es ist eine notwendige Übung in Selbstkritik, ein Verstehen und Anerkennen unserer eigenen Mängel und Fehlurteile, bevor wir uns erlauben, Kritik an anderen zu üben.

In den Worten des antiken Philosophen Sokrates: «Erkenne dich selbst.» Das vorliegende Buch soll dabei helfen, die Tiefe unseres eigenen Bewusstseins zu sondieren, unsere eigenen Vorurteile und Verzerrungen zu erkennen und zu verstehen, bevor wir uns erlauben, über andere zu urteilen. Nur durch dieses Verständnis, durch diese Selbstkritik, können wir hoffen, klare, faire Urteile zu fällen und wirklich empathisch und verständnisvoll mit unseren Mitmenschen umzugehen.

An wen richtet sich dieses Buch?
Als ich dieses Buch geschrieben habe, hatte ich unsere drei Kinder im Teenager-Alter vor Augen. Ich wollte ihnen meine Erkenntnisse aus 53 Lebensjahren in dieser Form mit auf den Weg geben. Ich möchte an dieser Stelle aber betonen, dass ich weit davon entfernt bin, zu glauben, dass ich wisse, wie das Leben und die Welt funktionierten. Den vorliegenden Text habe ich viel mehr im Bewusstsein geschrieben, wie es Tolstoi ausgedrückt hat: «Du musst vieles wissen, um zu verstehen, wie wenig du weisst.» Somit ist das Buch an Menschen gerichtet, die einen offenen und kritischen Geist haben, Menschen die bereit sind sich selbst zu hinterfragen und täglich dazulernen wollen.

Wieso ist es so wichtig kritisch zu sein und eigenständig zu denken?
Nur wer eigenständig denkt, ist wirklich frei. Freiheit ist ein Konzept, das tief in der menschlichen Psyche verwurzelt ist. Es steht für Autonomie, Selbstbestimmung und die Möglichkeit, unser eigenes Leben zu gestalten. Obwohl sich Freiheit in unterschiedlichen Kulturen und Kontexten unterschiedlich manifestieren kann, ist ihr grundlegendes Verlangen universell. Der Wunsch, frei zu sein, ist eine der grundlegenden Triebfedern der menschlichen Natur.

Aber was bedeutet es wirklich, frei zu sein? Ist es die Fähigkeit, zu tun und zu lassen, was wir wollen? Oder ist es eher eine innere Freiheit, ein Zustand des Geistes?
Hier kommt das eigenständige Denken ins Spiel. Ohne die Fähigkeit, unabhängig und kritisch zu denken, können wir leicht manipuliert und von äusseren Einflüssen beherrscht werden. Wir können zwar die Freiheit haben, zu wählen, aber wenn unsere Entscheidungen auf Fehlinformationen oder vorgefertigten Annahmen basieren, sind wir dann wirklich frei?

Eigenständiges Denken bedeutet, die Welt um uns herum kritisch zu hinterfragen. Es bedeutet, unsere eigenen Annahmen, Überzeugungen und Vorurteile in Frage zu stellen. Es bedeutet, offen für neue Informationen und Perspektiven zu sein und bereit zu sein, unsere Meinung zu ändern, wenn die Beweise dies nahelegen. Eigenständiges Denken erfordert Mut, da es oft bedeutet, sich gegen den Strom zu stellen und sich von der Masse abzuheben.

Ohne diese Fähigkeit sind wir Gefangene unserer eigenen Unwissenheit. Wir können leicht von Propaganda, Desinformation oder sogar von unseren eigenen unbewussten Vorurteilen und kognitiven Verzerrungen getäuscht werden. Wenn wir nicht in der Lage sind, kritisch zu denken und unsere eigenen Entscheidungen zu treffen, können wir leicht zum Spielball äusserer Kräfte werden.

Daher ist eigenständiges Denken für die wahre Freiheit unerlässlich. Nur durch kritisches, unabhängiges Denken können wir die Kontrolle über unsere eigenen Gedanken und Überzeugungen übernehmen und uns von externen Einflüssen und Manipulationen befreien. Nur dann können wir wirklich frei sein, unser eigenes Leben zu gestalten und unsere eigenen Entscheidungen zu treffen.

Eigenständiges Denken ist daher nicht nur ein Werkzeug für die Freiheit, sondern auch ein grundlegendes Menschenrecht. Jeder von uns hat das Recht, sein eigenes Urteil zu fällen und seine eigenen Entscheidungen zu treffen. Und nur durch die Stärkung und Förderung dieser Fähigkeit können wir die Freiheit jedes Einzelnen und letztlich die Freiheit unserer gesamten Gesellschaft stärken. Denn nur wer eigenständig denkt, ist wirklich frei.

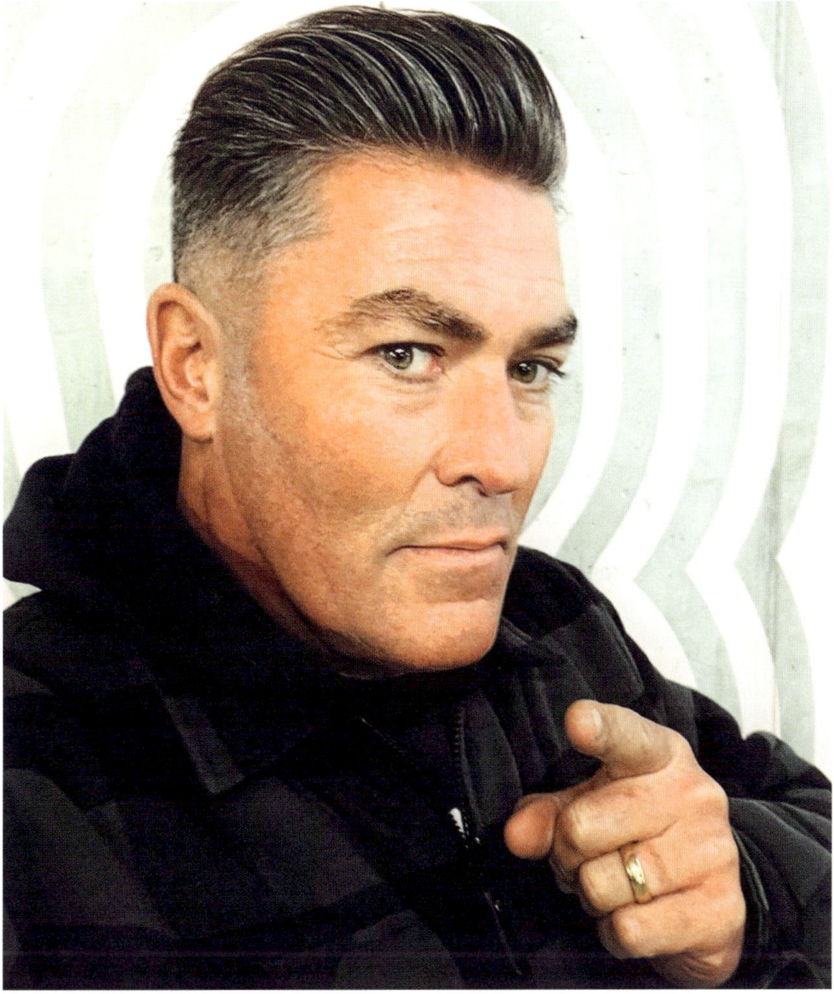

Dank

Jede Seite dieses Buches ist von der Tinte der Inspiration getränkt, eine Tinte, die aus den Seelen derjenigen Menschen fliesst, die in meinem Leben ihre unauslöschlichen Spuren hinterlassen haben.

Zu Beginn dieses Weges der Dankbarkeit steht meine Frau, der stille Hafen in meinen Stürmen, die unerschütterliche Stütze meiner Unternehmungen. Über zwei Jahrzehnte hinweg hat sie die Wogen meiner zahllosen Projekte mit unermüdlicher Unterstützung und unerschütterlichem Glauben an meine Fähigkeiten geglättet. Sie ist ein Leuchtturm der Unabhängigkeit, des Mutes und der Willenskraft, der in den dunkelsten Nächten meinen Weg beleuchtet.

In den Tiefen meines Weltbildes haben Sacha Hartmann und André Brinsa wichtige Ankerpunkte gesetzt. In unzähligen Stunden des philosophischen Austauschs haben wir gemeinsam die tiefen Gewässer der Existenz durchpflügt und dabei die Grundlage für dieses Buch gelegt.

Mein Dank strömt hinaus zu Daniel Kuhn, Alain Pichard, Beat Feurer, Andrea Raschèr, Giuseppe Gracia, Hansueli Aebi und Maury Power. Sie sind die modernen Piraten meiner Gedankenwelt, deren kritische und inspirierende Perspektiven meinen geistigen Horizont erweitert und meine eigenen Überzeugungen stets auf die Probe gestellt haben.

Mein aufrichtiger und herzlicher Dank gebührt auch Frau Ursula Bonetti. Mit beispielloser Präzision und akribischer Aufmerksamkeit hat sie das Manuskript durchgesehen, korrigiert und auf Hochglanz poliert. Doch Ursula ist weit mehr als eine versierte Lektorin. Sie ist eine ausserordentlich verlässliche Unterstützerin und vor allem ein Mensch mit einer bemerkenswerten Loyalität und grossartigen Charakterstärke.

Auch an die treuen Zuhörerinnen und Zuhörer meines Podcasts «Der stoische Pirat» richte ich meinen Dank. Ihr Feedback ist der Wind in den Segeln meiner Motivation und Inspiration und hat mich auf meinem Kurs gehalten.

Meinen Eltern danke ich für den sicheren Hafen ihrer Liebe und Unterstützung. Und unseren wundervollen Kindern Miles, Reagan und Timber, denen dieses Buch gewidmet ist - ihr seid die Leuchtfeuer meiner Existenz, die hellste Konstellation in meinem Nachthimmel.

Dieses Buch ist somit mehr als nur eine Ansammlung meiner Gedanken und Worte. Es ist das Echo der Stimmen all dieser modernen Piraten, deren Ideen und Einflüsse meine eigene Sichtweise geprägt und erweitert haben. Ihnen allen gebührt meine tiefste Anerkennung und mein aufrichtigster Dank.

Quellenangaben

Kapitel 1: Wer wollen Sie sein?
- «Spiderman: No way home» (2021).
- «30 of Muhamamd Ali's best quotes» in USA Today, June 3 2016.

Kapitel 2: Von mentalen Fesseln
- Bucay, Jorge (2008): «Komm ich erzähl Dir eine Geschichte». Fischer Taschenbibliothek.

Kapitel 3: Sieben Eigenschaften erfolgloser Menschen
- Wooden, John (1997). «A Lifetime of observations and reflections on and off the court», McGraw-Hill Education.
- Russel, Bertrand (2013): «The conquest of happiness». Liveright.
- Xiang, Y., Dong, X., & Zhao, J. (2020): «Effects of Envy on Depression: The Mediating Roles of Psychological Resilience and Social Support». Psychiatry investigation, 17(6), 547–555.

Kapitel 4: Fünf Dinge, die Sie auf keinen Fall tun dürfen, um zufriedener und erfolgreicher zu werden
- Babyak, Michael et al (2000): «Exercise Treatment for Major Depression: Maintenance of Therapeutic Benefit at 10 Months»; Psychosomatic Medicine 62:633–638
- Achor, Shawn (2011): «The Happiness Advantage»
- Katherine Appleton (2012): «6 × 40 Mins Exercise Improves Body Image, Even Though Body Weight and Shape do not Change»; Journal of health Psychology.
- Po Branson and Ashely Merryman (2011): «NurtureShock – New thinking about children»
- Walker, Matt and Stickgold, Robert (2004) «Sleep-Dependent Learning and Memory Consolidation»; Neuron (Vol. 44, Issue 1, 121–133)
- Ware, Bonnie (2019): «The Top five regrets of the dying»
- Gilbert, Daniel,: «What is happiness» (Video 2007)
- https://bigthink.com/videos/what-is-happiness
- Cordis, Forschungsergebnisse der EU: «Wissenschaft im Trend: Frohes neues Jahr? Die längste Studie über Glück ist der Schlüssel»
- Lawton, Ricky et al. (2021) «Does Volunteering Make Us Happier, or Are Happier People More Likely to Volunteer?» Journal of Happiness Studies . Feb2021, Vol. 22 Issue 2, p. 599–624
- Meier, Stephan und Stutzer, Alois (2004): «Is Volunteering Rewarding in Itself?»; Forschungsinstitut zur Zukunft der Arbeit
- Emmons, Robert and McCullough, Michael (2003): «Counting Blessings Versus Burdens: An Experimental Investigation of Gratitude

and Subjective Well-Being in Daily Life» Journal of Personality and Social Psychology 84(2):377-89
— Toepfer, Steven et al (2012): «Letters of Gratitude: Further Evidence for Author Benefits»; Journal of Happiness Studies 13(1):187-201

Kapitel 5: Den Fluch der «hedonistischen Tretmühle» loswerden
— Williams, Lena (1993): «Can a Green Candy make Love sweeter?». New York Times
— Hecht, Jennifer Michael (2009): «The Happiness Myth: An Expose». HarperOne.
— Walthausen, Abby (2018): «Fletcherizing was the juicing of the 1890s». https://www.myrecipes.com/extracrispy/fletcherizing-was-the-juicing-of-the-1890s
— Heid, Markham: «Why slow eaters may burn more calories». https://time.com/collection/guide-to-weight-loss/4736062/slow-eater-chew-your-food/
— Brickman, P., Coates, D., & Janoff-Bulman, R. (1978). Lottery winners and accident victims: Is happiness relative? Journal of Personality and Social Psychology, 36(8), 917–927.
— Wortman, C. B., & Silver, R. C. (1987). «Coping with irrevocable loss». In G. R. VandenBos & B. K. Bryant (Eds.), Cataclysms, crises, and catastrophes: Psychology in action (pp. 185–235). American Psychological Association.
— Patterson, D. R., Everett, J. J., Bombardier, C. H., Questad, K. A., Lee, V. K., & Marvin, J. A. (1993). «Psychological effects of severe burn injuries.» Psychological Bulletin, 113(2), 362–378
— Kahnemann, Diener, Schwarz (1999): «Well-Being: The foundation of Hedonic Psychology», Russel Sage Foundation, Seite 312.
— Kahneman D, Deaton A. (1998) «High income improves evaluation of life but not emotional well-being».
— Killingsworth, Matthew A. (2021): «Experienced well-being rises with income, even above $75,000 per year». University of Virginia.
— Travers, Michale (2020): «Research shows that spending money makes people happier than making money», Forbes Magazine. https://www.forbes.com/sites/traversmark/2020/01/21/why-showing-off-our-wealth-makes-us-happier-than-wed-like-to-admit/?sh=206e1d92c1bf
— Gilbert, D. T., Pinel, E. C., Wilson, T. D., Blumberg, S. J., & Wheatley, T. P. (1998): «Immune neglect: A source of durability bias in affective forecasting», Journal of Personality and Social Psychology, 75(3), 617–638.
— Gilbert, Daniel (2006): «Stumbling on Happiness – Think you know what makes you happy?», Alfred A. Knopf (Publisher).
— Diener, E., Horwitz, J. & Emmons, R.A. (1985): «Happiness of the very wealthy», Social Indicators Research 16, 263–274 (1985).

Kapitel 6: Drei einfache Strategien der Stoiker zum Glücklichsein
- Walter, Ulrich (2015): «Das ist der Sinn des Lebens», in «Die Welt».
- Frankl, Viktor E. (1946) «...trotzdem ja zum Leben sagen. Ein Psychologe erlebt das Konzentrationslager».
- Seneca (2010): «Von der Seelenruhe», Anaconda Verlag.
- Marcus Aurelius (2017): «Selbstbetrachtungen», e-artnow.
- Epikur (2014): «Handbüchlein der Moral», Reclam.
- Pigliucci, Massimo (2020): «Gelassen bleiben mit den Stoikern: 52 Lektionen für ein gutes Leben», Piper Paperback.
- Irvine, William B. (2020): «Eine Anleitung zum guten Leben: Wie Sie die alte Kunst des Stoizismus für Ihr Leben nutzen», Finanzbuch Verlag.
- Holiday, Ryan (2017): «Der tägliche Stoiker: 366 nachdenkliche Betrachtungen über Weisheit, Beharrlichkeit und Lebensstil», Finanzbuch Verlag.
- Salzgeber, Jonas: «Das kleine Handbuch des Stoizismus. Zeitlose Betrachtungen um Stärke, Selbstvertrauen und Ruhe zu erlangen», Finanzbuch Verlag.

Kapitel 7: Über Erwartungen und Enttäuschungen
- Constantino, Michael J., Arnkoff, Diana B., Glass, Carol R., Ametrano, Rebecca M., Smith, Juianna Z. (2011): «Expectations», in «Journal of Clinical Psychology», 184–192.
- Driskell, James E., Mullen, Brian (1990): «Status, Expectations and Behavior: A metaanalytic Review and a test of the theory», in «Personality and Social Psychology Bulletin» (Vol 16), 541–553.
- Arrington, C. Edward, Hillison, William A., Williams, Paul F. (1983): «The Psychology of expectations caps: Why is there so much dispute about auditor responsibility», in «Accounting and Business Research» (Vol 13, Issue 52), 243–250.
- Driskell, James E. (1982): «Personal Characteristics and Performance Expectations», in «Social Psychology Quarterly», (Vol. 45, No. 4), 229–237.
- Berger, Joseph, Conner, Thomas L. (1969): «Performance Expectations and Behaviour in small groups», in «Acta Sociologica», (Vol.12, Issue 4), 177–178.
- Delgado Suarez, Jennifer: «Expectations: The Silent Killer of Happiness» in «Psychology Spot».
- Paul, Thomas (2018): «Warum Erwartungen und Versprechungen mir meine Freiheit nehmen: Reichtum als Wunsch – Mangel im Leben», BoD.

Kapitel 8: Der Spotlight-Effekt
- Gilovich, T., Medvec, V. H., & Savitsky, K. (2000). «The spotlight effect in social judgment: An egocentric bias in estimates of the salience of one's own actions and appearance» in «Journal of Personality and Social Psychology», 78(2), 211–222.
- Gilovich, Thomas., Kruger, Justin, Husted Medvec, Victoria (2002). «The Spotlight Effect revisited: Overestimating the manifest of variability of our actions and appearance», in «Journal of Experimental Psychology», (Vol 38, Issue 1), 93–99.
- Heflick, Nathan A. (2011): «The Spotlight Effect: Do as many people notice us as we think?» in «Psychology Today».
- Mendoza-Denton, Rodolfo (2012): «The Spotlight Effect: A bit of Psychology to help you mortification anxiety» in «Psychology Today».

Kapitel 9: Keine Angst haben sich lächerlich zu machen. Die Lehren eines sterbenden Mannes
- Shames, Laurence (2004): «Not fade away. A short life well lived», Harper perennial

Kapitel 10: Erkennen, was in Ihrer Macht steht
- Becker, Lawrence (1999): «A new Stoicism», Princeton University Press
- Picliucci, Massimo (2018): «How to be a Stoic», Basic Books
- Picliucci, Massimo (2019): «Die Weisheit der Stoiker», Piper ebooks
- Holman, Alison H., Garfin, Dana Rose, Cohen Silver, Roxane (2014): «Media's role in broadcasting acute stress following the Boston Marathon Bombings» in PNAS (111, 1) 93–98
- Dobelli, Rolf (2011): «Vergessen Sie die News» in «Schweizermonat» Ausgabe 984, März 2011
- Ibn Gabriol, Solomon (1925): «A choice of pearls». Bloch Publishing Company New York.

Kapitel 11: Dankbarkeit als Schlüssel zum Erfolg
- Hilbig B.(2011): «Good things don't come easy (to mind): Explaining framing effects in judgments of truth.» Experimental Psychology; 59(1):38–46. doi:10.1027/1618-3169/a000124
- Cacioppo JT, Cacioppo S, Gollan JK. (2014): «The negativity bias: Conceptualization, quantification, and individual differences». Behavioral and Brain Sciences.;37(3):309-310. doi: 10.1017/s0140525x13002537
- https://www.webmd.com/brain/news/20070829/bad-memories-easier-to-remember
- https://www.nytimes.com/2012/03/24/your-money/why-people-remember-negative-events-more-than-positive-ones.html

- https://greatergood.berkeley.edu/pdfs/GratitudePDFs/6Emmons-BlessingsBurdens.pdf
- https://www.whartonhealthcare.org/discovering_the_health
- https://deepblue.lib.umich.edu/handle/2027.42/83259
- Emmons, R.A. (2007). «Thanks! How the New Science of Gratitude can make you happier». New York: Houghthon Miflin.
- Willis, Kevin L.; «Hockey Grit, Grind & Mind: Your Playbook for Increasing Toughness, Focus, Drive, Resilience, Confidence, and Consistency in Today's Game» (English Edition)
- Peterson, Jordan B.; «12 Rules for Life: An Antidote to Chaos»
- Rose, Nico (2019). «Arbeit besser machen» (Haufe-Lexware)

Kapitel 12: Die Bedeutung der Willenskraft
- Berardino, Mike (2012, Nov. 9): «Mike Tyson explains one of his most famous quotes», in «South Florida Sun-Sentinel»
- Terriee E. Moffitt et al (2011). «A gradient of childhood self-control predicts health, wealth and public safety.» PNAS – Proceedings fo National Academy of Science of the United States of America
- Mieschel W. (1989). «Delay of Gratification in Children.» Science
- ZEIT Wissen Nr. 2/2015, 17. Februar 2015
- John C. Norcross et al (2002): «Auld Lang Syne: Success Predictors, Change Process, and Self-Reported Outcomes of New Year's Resolvers and Nonresolvers»
- Richard Wiseman (2007): «The New Year's Resolution Project»
- Roy F. Baumeister et al (1998). «Ego-Depletion: Is the active Self a limited resource?»
- Vohs, K. Baumeister Roy F et al (2008). «Making Choices Impairs Subsequent Self-Control: A Limited-Resource account of Decision Making, Self-Regulation, and Active Initiative» in Journal of Personality and Social Psychology
- Vohs, K et al (2011). «Ego-Depletion is not just fatigue: Evidence from a total sleep deprivation experiment» in Social Psychology and Personality Science
- Gailliot, Matthew T. et al (2007). «Self-Control Relies on Glucose as a Limited Energy Source: Willpower is more than a Metaphor», Journal of Personality and Social Psychology 92.
- https://www.td.org
- Irwin, B. C., Scorniaenchi, J., Kerr, N. L., Eisenmann, J. C., & Feltz, D. L. (2012). «Aerobic exercise is promoted when individual performance affects the group: A test of the Kohler motivation gain effect». Retrieved from http://krex.ksu.edu
- Fetz, Deborah l. Irwin, B.C., Kerr, N.L. (2012): «Two-Player Partnered Exergame for Obesity Prevention: Using Discrepancy in Players' Abilities as a Strategy to Motivate Physical Activity.»

Kapitel 13: Das Umsetzen von Vorsätzen
– Keller, Helen (2018): «The Story of my Life», lulu.com.
– Larcom, Alexandra Black (2019): «5 Things that will help your gym members stick to their exercices habits», International Health, Racquet and Sportsclub Association.
– Norcross and Vangarelli (1989): «The resolution solution: longitudinal examination of New Year's attempts» in Journal of Substance Abuse by University of Scranton.
– Oscarsson M, Carlbring P, Andersson G, Rozental A (2020): «A large-scale experiment on New Year's resolutions: Approach-oriented goals are more successful than avoidance-oriented goals» in PLoS ONE 15(12).
– James Clear (2020): «Die 1 %-Methode – Minimale Veränderung, maximale Wirkung», Goldman Verlag.

Kapitel 14: Die Kunst sich kritisieren zu lassen
– Hubbard, Elbert (2005): «Little Journey to the Homes of Great Businessmen», Cosimo Classics.
– Aesop (2020): «Aesop: Gesammelte Werke. Aesops Fabeln, Gleichnisse und Geschichten», Kindle Ausgabe.
– Kirby, Gordon (2002): «Mario Andretti: A driving passion», Haynes Manuel Inc.
– Roosevelt, Theodore (2004): «The Man in the arena: Selected Writings of Theodore Roosevelt», Forge.

Kapitel 15: Die Kunst Kritik zu geben
– Hubbard, Elbert (2005): «Little Journey to the Homes of Great Businessmen», Cosimo Classics.
– Zenger, Jack and Folkman, Joseph (2017): «Why do so many managers avoid giving praise?», in Harvard Business Review.
– Lipman, Victor (2016): «65 % of all employees want more feedback (So why don't they get it?)», forbes.com.
– Berinato, Scott (2018): «Negative Feedback rarely leads to improvement», in Harvard Business Review.
– Kluger, A. N., & DeNisi, A. (1996). «The effects of feedback interventions on performance: A historical review, a meta-analysis, and a preliminary feedback intervention theory» in Psychological Bulletin, 119(2), 254–284.
– Buckingham, Marcus and Goodall, Ashely (2019): «The Feedback Fallacy», in Harvard Business Review.
– Green Jr. Paul, Gino Francesca and Staats Bradely (2017): «Shopping for Confirmation. How disconfirming feedback shapes social networks», in Harvard Business School Working Papers.

Kapitel 16: Umgang mit Mitmenschen
- Frank, Anne (2001): «Tagebuch», Fischer Verlag.
- Nooyi, Indra (2008): «The best advide I ever got», Fortune Magazine. https://archive.fortune.com/galleries/2008/fortune/0804/gallery.bestadvice.fortune/7.html

Kapitel 17: Wie man sich auf das Unerwartete vorbereitet. Seneca's Rat zum Umgang mit Schicksalsschlägen
- Snicket, Lemony (2006): «Eine Reihe betrüblicher Ereignisse», Band 10 «Der finstere Fels», Manhattan.
- Seneca (2020): «Briefe an Lucilius». Reclam.
- Seneca (2021): «Consolation to Marcia». Independently published by Aubrey Stewart.

Kapitel 18: Erfolgreich sein dank einem Mindset wie ein Profi
- Pressefield, James (2012): «The War of Art», Black Irish Entertainment.
- Godin, Seth (2020) «The Practice», Penguin Business.
- Clear, James (2018) «Atomic Habits», Cornerstone Digital.
- Di Lorenzo, Abel (2022): «7-Siech», epubli

Wo Sie den «stoischen Pirat» finden:
www.muellermathias.ch
mathias.mueller@bluewin.ch

Instagram:
the_stoic_pirate

Facebook:
Der stoische Pirat

TikTok:
The_Stoic_Pirate

YouTube:
Der stoische Pirat

Twitter:
Mathias Mueller
@MathiasMuelle16

Autorenportrait

Mathias Müller, *1970, hat an der Universität Bern Arbeits- und Organisationspsychologie sowie Medienwissenschaften studiert. Seit 2001 ist der dreifache Familienvater und Oberst im Generalstab als Berufsoffizier in der Schweizer Armee tätig. 2013 wurde er in den Grossen Rat des Kantons Bern gewählt.